2014 年世界劳工报告

以就业促发展

国际劳工组织　著
中国财政经济出版社　组织翻译

中国财政经济出版社

本书英文版由国际劳工研究所（日内瓦）出版，书名为 World of Work Report 2014：Developing with Jobs

中国财政经济出版社获得授权翻译出版《2014 年世界劳工报告：以就业促发展》中文版。

国际劳工组织出版物中所用的称号符合联合国惯例，且其中的内容和材料并不意味着国际劳工局认可任何国家、地区或领土的法律地位或其当局，或关于其疆界的划定。

本书的研究和文稿所持的观点由其署名作者负责，国际劳工研究所对其观点看法不负任何责任。

图书在版编目（CIP）数据

2014 年世界劳工报告：以就业促发展 / 国际劳工组织著；中国财政经济出版社组织翻译．—北京：中国财政经济出版社，2015.7

ISBN 978 - 7 - 5095 - 6249 - 9

Ⅰ.①2… Ⅱ.①国… ②中… Ⅲ.①劳动就业 - 研究报告 - 世界 - 2014 Ⅳ.①F249.1

中国版本图书馆 CIP 数据核字(2015)第 127805 号

责任编辑：孙　腾　　　　责任校对：李　丽
封面设计：耕　者　　　　版式设计：录文通

中国财政经济出版社出版

URL：http：//www.cfeph.cn

E - mail：cfeph @ cfeph.cn

社址：北京市海淀区阜成路甲 28 号　邮政编码：100142

发行处电话：88190406　财经书店电话：64033436

北京财经印刷厂印刷　各地新华书店经销

880×1230 毫米　16 开　13.75 印张　297 000 字

2015 年 6 月第 1 版　2015 年 6 月北京第 1 次印刷

定价：52.00 元

ISBN 978 - 7 - 5095 - 6249 - 9/F·5033

图字：01 - 2015 - 0627

（图书出现印装问题，本社负责调换）

本社质量投诉电话：010 - 88190744

序言

盖伊·莱德
国际劳工组织总干事

自从2008年金融危机爆发以来，全球政策辩论的大部分焦点都集中在发达经济体及其应对危机影响的能力方面。在此期间，发展中国家进行了重大的政策转变，此前发展中国家的这种转变通常会被忽视。值得注意的是，在面向发达经济体出口放缓的形势下，发展中经济体需要平衡经济以寻求新的经济增长来源和就业创造增长点。

本报告从此次政策转变中总结出了许多可借鉴的经验和教训。第一，本报告体现了我们所考察的140多个新兴经济体和低收入国家在政策创新方面所取得的长足进步，它们所采取的政策措施包括就业保障计划以及针对弱势群体的现金福利和促进正规企业发展的政策等等。部分上述措施在发展中国家中被广为效仿，甚至吸引了那些深受金融危机影响的许多发达经济体的注意力。

第二，本报告的一个重大发现是，优质工作对于发展而言至关重要。尽管长期以来的一个论点是，发展中国家应该集中精力开展贸易和投资自由化并进行基础设施的投资建设，如果需要也应该接受外部援助，但本报告给出的证据显示，除非能够投入专门力量来推动就业、创造体面就业机会并解决就业贫困问题，否则上述政策不会推动发展。在那些实施了此类政策的国家中，这种政策转变不仅有助于推动其发展，而且也能够起到反周期的作用，进而帮助减轻金融危机的影响。

第三，发展中国家的政府已经获得了信任，这也就提供了政策空间。它们已经认识到，针对它们的问题而言没有放之四海而皆准的解决方案，而之前在工业化国家中经常被提倡的补救措施（尽管并非总是得到实施）不一定适合发展中国家的情况。发展中国家对完善的就业法规、最低工资和社会保障制度重新燃起兴趣，便说明了这一点。

与此同时，巨大的挑战依然存在。青年失业率（包括应届毕业生）不断攀升，非正规就业率居高不下以及收入不平等状况依然严峻，这些现象亟须获得政策关注。在许多的发展中经济体中，包括那些具有强大制度能力的新兴经济体，核心劳动标准并未得到正确实施。一些国家并不存在独立的工会，而在另外一些国家中，雇主组织无法有效地运营。

总之，“以就业促发展”强调了国际劳工组织的指令、价值观以及政策工具的重要性；同时，清晰地说明了体面就业和社会保障应成为2015年之后发展议程的核心目标的原因所在。

致谢

《2014 年世界劳工报告》的作者简介：

- 雷蒙德·托雷斯（执行概要）
- 史蒂文·凯普索斯（第一章）
- 莫扎姆·马哈茂德、李友利、马里亚诺·马梅迪诺、凯瑟琳·扎格特、克莱门特·马尔革莱斯、马丽娜·乔尔万扎那（第二章）
- 莫扎姆·马哈茂德、李友利、马里亚诺·马梅迪诺、艾克哈德·恩斯特、克里斯蒂安·维格尔拉恩、伊万吉丽娅·波姆珀拉、马丽娜·乔尔万扎那（第三章）
- 莫扎姆·马哈茂德、李友利、马里亚诺·马梅迪诺、凯瑟琳·扎格特、克莱门特·马尔革莱斯、克里斯蒂安·维格尔拉恩、莎伊拉贾·费奈尔安德、马丽娜·乔尔万扎那（第四章）
- 雷蒙德·托雷斯、张夏准、安东尼奥·安德里尼、史蒂文·凯普索斯、艾迪·李、伊姆加德·纽布勒、玛丽安劳拉·菲诺、明隆昆（Ming Leong Kuan）、索菲亚·拉特索斯、丹尼尔·塞克斯顿（第五章）
- 李明宪、玛利亚·阿来克辛思卡、乌玛·阿马拉·拉尼、弗洛伦斯·邦尼特、科林·芬威克、马克·兰斯基、马里奥·马西斯、帕奥拉·蒙蒂（第六章）
- 弗洛伦斯·邦尼特和克里斯蒂安·维格尔拉恩（第七章）
- 马修·查珀、桑基恩·李、丹妮拉·阿里亚斯、斯利姆·布莱德基（第八章）
- 萨摩尔·卡提瓦达、布伦达·萨马内格（第九章）

本报告是在国际劳工组织研究部主任雷蒙德·托雷斯和副主任莫扎姆·马哈茂德的协调下完成的。史蒂文·托宾提供了跨领域的建议，朱迪·拉弗蒂是本项目的制作协调人。

在此我们对国际劳工组织政策部副主任桑德拉·博拉斯基表示感谢，她为我们提供了指导和激励。联合国开发计划署《人类发展报告》办公室主任哈利德·马利克和世界银行减贫和经济管理网络的首席经济学家皮埃拉·帕西对本报告的初稿给出了非常宝贵的反馈意见。张夏准、安东尼奥·安德里尼、贾亚提·戈什、纳迪姆·乌尔·哈克、詹姆斯·霍华、迪克·罗、特里·麦金利、卡洛斯·欧雅、索姆亚·帕来姆山德和斯蒂芬妮·特莱西等诸位教授为部分章节提供了背景资料。

国际劳工组织非洲、阿拉伯国家、亚洲、欧洲和中亚以及拉丁美洲和加勒比地区的区域办公室为本报告提供了意见和建议，尤其是针对其所在区域。国际劳工组织的其他同事也为我们提供了有益的反馈和众多初稿建议，他们包括：帕特里克·贝尔瑟、亚尼内·伯格、伊万吉丽娅·波姆珀拉、邓肯·坎贝尔、安妮特—玛丽·程、艾克哈德·恩斯特、维罗妮卡·埃斯库德罗、科林·芬威克、玛丽安劳拉·菲诺、李昌徽、米歇尔·雷顿、苏珊·海特、伊安纳图尔·伊斯兰姆、斯蒂芬·库恩、克里斯蒂亚娜·库珀什、埃尔瓦·默雷洛·洛佩斯、约翰·迈尔斯、伊姆加德·纽布勒、奥雷利奥·帕里索托、安妮·波斯特胡玛、拉法·皮尔斯、凯瑟琳·扎格特、赫尔穆特·施瓦泽、史蒂文·托宾、曼纽拉·托梅、阿勒特凡·洛尔和克里斯蒂安·维格尔拉恩。此外，彼得·博琛为第五章撰写了相关内容。

目　录

各章的图、表及专栏目录

图

第一章

第二章

第三章

第九章

表

第二章

第三章

专栏

第一章

第二章

第三章

第四章

第五章

第六章

第七章

第八章

执行概要

发展中国家正在迎头赶上发达经济体……

发展中国家和发达经济体之间的经济融合方兴未艾。在1980年和2011年间，发展中国家的人均收入实现增长，年均增幅达到3.3%，远远高于发达经济体1.8%的人均收入增长水平。进入21世纪以来，尤其自2007年至2008年爆发的全球经济危机以来，这种融合过程一直处于加速状态（第一章）。

不过，这种状况在各个国家之间存在着重大差异。本报告在第二章中列出了那些增长特别迅速的新兴经济体。近年来，大多数中低收入国家和最不发达国家在经济增长方面也取得了重大进展。

……那些在创造优质就业机会方面进行投入的国家取得的进展最为突出

各国在改善工作质量方面所做出努力的程度在一定程度上可以解释我们所观测到的增长模式（第三章）。在过去的十年中，这种情况尤为突出。在那些自进入21世纪以来便开始大力投入创造优质工作机会的国家中，生活水平（用年人均收入增长率来衡量）的提高程度要优于那些对创造优质工作机会关注较少的发展中经济体和新兴经济体。

那些自进入21世纪以来就实现了就业贫困（包括那些每天收入不足2美元的工作者）大幅下降的国家，在2007年至2012年期间，其总体人均收入平均增长了3.5%。而那些自21世纪初以来在降低就业贫困方面进展最小的国家，该增长率仅为2.4%。

同样，那些在21世纪最初几年在降低弱势就业发生率方面成绩斐然的国家在2007年之后实现了显著的经济增长。在这些国家中，2007年至2012年之间的年人均收入增长接近3%，比那些在降低弱势就业（其中包括自营就业和无酬家务工作）发生率方面进展最缓慢的国家高出几乎一个百分点。

不过，优质就业机会方面所存在的差异依旧显著……

尽管存在上述积极的趋势，就业和社会挑战在大多数新兴国家和发展中国家中都是十分严重的问题。发展中国家半数以上的工作者（即接近15

亿人口）处于弱势就业之中。与按时计酬工作者相比，这部分工作者获得正式工作安排、养老金和医疗保险等社会保障以及定期获得收入的可能性更低。他们常常陷入这样一种恶性循环中：职业生产率低下、收入低下且无力投资于家庭成员的医疗保健和教育，而这又将进而抑制其整体发展和增长前景——不仅对于他们自身如此，对于他们的子孙后代也是如此。在南亚和撒哈拉以南非洲地区，75%以上的工作者处于弱势就业之中，而这对于女性的不利影响更有甚于男性。

尽管已经取得了长足的进展，但就业贫困程度继续升高……

一直以来，许多发展中国家在降低就业贫困方面所取得的成绩是令人瞩目的。尽管如此，发展中国家中依然有8.39亿工作者无法挣到足够的收入来将其自身以及家庭成员的生活水平提升至每天2美元的贫困线以上。这部分工作者占到总体就业人口的大约三分之一，而在21世纪的最初几年，这一比例超过一半。

……在未来的五年中，需要创造大约2亿个新的就业岗位，以便与新兴国家和发展中国家劳动适龄人口的增长保持同步……

在未来的五年中，预计劳动力市场将迎来2.13亿新进入者，其中2亿位于发展中国家。这便引出了青年失业问题。目前，发展中国家的青年失业率业已超过了12%，这一比例为成年人失业率的三倍以上。从区域分布上看，青年失业率最高的地区为中东和北非，在这些区域的劳动力大军中，接近三分之一的青年人无法找到工作。这些区域的青年女性在寻求就业方面更为艰难，其失业率已接近45%。

就业方面的困境在质量上也是存在的。在大多数国家，受教育程度都得到了迅速提高，这是一个不争的事实（第四章）。所以，通过教育获取的技能与可获得工作的性质之间存在的差距不断扩大。

……迫使许多受过教育的年轻人移居国外

优质工作的缺乏是推动海外移民的一个核心决定因素，尤其是对那些发展中国家中受过良好教育的年轻人而言（第九章）。移民移入国和移出国之间的工资差距可高达10比1。2013年，超过2.3亿人旅居他国——这一数字从2000年以来提升了约5700万——而南亚地区的增长几乎占了这一数字的一半。

为了应对上述挑战，首要任务是推动多元化的生产能力的增长而非仅仅实现贸易自由化……

第五章中所给出的相关证据（如针对那些成功提高本国生产能力的国家的案例研究）显示，发展所需要实施的战略应能够使经济基础实现多元化并同时提高可持续性企业创造优质就业机会的能力。

虽然制造业与经济的加速增长和优质就业机会的创造的联系更加密切，但本报告着重介绍了基于农业和农村发展、自然资源的高效公平利用以及与整个经济其他部分相关的服务的成功经验。通向成功的道路并不唯一，本报告记述了处于不同发展阶段的各个国家的成功故事。所有国家均面临着自然资源以及环境方面的限制，不过这种局限性也为发展中经济体和新兴经济体提供了实现技术跃进式发展的机会，从而可将劣势变为优势。在此方面，绿色经济为发展中国家提供了崭新的前景，与具有成熟、碳密集生产结构的发达经济体相比，发展中国家在这方面面临的调整性挑战较小。

不过，在所有情况下，都要避免经济增长集中于少数与其他经济部门联系较少的出口导向型行业中，这一点至关重要。经济多元化政策、促进企业正规化和扩张的举措以及劳动标准的实施均可以促进体面就业的广泛发展。

实现生产转型需要为企业提供有利的环境，如支持性的宏观经济政策等。几个亚洲和拉丁美洲国家的经历凸显了发展战略的潜力，即通过反周期的宏观经济政策联合私营部门共同促进生产多元化和强化服务企业的环境，并同时确保存在充足的总需求。上述国家的经历也体现了精准的资本控制所取得的成功，借此这些国家得以管理变幻不定的资本流动，并保持了汇率的可预测性和竞争性。

上述研究成果体现了发展中国家政府的作用。从传统观点来看，选择性的干预措施以及针对性的支持将会造成扭曲和经济低效。事实上，成功取决于在秉承多边承诺的基础上进行逐步贸易自由化时所采取的谨慎的多元化战略。

……其次，转变忽视劳动标准的做法，强化劳动力市场制度……

劳动和社会保障制度是经济增长、优质工作和人类发展的重要组成要素（第六章）。如果不积极采取措施解决农业以及中小型企业生产率低下、工作条件恶劣以及非正规就业占比较高的问题，就不可能实现经济多元化。如果社会不平等程度加深，或者对自然资源或土地所有者的寻租行为不加遏制，则会对可持续性的强劲增长造成威胁。

对于许多发展中国家而言，提高上述制度的有效性依旧是一个严峻的挑战。需设计适当的工资制定机制以及劳动管理条例，并且必须对执行能力加以重视。

尽管存在上述困难，近年来在该领域依然存在着许多令人关注的创新。人们日益认识到最低工资制度在抗击就业贫困和不平等以及促进劳动力市场参与方面所起到的作用。本报告给出了一些具体示例，介绍一些发展中国家如何找到制定和实施最低工资的创新方法，如通过社会对话。同样，精心设计的集体谈判也能够对收入分配起到正面影响，也有益于解决非正规就业以及生产效率低下的问题。其中一个主要挑战是，集体谈判的覆盖面呈下降趋势，这种情况在发达国家也已出现。

就业保障一直是讨论的热点话题，但通常没有对现行做法进行系统性回顾，本报告对这一问题也进行了认真探讨。与预测相反，就业法规苍白无力，并未能促进非正规就业向正规就业的转变。本报告给出了阿根廷等一些国家在解决非正规就业方面的做法示例，如通过务实的方法，再加之税务改革、社会保障、加快企业登记流程以及改善实施。

……再次，将精心设计的社会保障基础作为包容性发展的推动力量，而非仅作为针对贫困人口的狭义的安全网……

有证据显示，社会保障有助于降低贫困、不平等和弱势就业的发生率

（第七章）。设计良好的社会保障体系可提高个人获得更好工作的能力。比如，巴西的家庭津贴政策、印度圣雄甘地制定的《全国农村就业保障法》以及佛得角的类似政策在为居民户提供补充性收入方面取得了成功，从而使家庭能够投资生产性活动并提升其健康和教育水平。

此外，社会保障体系能够促进经济增长以及优质工作的创造，这在很大程度上取决于社会保障体系对不断变化的经济状况的响应能力。在此方面，中国和南非所采取的反周期性政策计划非常能够说明问题。在埃塞俄比亚和纳米比亚等国家，就业是社会保障计划的一个明确目标。

为社会保障体系建立高效的资金基础至关重要。玻利维亚针对石油和天然气出口征税，这有益于确保由雇主支付的养老金的可持续资金来源。

最后，应该将社会保障与有利于企业和就业岗位创造的相关政策结合起来，这一点也很重要。其中包括简化个体经营工作者的管理规程以便促进正规创业。另外一个成功的做法是为包括求职者在内的福利待遇获得者提供额外的激励机制，鼓励他们去接受培训和工作岗位，巴西为收入转移计划受益者提供的职业培训计划就采用了这种方法。

……以及，确保平衡的收入发展以避免出现具有危害性的不平等现象

各国国内收入不平等的加剧目前已经是一个不争的事实。分析表明，该趋势与收入分配的变化相关，而这对于劳动者而言是不利的。

发展中国家也受到上述现象的影响（第八章）。有证据表明，不平等程度的加剧可能对经济增长产生不利影响，以致与不平等程度加剧相关的负面消费影响超过高额投资回报和成本竞争力提升所产生的所有正面影响。之所以产生上述负面影响，是因为在许多国家中，竞争力所带来的正面影响受到劳动收入份额下降的抑制，导致全球总需求的不足以及工资和标准的走低。除了对经济所产生的影响之外，收入不平等的不断加剧可能会侵蚀社会凝聚力并加剧社会动荡，一些阿拉伯国家和亚洲国家在这方面有前车之鉴。

发展中国家通过累进税来抵消劳动收入份额下降的能力要低于发达经济体。因此，强化劳动力市场制度至关重要，因为这有助于改善收入在劳动和资本之间的市场分配。通过促进雇主和工作者之间的对话、加强劳动法规和标准的实施以及实行精心设计的社会保障体系可以做到这一点，这样可以确保发展中国家的收入分配更为均衡。在这方面，阿根廷、巴西以及突尼斯（近年来）积累了大量宝贵经验。

最后，体面就业应成为 2015 年以后发展议程的一个核心目标

本报告的调查结果表明，如果不在就业和体面工作议程方面取得进展，便无法实现可持续发展。制定有助于创造更多更好就业机会的政策和制度会加快发展进程。相反，如果经济发展基于恶劣且不安全的工作条件、被压低的工资以及不断加剧的就业贫困和不平等，则经济增长不可持续。虽然就业、权利、社会保障和对话会对经济增长产生影响，但这些都是发展不可或缺的组成部分。

因此，就业和体面就业应成为 2015 年之后发展议程的一个核心目标。作为联合国所支持的新发展议程的一部分，国际劳工组织采取了一系列重要举措，将为改善全球所有公民的生活水平作出重要贡献。

第一章

引言和本报告的结构：

全球背景以及发展中国家的就业和社会趋势

2013 年全球经济放缓，但预计之后将迎来一段快速增长的时期

2013 年，全球经济增长放缓，增长率从 2012 年的 3.2% 下降到 2013 年的 3%，远低于全球经济危机爆发之前的 2000 年至 2007 年期间所实现的 4.2% 的年均增长率（图 1.1）。导致全球经济萧条的一个因素是发达经济体（尤其欧洲）持续走弱，其增长率从前一年的 1.4%（当时也存在经济普遍衰退的情况）下降到仅为 1.2%，并影响到许多发展中国家。中欧和东南欧、东南亚和太平洋地区、南亚、拉丁美洲和加勒比地区、北非和撒哈拉以南非洲地区 2013 年的增长率均较之前的一年有所下降。

新兴国家和发展中国家经济衰退的主要原因如下：中国等大国为实现内需拉动增长，正在进行宏观经济调整；在一段时期内金融不稳定，预计美国将采取不太宽松的货币政策，资本从新兴市场流出；以及向发达经济体出口的需求减弱。许多发展中国家还在基础设施匮乏与人力资本短缺所带来的不利影响下苦苦支撑——这些因素可能会在未来数年对增长产生负面影响。[1] 此外，许多发展中国家正在逐步转向内需驱动型增长，这一再平衡过程不足以抵消向发达经济体出口的需求减弱所带来的影响。

据国际货币基金组织的最新预测，全球经济增长在 2014 年有望实现加速，增速达到 3.6%，并在 2015 年继续加速。

中欧和东南欧、东南亚和太平洋地区、拉丁美洲和加勒比地区预计在 2014 年将出现增速小幅下降。东亚的增长率预计将保持在 6.8% 的水平不变。所有其他地区 2014 年的增长将在 2013 年的基础上有所提速。2014 年全球增长率的预期提高很大程度上来自发达经济体的前景向好，发达经济

---

1 国际劳工组织：《全球就业趋势 2014：无就业复苏风险?》（日内瓦）。

图 1.1　全球和区域性 GDP 增长的预估和预测，2000 年至 2007 年，2012 年至 2014 年（%）

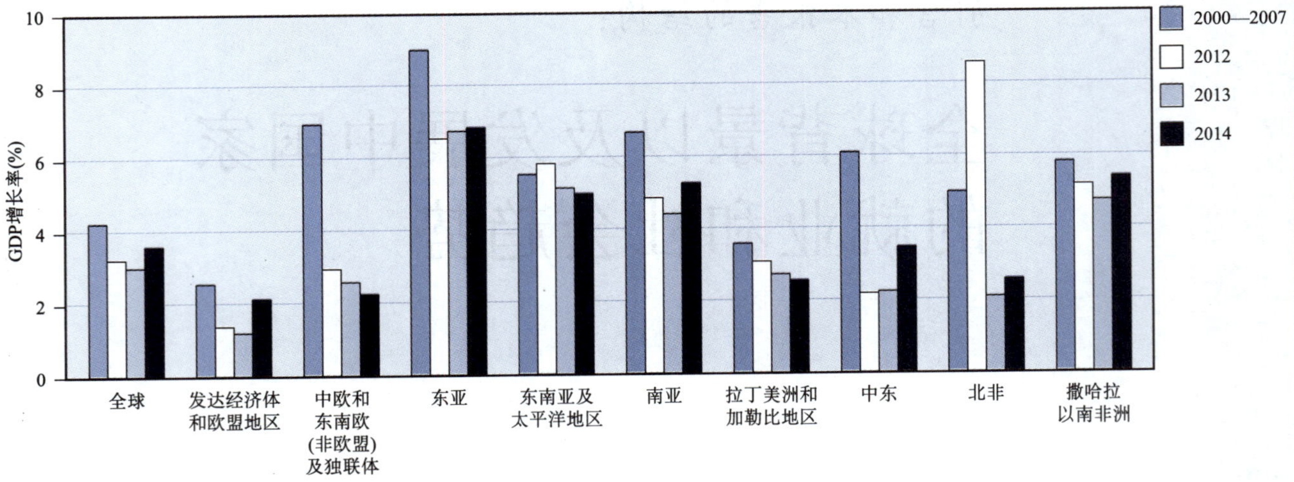

资料来源：国际货币基金组织《世界经济展望》，2014 年 4 月。

体和欧盟 2014 年和 2015 年的增长率预计分别为 2.1% 和 2.2%——这是自 2010 年以来的最快增速。

同时，增长的下行风险依旧在全球范围内占据主导地位。对一些新兴经济体经济硬着陆的担忧不断加深，各国央行解除先前制定的非常措施所带来潜在负面影响的不确定性也对前景造成了压力。

在全球范围内，失业率依然居高不下，尽管发达地区和发展中地区之间存在显著差别

2013 年，全球失业人口增长了近 400 万，达到了 1.998 亿，全球失业率大致保持在 6% 的水平（图 1.2）[1]。由于就业增长不能与劳动力大军（其中既包括就业人口，也包括正在求职的人口）的增长保持同步，失业率出现上升。目前，全球失业人口数量比全球危机爆发之前多出 3060 万——这说明，在近年来全球经济的不均衡和脆弱复苏中，劳动力市场一直处于疲弱状态。

发达经济体和发展中经济体在失业趋势方面存在显著差别（图 1.2）。自 2009 年以来，发达经济体的失业人口及失业率出现了大幅增长，其失业率一直保持在 8.5% 的水平，远远高于 2007 年危机之前的 5.8%。相比之下，发展中国家的失业率在全球危机最为严重的时候仅出现了温和增长，从 2007 年的 5.4% 增长至 2009 年的 5.8%。之后，失业率水平持续下降，目前已经基本恢复到危机之前的水平。

上述趋势反映出，发达国家和发展中国家在经济不景气对劳动力市场的影响方式方面出现了显著差异。针对求职者，发达国家一般具有较为完善的社会保险体系，所以在经济基本面恶化时，失业率通常会上升。另一方面，在许多发展中经济体，尤其是在那些社会保障体系较为有限的经济

1　为提供国际劳工组织对劳动力市场关键指标的最新估测值，除非另有说明，第一章中的劳动力市场数据均基于国际劳工组织的《趋势计量经济学模型》，2014 年 4 月。

图 1.2　2003 年至 2019 年发达经济体和发展中经济体失业趋势和预测

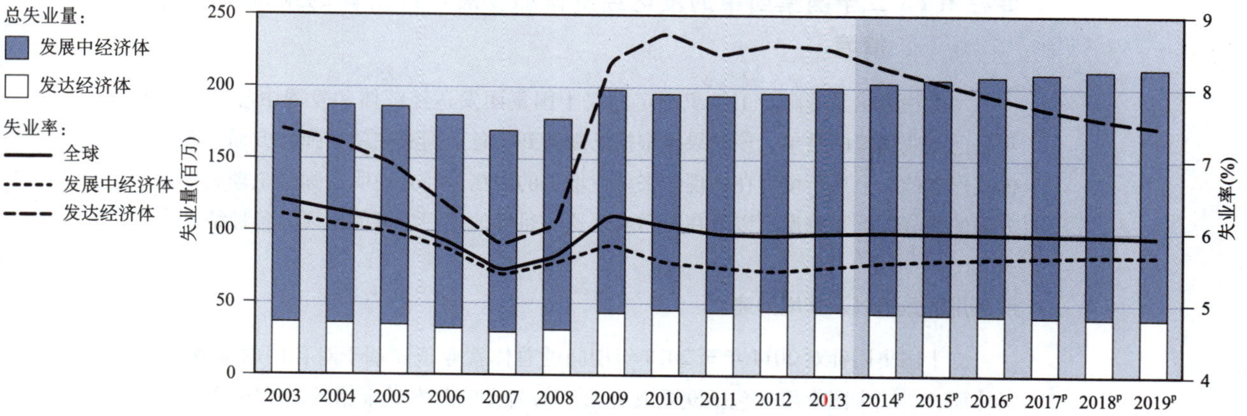

资料来源：国际劳工组织，《趋势计量经济学模型》，2014 年 4 月。

体中，经济增长和失业率之间的关系要弱很多（见本书第三章）。这也就表明，尽管失业率是衡量劳动力市场整体健康度的一个重要指标，仍需要其他的衡量指标来对当前的劳动力市场动态进行全方位的描述，这一点对于发展中国家尤为如此。

即便经济增长速度相比预测稍有提高，全球就业前景也不大可能出现显著改善（专栏 1.1）。这表明，为了改善劳动力市场状况，增长—就业之间的关系需要发生根本性的改变。

新兴国家和发展中国家的主要劳动力市场挑战包括：第一，提高生产率水平，目前生产率水平还远低于发达经济体……

除极少数情况外，自从世纪之交以来，发展中地区的劳动生产率增长率一直大大高于发达经济体，而且这一趋势预计在中期依旧存在。由于从长期看来，生产率增长是生活水平持续提高和实现持续减贫的重要组成部分，能够实现生产率水平“迎头赶上”的高增长是一种理想的发展模式。

不过，发展中地区与工业化国家在这一重要指标方面接轨的速度有多快？令人遗憾的是，答案是，“相当缓慢”。东亚在过去的 20 年中在生产率水平提升方面取得了最令人瞩目的进展，但其 2014 年的工作者人均产出依然不足发达经济体和欧盟相应水平的四分之一（图 1.4）。尽管已经取得了显著的进步，1994 年的相应数字仅为 7.6%；但即便假定东亚地区能够设法持续保持过去十年中所取得的年均增长 8%（这是一个比较乐观的预测数字，基于该地区当前约为 6% 的生产率增速）的高速劳动生产率增长，东亚到 2033 年依旧无法达到发达经济体当前的生产率水平。

南亚需要到 2055 年、东南亚需要到 2071 年才能达到发达经济体目前的生产率水平。我们再向前展望到 2100 年，如果生产率没有出现大幅增长，撒哈拉以南非洲地区和北非的平均生产率水平将依然保持在远低于发达经济体当前的水平。于是，加快生产率增速是许多发展中国家在未来几年面临的一项重大挑战——它们同时还面临着创造充足就业岗位的挑战。

专栏1.1　二十国集团中的发达经济体和发展中经济体的未来就业增长情境

本专栏给出了国际劳工组织制定的二十国集团发达经济体和发展中经济体2018年之前就业情境的结果，该结果是根据已观测到的各个国家在就业弹性方面的趋势和模式作出的。上述情境旨在体现未来就业增长的潜在途径并说明在弥合全球就业差距方面的挑战的严重程度，以及在努力实现这一目标的过程中可能出现的各种结果。

所采用的数据以及情境的建立

二十国集团针对2014年至2018年期间的总体就业预测基于对各国的就业预测。具体而言，二十国集团（包括欧盟成员国）的名义就业率是根据各国GDP就业弹性预测和国际货币基金组织的GDP增长预测推断得出的。之后将其加总，生成二十国集团经济体2014年至2018年之间的总体就业预测。

基线情境（蓝线）采用了2014年至2018年期间的预测就业弹性以及国际货币基金组织的基线GDP增长预测。所得到的就业预测与国际劳工组织2014年4月的《趋势计量经济学模型》的核心预测是相吻合的。

加速增长情境（由大点构成的灰线）采用就业弹性预测以及加速GDP增长预测。对于每个二十国集团成员国而言，2014年至2018年期间的国际货币基金组织基线增长预测均值每年提高0.5个百分点（根据二十国集团财长制定的目标）。对于那些具有负就业弹性的国家而言，假定其增速提高对就业增长既不存在正面影响也不存在负面影响。

加速增长和就业强度提高情境（小点灰线）采用了GDP加速增长预测以及就业弹性提高预测。将二十国集团发达国家的就业弹性提高50%（如将加拿大的预计就业弹性从0.28提高至0.41），将二十国集团新兴国家和发展中国家的就业弹性提高25%（如将印度尼西亚的预测就业弹性从0.38提高至0.47）。因此，这一情境假定预测期的GDP增长将更加具有就业密集性（而生产率增长的推动作用次之）。对于那些具有负就业弹性的国家而言，其弹性被提高了一半（即在就业密集型情境中，一个具有-0.2就业弹性的国家，其弹性将提高至-0.1）。

二十国集团中发达经济体、新兴经济体和发展中经济体的结果

在基线情境中（相当于当前国际劳工组织基于目前趋势和增长前景作出的基线就业预测），二十国集团经济体中的总就业缺口（等于二十国集团实际就业与若危机未发生所能达到的就业水平之间的差距）预计将由2013年的5400万上升到2018年之前的6400万。在二十国集团的发达经济体中，2013年的就业缺口为2600万，略低于二十国集团总缺口的一半。由于二十国集团中发达经济体的就业缺口为其就业总量的5.8%，弥合这一缺口无疑是一个巨大的挑战。在基线情境中，预计二十国集团发达经济体的就业缺口将继续扩大，在2018年将达到3100万，相当于就业总量的6.6%。在二十国集团的新兴经济体和发展中经济体中，按名义值计算的就业缺口则更大，2013年的数字达到了2800万；不过，这一数字仅占上述经济体就业总量的不足2%，所以新兴经济体和发展中经济体名义就业缺口的缩小大大降低了挑战的难度。在基线情境中，在2018年之前，预计就业缺口将增长至3300万，占就业量的1.9%。

基于二十国集团国家年均GDP增长率额外提高0.5%的情境，对二十国集团发达经济体的就业缺口影响不大，与基线情境相比，2018年将额外产生300万个就业机会。在此情境中，就业缺口将继续扩大，从2013年的2600万上升至2018年的2800万。在二十国集团的新兴经济体和发展中经济体中，仅依靠增长加速就可以在2018

图 1.3　未来就业增长情境

第一组　二十国集团中的发达经济体

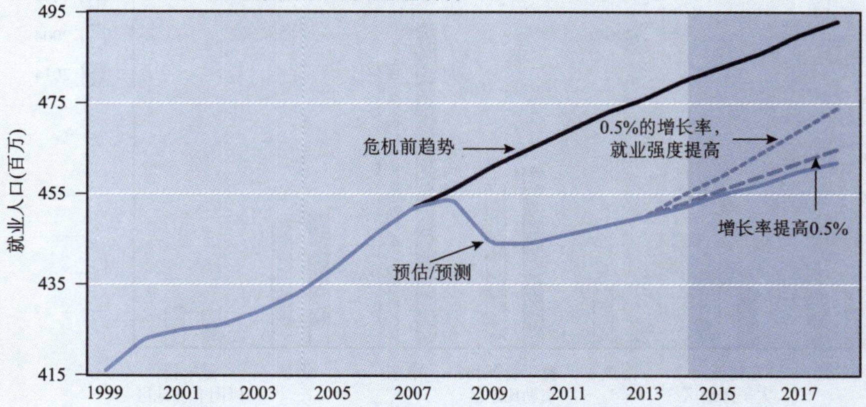

第二组　二十国集团中的新兴和发展中经济体

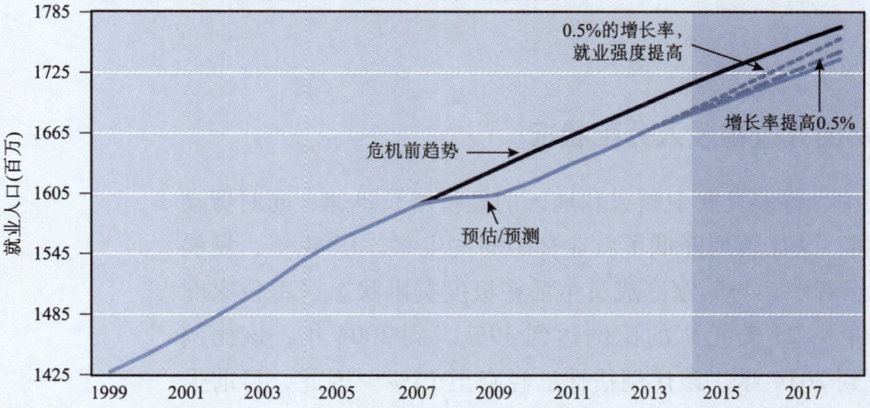

资料来源：基于国际劳工组织《趋势计量经济学模型》，2014 年 4 月以及国际货币基金组织《全球经济展望》预测。

年之前额外创造 800 万个就业岗位，这将会把就业缺口缩小至 2500 万。这样，根据国际劳工组织的模拟，仅依靠增长加速可额外产生 1100 万个就业岗位。国际货币基金组织、经济合作与发展组织以及世界银行*进行的相关分析所预测的就业影响更为乐观，同样幅度的 GDP 增长将在 2018 年之前为二十国集团增加 1800 万个就业机会。不过，即便是对于这个更为乐观的情境，很明确的一点是，仅凭借增长加速不太可能对弥合已经出现的就业缺口起到太大的作用，这种情况在发达经济体中更为突出。

另一方面，加速增长以及就业密集程度更高的增长模式情境可能会对缩小缺口产生重大的正面影响。在发达经济体中，预计这将在 2018 年之前额外产生 1100 万个工作岗位，将总体就业缺口降低至 1900 万，占总就业量的 4.2%。在新兴经济体和二十国集团的发展中经济体中，这一情境在 2018 年之前将缩小大部分缺口。上述调查结果显示，增长速度加快再加上更加就业密集型的增长模式可能的确能够大大缩小因全球经济危机而出现的就业缺口。不过，提高增长的就业密集度可能需要针对各国的实际情况制定一系列劳动力市场政策。

应该指出的是，在经济增长率一定的前提下，实现向就业密集型增长的转变意味着生产率的降低。特别是在发展中经济体中，由于生产率提高有益于实现包括减贫在内的更为广泛的经济发展目标，应该强调在创造更多工作岗位和创造生产率更高的工作岗位之间达成平衡，并在此基础上实现增长。

*经济合作与发展组织秘书长安吉尔·葛利亚在二十国集团财长和央行行长会议上的发言；华盛顿特区，2014 年 4 月 10 日。

图 1.4　1994 年、2004 年和 2014 年劳动生产率（每位工作者的产出占发达经济体和欧盟水平的百分比）

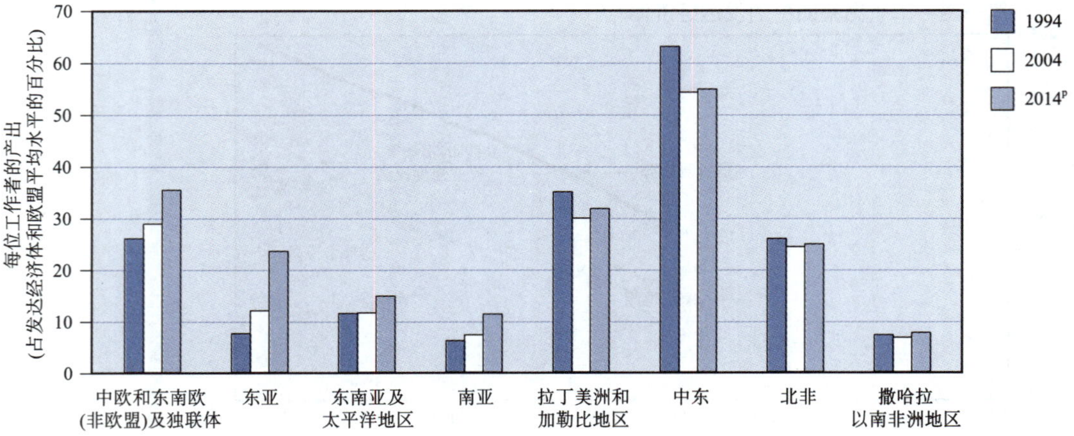

资料来源：国际劳工组织，《趋势计量经济学模型》，2014 年 4 月；世界银行《世界发展指标》。

第二，抗击就业贫困并改善收入分配状况……

在过去的 20 年中，许多发展中国家和地区的经济增长迅速，同时劳动生产率也得到了提高；这显著地降低了就业贫困的发生率。1994 年，发展中国家和地区的工作者中，与其家庭成员生活在极度贫困状态（每位家庭成员的日均消费不足 1.25 美元）的比例达到 39%。到 2004 年，该比例下降至 25% 左右，到 2014 年，该比例估计已经降至 13%。因此，目前生活在极度贫困状态之中的工作者人数相比 20 年前减少了 4.17 亿（图 1.5）。

2014 年，发展中国家和地区生活在中度贫困状态（日均消费在 1.25 美元至 2 美元之间）中的工作者人数达到 4.57 亿，自 1994 年以来变化不大。不过，上述工作者在总就业人口中的比重出现了下降，从 23.6% 下降至 16.9%，降幅比起极度就业贫困的相应比例要缓和得多。这两部分工作者加总起来，意味着发展中国家和地区的工作者有 30% 依旧生活在贫困之中，在 1994 年，这一比例接近 63%。无疑，这确实体现出在更广阔的发展议程中所取得的巨大进步，但在提高贫困群体的就业能力和生产率方面，还需要作出大量的工作，因为目前发展中国家和地区依旧有 30% 的工作者处于贫困之中。

在发展中国家和地区在减贫方面取得巨大成就的同时，还出现了一个积极的趋势，这就是"发展中中产阶层"劳动力的出现（这些工作者与其家庭成员生活在一起，每位家庭成员每天的生活费用在 4 美元和 13 美元之间）[1]。2014 年，据国际劳工组织估计，发展中国家和地区中接近 34% 的工作者属于"发展中中产阶层"，另外还有 11.5% 的工作者属于"成熟中产阶

1　上述定义是由卡普索斯和布尔姆普拉提出的（2013 年）。13 美元的贫困线（以 2005 年的国际美元来衡量）相当于美国 2005 年的贫困线。

图 1.5　1994 年至 2019 年发展中国家和地区的就业情况（按经济阶层划分）

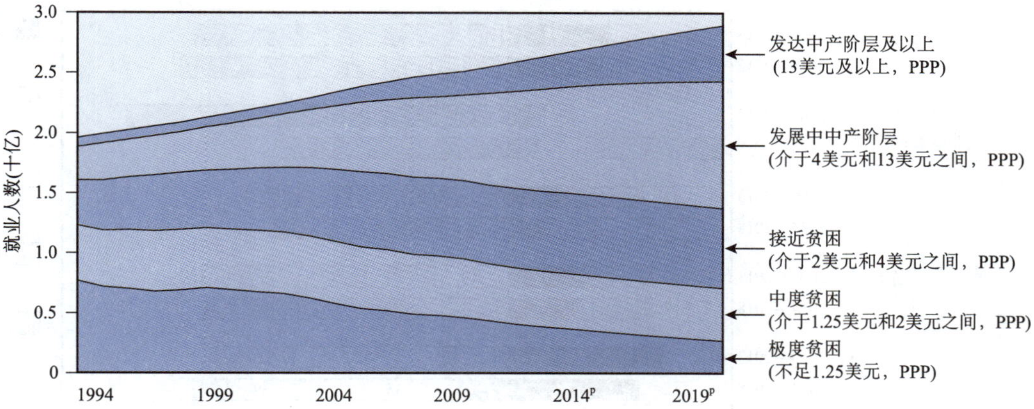

注：PPP = 购买力平价

资料来源：S. 卡普索斯和 E. 布尔姆普拉：发展中国家和地区的就业和经济阶层，国际劳工组织研究论文第 6 号（日内瓦，2013 年）；国际劳工组织，《趋势计量经济学模型》，2014 年 4 月。

层”。这样，发展中地区中超过 40% 的工作者属于发展中中产阶层或者以上，而在 20 年前，仅有不到 20% 的工作者属于中产阶层。

另外一个经济阶层类别包括被归类为“接近贫困”的工作者（每天生活费用在 2 美元和 4 美元之间）——这部分工作者竭力维持生计，以便脱离贫困，但他们的收入尚不足以使其进入中产阶层。发展中区域的工作者中有大约四分之一属于这一阶层，与 1994 年的大约 19% 相比有所提高，但与 2004 年相比基本保持不变。

展望 2018 年，国际劳工组织预测，总体而言，发展中国家的就业贫困问题将继续得到缓解。图 1.5 显示了 2009 年至 2013 年之间按经济阶层划分的既往就业增长情况，以及 2014 年至 2018 年之间的预测增长率。该图显示，处于极度贫困中的工作者的人数预计将下降 6800 万，处于中度贫困中的工作者人数预计将下降 1300 万。接近贫困的工作者人数不太可能发生显著改变，但其在就业人口总数中的份额将随着受雇工作者总人数的增长而出现下降。

发展中和成熟中产及以上阶层的工作者人数在 2014 年至 2018 年之间预计将增长近 2.35 亿人，而在 2009 年至 2013 年期间，这两个阶层的人数增长为 2.62 亿人。最值得注意的是，成熟中产阶层及以上的工作者（家庭成员人均生活费用超过 13 美元）人数增长预计将大幅加速，此阶层在 2009 年至 2013 年之间的人数增长为 9200 万人，在 2014 年至 2018 年之间将增长 1.2 亿人。这种就业质量转变的影响非常明显：在未来的数年中，发展中国家和地区的大多数新工作的质量都将足以使工作者及其家庭成员的日均生活费用超过相当于美国贫困线的水平；这在历史上还将是首次。不过，即便前景较为乐观，到 2018 年，发展中国家和地区的劳动力大军中可能依然有大约 85% 的工作者生活在美国贫困线的水平以下（相比 2014 年的 88% 以上有所下降）。

图 1.6　按照经济阶层划分的就业增长，2009 年至 2013 年和 2014 年至 2018 年

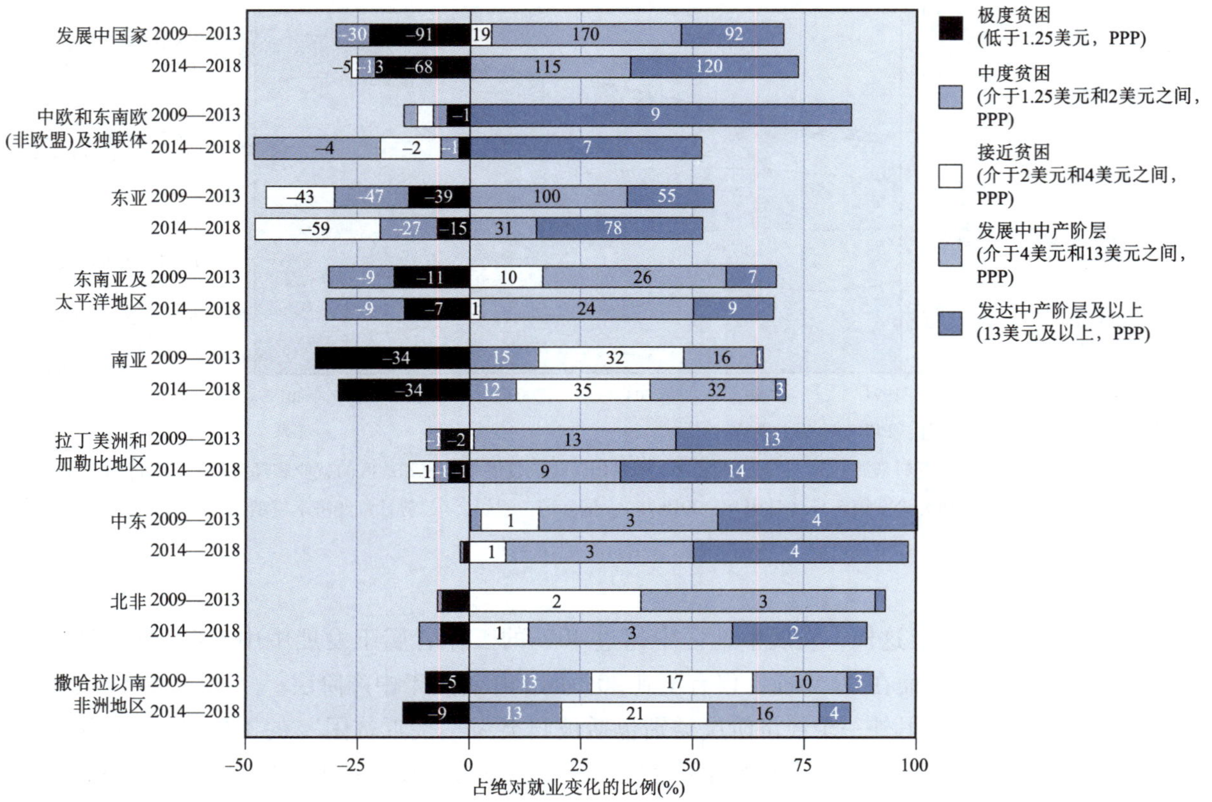

注：PPP 为购买力平价。每条柱形的总长度代表 100%。括号中的数字表示按阶层划分的就业变化情况，单位为百万。

资料来源：S. 卡普索斯和 E. 布尔姆普拉：发展中国家和地区的就业和经济阶层，国际劳工组织研究论文第 6 号（日内瓦，2013）；国际劳工组织，《趋势计量经济学模型》，2014 年 4 月。

不过，认真研究发展中国家和地区的区域性趋势显示出发展中区域之间的重大差异（图 1.6）。在中欧和东南欧、东亚以及拉丁美洲和加勒比这三个区域，在 2014 年至 2018 年之间，中产阶层就业增长预计将成为就业增长的全部来源，与此同时与其家庭成员生活在贫困状态或接近贫困状态的工作者的数量预计将出现下降。在上述各个区域中，成熟中产阶层群体预计将实现幅度最大的就业增长。事实上，上述三个区域的劳动力人口占发展中国家和地区的 47%，预计上述区域的成熟中产阶层就业增长将占到发展中国家和地区的 82%。这表明，平均生活水平出现持续显著提高，未来将出现消费增长和国内需求走高的趋势。尽管如此，这也说明在其他发展中地区，就业发展并不均衡，喜忧参半。

事实上，在南亚和撒哈拉以南非洲地区，尽管相关预测表明极度贫困将持续下降，但在未来数年中所创造的新就业岗位生产效率的提高并不足以帮助工作者摆脱贫困或接近贫困的困境。在上述两个区域，在 2014 年至 2018 年期间，劳动力人口中的“接近贫困”阶层预计将迎来最大幅度的增长，与此同时，处于中度贫困的工作者人数将持续上涨。在上述两种情况下，其各自的中产阶层群体将从中显著获益，这表明富有效率的新的就业机会将不断涌现。不过，在上述区域的中产阶层中实现广泛的生产率提高以加速减贫和增长进程依旧面临着非常艰难的挑战。

图 1.7　按照性别、全球和区域划分的弱势就业，2014 年

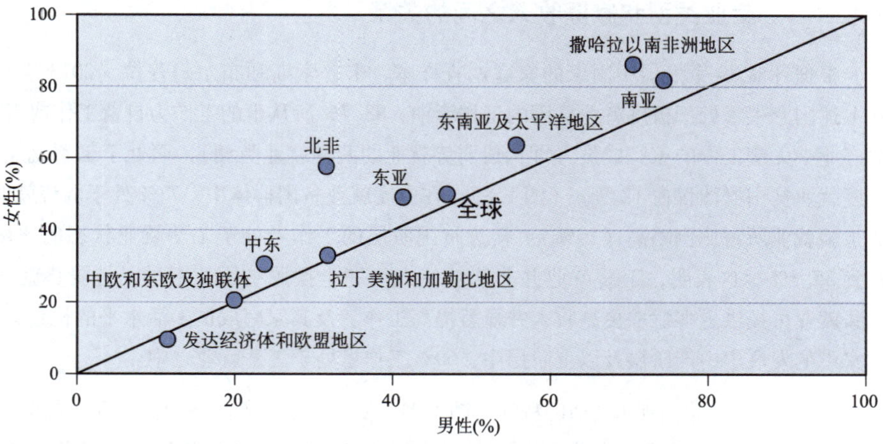

资料来源：国际劳工组织，《趋势计量经济学模型》，2014 年 4 月。

第三，改善就业岗位质量和工作条件……

发展中国家和地区的工作者总人数为 14.5 亿，其中一半以上为自营工作者或者家族企业中无酬工作的家庭成员。上述两种就业状态被并称为“弱势就业”，这说明上述两个群体的工作者与工薪工作者（雇员）相比，获得正式工作安排、加入社会保障体系以及定期取得收入的可能性要小。处于弱势就业中的工作者与拥有正规受雇工作的工作者相比，更易陷入低生产率就业和低薪的恶性循环中，使其无力投资于其家庭成员的健康和教育，这便进而降低了当前一代及其下一代人在生产率和收入阶梯上向上攀爬的可能性。鉴于此，弱势就业指数已成为劳动力市场关键指标之一，用于衡量实现联合国千年发展目标的进展情况。[1]

当前世界各地弱势就业的情况如何？如图 1.7 所示，在发展中地区，弱势就业比率在南亚和撒哈拉以南非洲地区是最高的（四分之三的工作者处于弱势就业之中），在中欧和东南欧及独联体、拉丁美洲和加勒比以及中东地区则要低很多（20%—30% 的工作者处于弱势就业状态之中）。

在一些区域，从事弱势就业的可能性存在着较为显著的性别差异。从全球范围来看，女性从事弱势就业的可能性仅比男性稍微高出一点（全球处于弱势就业中的女性工作者占比为 48.7%，男性工作者占比为 46.9%）。不过，在北非，女性和男性之间该比例的差距接近 25 个百分点，相比男性，女性更加容易从事弱势就业。在撒哈拉以南非洲地区，这一性别差异为 14.8 个百分点，而在中东，该性别差异为 5.9 个百分点。而在中欧和东南欧及独联体以及拉丁美洲和加勒比地区，男性和女性处于弱势就业的可能性没有差别。

与正式工薪雇员相比，处于弱势就业中的劳动者获得社会保障的可能性更小，生活在贫困之中的可能性更大，所以从社会公平的角度来讲，扩大工薪就业并降低弱势就业的发生率，是一个值得去追求的目标。与此同

1　参见国际劳工组织：《千年发展目标就业指标指导》，第二版（日内瓦，2013 年）；网址：http：//www. ilo. org/wcmsp5/groups/public/—ed _ emp/—emp _ elm/documents/publication/wcms_ 208796. pdf

专栏 1.2　就业类型和家庭收入之间的关系

根据针对 39 个发展中国家的家庭调查样本，卡普索斯和布尔姆普拉（2013 年）发现，在上述国家中，处于极度就业贫困的工作者中，83.7% 所从事的工作为自营工作或者属于家庭产业中无酬工作的家庭成员（即构成弱势就业的两种就业类型），而处于工薪就业状态的极度就业贫困群体仅占 12.7%（图 1.8）。在中度就业贫困群体中，77% 处于弱势就业状态，而工薪就业所占比例略高（19%）。接近贫困阶层的工作者处于工薪就业状态的比例较高，达到 35.3%，这表明，工薪就业并非能够使人们完全摆脱贫困。不过，与弱势就业相比，工薪就业可提供更多赚取更高收入并显著提高工作者及其家庭成员生活水平的机会：在这些国家中的发展中中产阶层及以上阶层中，60% 工作者处于工薪就业之中。

部门就业分布也呈现出类似的特征（图 1.9），随着家庭沿着经济阶梯上升，农业工作者所占比例出现下降。在发展中中产阶层中，四分之三的工作者受雇于服务业中。在不同经济阶层之中，工业部门的工作者所占比例之间差异不大，这表明工业工作存在差异，其中生产率较低的工作类型通常由更为贫困的工作者承担，而中产阶层的工作者则往往从事高附加值的工业就业岗位。

总体而言，上述调查结果显示，增加正规受雇就业机会并促进结构性转变，将低生产率的自给农业活动转化为服务业和工业中的高附加值就业，可能是提高生活水平和壮大中产阶层的一个强大的途径。

资料来源：S. 卡普索斯和 E. 布尔姆普拉：发展中国家和地区的就业和经济阶层，国际劳工组织研究论文第 6 号（日内瓦，2013 年）。

图 1.8　根据经济阶层和就业类别状态划分的就业

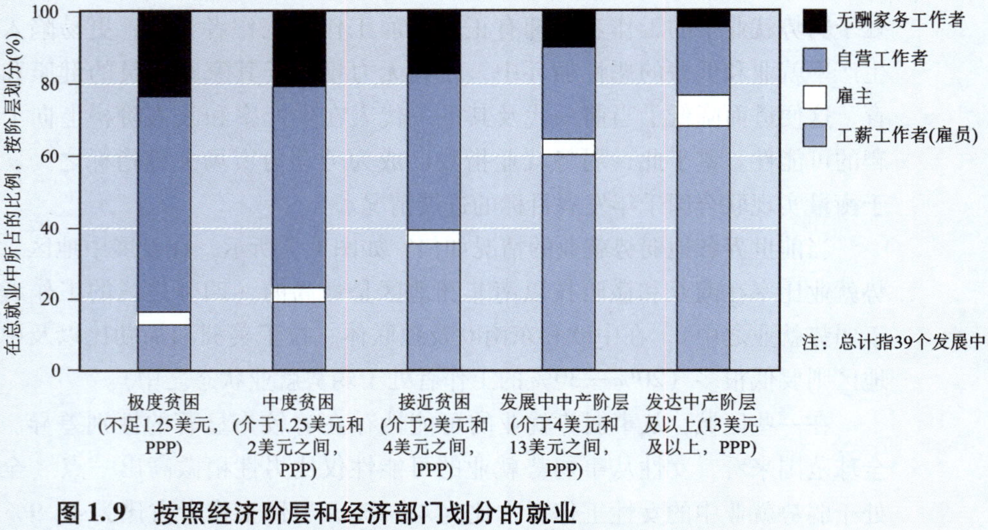

注：总计指39个发展中国家。

图 1.9　按照经济阶层和经济部门划分的就业

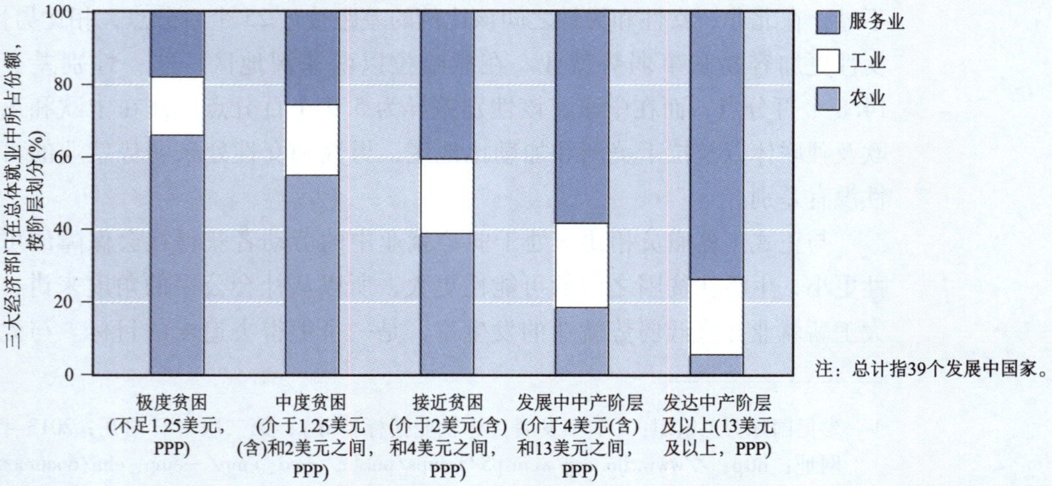

注：总计指39个发展中国家。

图 1.10　2007 年和 2014 年失业一览，根据年龄和性别、全球和不同区域来划分

第一组　男性和女性

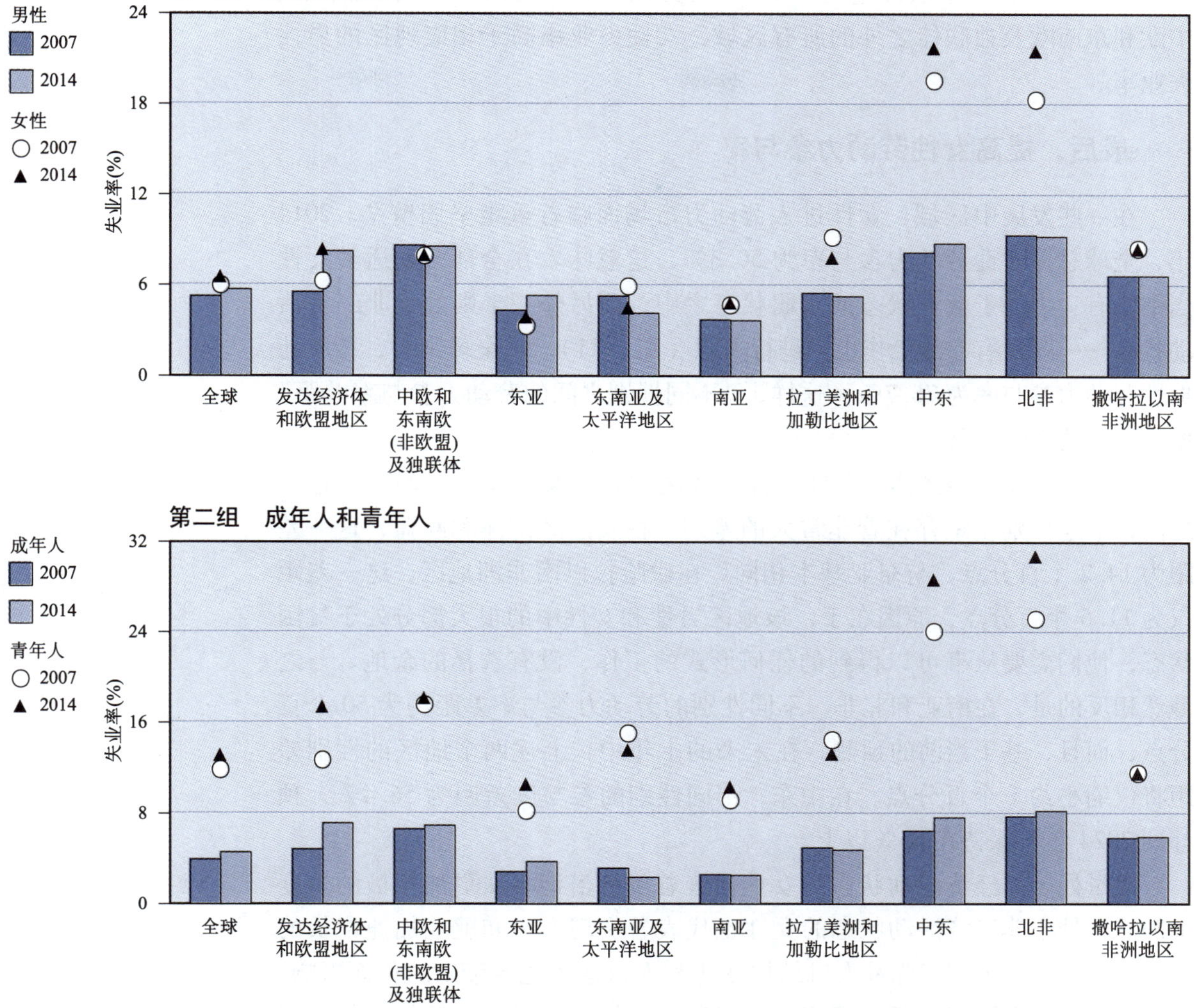

资料来源：国际劳工组织，《趋势计量经济学模型》，2014 年 4 月。

时，考虑到工薪就业与更高水平的家庭消费（以及更高的劳动生产率水平）之间的正向关系，在努力实现提高生产率、促进经济增长和推动生活水平的可持续改进等更为广阔的目标方面，降低弱势就业也应被视为一个关键目标（参见专栏 1.2）。如果政策将限制女性从事工薪就业的特定因素考虑在内，可能有助于解决性别失衡问题。

……第四，解决青年人失业问题……

总体而言，尽管在发展中国家和地区，增长和失业之间的总体关系较弱，但仔细观察按照年龄和性别划分的失业率情况会为了解劳动力市场状况提供重要洞察，尤其是在确认弱势群体方面。在全球各地，青年人的失业率通常远远高于成年人（图 1.10）。2014 年，全球青年失业率的估计值从 2007 年的 11.5% 大幅提高至 2014 年的 13.0%，2012 年的全球青年失业率为 12.8%。这表明，2014 年全球有 7360 万失业青年人口，自 2007 年以来增长了 410 万。

从区域分布上看，中东和北非地区的青年失业率最高，在上述地区劳动力市场中接近三分之一的年轻人无法找到工作，青年女性则面临着尤为悲观的劳动力市场前景，其失业率超过46%。从全球范围来看，女性失业率高于男性，2014年预计达到6.4%，而男性失业率为5.7%。在除中亚、中欧和东南欧及独联体之外的所有区域，女性失业率高于相应地区的男性失业率。

……最后，提高女性劳动力参与率

在一些发展中区域，女性进入劳动力市场面临着重重坚固壁垒。2014年，全球总体女性劳动力参与率为50.3%，这意味着在全部劳动适龄女性当中，有一半处于就业状态或求职状态之中，而另外一半则处于非经济活动状态——既没有参加工作也未进行求职（图1.11）。从全球来看，相应的男性劳动力参与率为76.7%，这样，“不同性别之间的劳动力参与率差距”便达到了约26个百分点。

不过，在发达经济体与发展中经济体之间，以及在发展中国家和地区之间，上述性别差距存在着非常大的差别。在发达经济体和欧盟，这一差距为14.2个百分点，与东亚基本相同。在撒哈拉以南非洲地区，这一差距仅为11.5个百分点，原因在于，该地区男性和女性中的很大部分处于贫困状态，他们需要从事可以得到的任何形式的工作，没有选择的余地。与之截然相反的是，在南亚和北非，不同性别的劳动力参与率差距约为50个百分点，而且，基于当前的预测，在未来的十年中，上述两个地区的性别差距将仅缩小约1个百分点。在中东，不同性别的参与度差距为56.4%，预计到2024年将保持在55%以上。

大量处于非经济活动状态的女性代表着经济潜能。从更加积极的角度上来看，处于非经济活动状态的女性也代表着实现产出和就业加速增长的一个潜在途径，可用来弥补人口结构变化和人口老龄化所带来的负面影响，而老龄化已经在影响着部分国家。实现这一潜能需要强大的政策框架来帮助女性融入经济生活之中，减少阻碍性的文化壁垒，并在女性最遭受排斥的地区，在对妇女社会角色的态度上实现积极转变。

图1.11　2004年、2014年和2024年劳动力参与率，按性别、全球和各区域划分

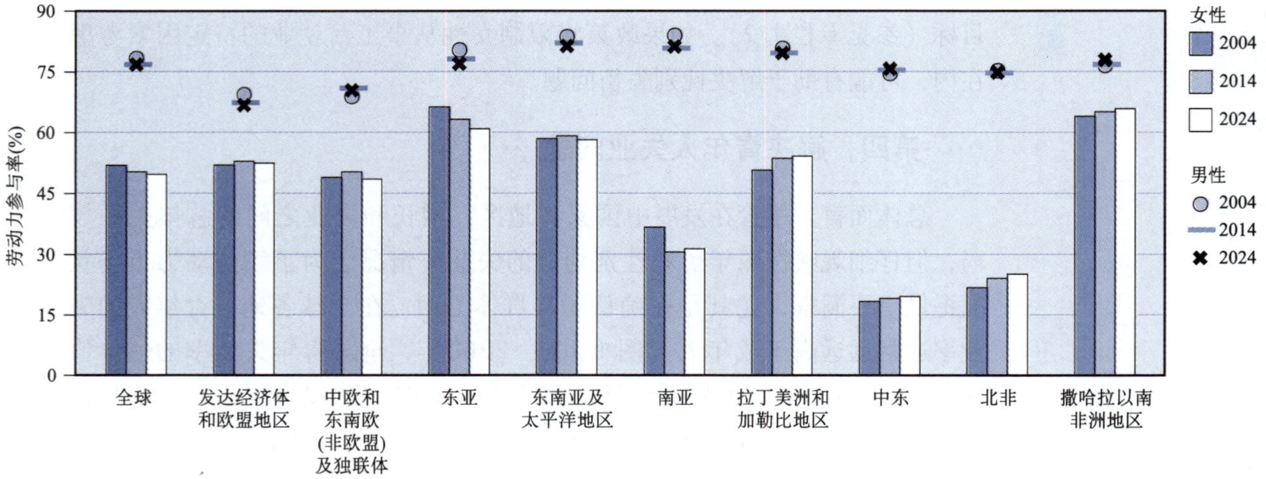

资料来源：国际劳工组织，《趋势计量经济学模型》，2014年4月。

应对发展中国家的就业挑战需要采取大胆且具有差异化的途径

由于发达地区和发展中地区之间存在显著的生产率差距，所以今后应着重实现发展中国家和地区的加速增长。在生活水平方面实现卓有成效的可持续改善并壮大中产阶层非常重要。在许多国家中，受雇就业机会增长有限，成为实现上述目标的长期壁垒，所以工作者中有很大比例一直处于自营这种弱势就业，或从事仅能满足生计需求的农业或家族企业。生产率的提高需要创造新的工薪就业机会，以帮助工作者摆脱非正式经济模式并为其提供获得体面生活方式的机会。

尽管在降低贫困工作者的绝对人数和劳动力人口占比方面一直成绩斐然，但在发展中国家和地区依然有超过半数的工作者处于贫困或接近贫困状态，大约有88%的人口依然生活在相当于美国的贫困线之下，而且，在减少中度贫困和接近贫困工作者的人数方面所取得的进展未能保持与降低极度贫困同步的水平。这要求对社会保障体系进行更多投入，使脆弱家庭免受经济冲击，使其能够维持可接受的最低生活水平并投资于其家庭人员的健康、教育和技能培养。

在过去的20年中，大部分发展中国家和地区的经济和劳动力市场趋势有利于实现生活水平的可衡量的大幅度提高。这又进一步启动了重新平衡全球增长的流程，以便减少对发达经济体消费需求的依赖并在保持更加可持续增长的同时增强发展中地区的国内需求。实现全球经济公平可持续增长和稳定的前景将在很大程度上取决于能否在这方面取得进一步进展。

本报告的结构

本报告的其他部分是围绕两个主要议题展开的。首先，本报告表明，给予就业问题更多重视会支持并加速整个发展进程。其次，本报告探讨了在推动高质量就业和更加具有包容性的增长方面何种政策会切实有效。

第一部分（第二章到第四章）探讨了发展和就业之间的关系。第二部分首先分析了发展中国家的结构性变革（第五章）。随后探讨了有效的劳动制度（第六章）、设计完善的社会保障体系（第七章）、收入分配措施（第八章）以及移民（第九章）等经济发展动力所发挥的作用。本报告考察了145个发展中国家的表现，上述发展中国家是按照世界银行的标准定义的，即人均收入低于12000美元（按照市场汇率）。上述各国被分为三类（参见如下附录A，包含每个类别中的国家清单）：

（1）最不发达国家（LDCs），按照联合国的标准，是指那些人均收入低于1000美元的国家，并包括一些按其结构性特征被归入此类的国家；

（2）中低收入国家（LMIs），包括人均收入介于1000美元和4000美元之间的经济体；

（3）新兴经济体（EEs），其人均收入介于4000美元和12000美元之间。

发达经济体（AEs）是指其人均收入超过12000美元的经济体。

之后对国家类别的类型进行进一步细化，并探讨了对这145个发展中国家所取得的不同程度的成果有所助益的特征和政策。其中一个特征是对可开采资源和行业的依赖程度。另外一个特征是国家对投资驱动型、出口驱动型或消费驱动型等宏观经济增长驱动因素的依赖。此外，为了更加细腻地描述各国的特征，我们采用了国别叙述和示例的方式，事实证明，这种方式是行之有效的。

附录 A

本报告中所使用的国家分类

49 个最不发达国家	阿富汗、安哥拉、孟加拉、贝宁、不丹、布基纳法索、布隆迪、柬埔寨、中非共和国、乍得、科摩罗、刚果民主共和国、吉布提、赤道几内亚、厄立特里亚、埃塞俄比亚、冈比亚、几内亚、几内亚比绍、海地、基里巴斯、老挝、莱索托、利比里亚、马达加斯加、马拉维、马里、毛里塔尼亚、莫桑比克、缅甸、尼泊尔、尼日尔、卢旺达、萨摩亚、圣多美和普林西比、塞内加尔、塞拉利昂、所罗门群岛、索马里、南苏丹、苏丹、坦桑尼亚、东帝汶、多哥、图瓦卢、乌干达、瓦努阿图、也门、赞比亚 联合国对最不发达国家的定义依据收入标准（人均国民总收入在 992 美元以下，大于 1190 美元则摆脱最不发达状态）、人力资产指标和经济脆弱性指标三项指标。
44 个中低收入国家	阿尔巴尼亚、亚美尼亚、伯利兹、玻利维亚、喀麦隆、佛得角、刚果、科特迪瓦、埃及、萨尔瓦多、斐济、格鲁吉亚、加纳、危地马拉、圭亚那、洪都拉斯、印度、印度尼西亚、伊拉克、肯尼亚、朝鲜、科索沃、吉尔吉斯共和国、马绍尔群岛、密克罗尼西亚联邦、摩尔多瓦、蒙古、摩洛哥、尼加拉瓜、尼日利亚、巴勒斯坦、巴基斯坦、巴布亚新几内亚、巴拉圭、菲律宾、斯里兰卡、斯威士兰、叙利亚、塔吉克斯坦、汤加、乌克兰、乌兹别克斯坦、越南、津巴布韦 世界银行收入分类：中低收入（人均国民总收入在 1026 美元至 4035 美元之间）＋未列入最不发达国家的低收入（人均国民总收入不足 1025 美元）国家。
52 个新兴经济体	阿尔及利亚、美属萨摩亚、安提瓜和巴布达、阿根廷、阿塞拜疆、白俄罗斯、波斯尼亚和黑塞哥维那、博茨瓦纳、巴西、保加利亚、智利、中国、哥伦比亚、哥斯达黎加、古巴、多米尼克、多米尼加共和国、厄瓜多尔、加蓬、格林纳达、伊朗、牙买加、约旦、哈萨克斯坦、拉脱维亚、黎巴嫩、利比亚、立陶宛、前南斯拉夫马其顿共和国、马来西亚、马尔代夫、毛里求斯、墨西哥、黑山、纳米比亚、帕劳、巴拿马、秘鲁、罗马尼亚、俄罗斯、圣卢西亚、圣文森特和格林纳丁斯、塞尔维亚、塞舌尔、南非、苏里南、泰国、突尼斯、土耳其、土库曼斯坦、乌拉圭、委内瑞拉 世界银行收入分类：中高收入（人均国民总收入在 4036 美元至 12475 美元之间），安哥拉和图瓦卢（为最不发达国家）除外。

第一部分

就业推动发展

第二章
发展中国家的增长方式

引言

本章将探究发展中国家的经济增长方式，其中包括对发展中国家是否在一些方面赶超发达经济体的探究。本章将回顾过去三十年来三组不同国家的增长趋势：新兴经济体、中低收入国家和最不发达国家（第一节）。此外，本章还将探究经济增长的行业组成，并将对制造业和采掘业引领经济增长和发展的作用进行评估（第二节）。第五章将拓展行业分析，进一步探讨发展进程中生产转型的重要性。

第一节　经济增长表现

总体来讲，发展中国家增长快于发达经济体，但是两者之间又存在着巨大差异……

过去三十年间，发展中国家和发达经济体之间的经济融合过程的进展并不平衡。1980 年至 2011 年间，发展中国家的人均收入每年增长 3.3%，远高于发达经济体 1.8% 的人均收入增长水平（参见图 2.1）。[1] 然而，不同发展中国家群组间的融合过程却存在巨大差异。在此期间，新兴经济体的人均 GDP 平均增长率较高，每年增长 3.7%；这表明新兴经济体将比一般发展中国家更早实现经济融合。而同一时期内，中低收入国家人均 GDP 增长率略低于新兴经济体，为每年 3.2%，表明其与发达经济体融合的速度较慢。与之相比，最不发达国家在此期间的人均 GDP 年增长率仅为 1.3%，低于发达经济体；因此，在过去的 32 年里，最不发达国家并不存在经济融合现象。

透过这些平均值可以发现，每个国家群组中的国家之间都存在着巨大差异（图 2.2）。

1　所有 GDP 增长率均为实际增长，按 2005 年定值美元计算。

图 2.1　人均 GDP 年均增长率，1980 年至 2011 年（收入组）

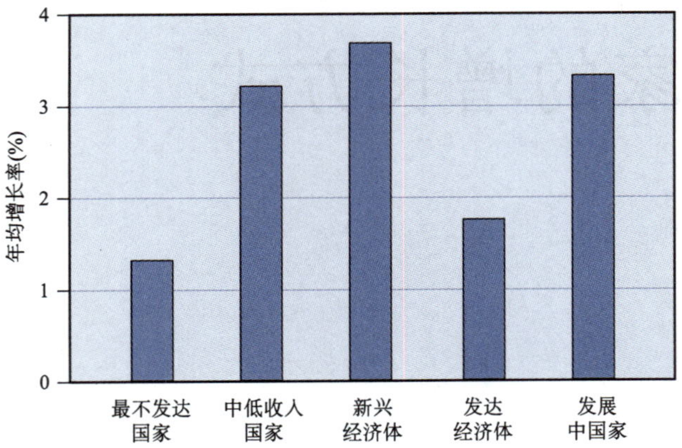

资料来源：国际劳工组织基于世界银行《世界发展指标》数据的计算。

……自 21 世纪初期起，许多国家的经济增长加速

表 2.1 为三十年间（20 世纪八九十年代和 21 世纪）的人均 GDP 增长表现。从表中可以看出，发展中国家的人均 GDP 年增长率从 20 世纪 80 年代的平均值 1.6% 增长至 20 世纪 90 年代的 3.2%，并再次增长至 21 世纪初的 5%。这一加速进程适用于该国家群组中位于三个收入类别中任一类别的国家。在 21 世纪初，最不发达国家、中低收入国家和新兴经济体的人均 GDP 年均增长率分别为 3.6%、4.5% 和 5.5%。在 20 世纪 80 年代，最不发达国家的人均 GDP 增长率为负值，而新兴经济体和中低收入国家为正值，但是这些国家的增长率均低于发达经济体的平均水平。然而中低收入国家和新兴经济体的增长表现开始在 20 世纪 90 年代超过发达经济体，并于 21 世纪前十年加速增长，最不发达国家也于同期开始加速增长。

此外，由于在 21 世纪初，最不发达国家和中低收入国家的 GDP 增长率高于新兴经济体，表 2.1 还表明在那些更多依赖采掘业的国家中，自然资源

表 2.1　各期间人均 GDP 年均增长率（%）

		1980 年至 1989 年	1990 年至 1999 年	2000 年至 2011 年
发达经济体		2.6	1.8	0.8
发展中国家		1.6	3.2	5.0
最不发达国家[1]		-0.1	0.3	3.6
中低收入国家[2]		2.4	2.6	4.5
新兴经济体[3]		1.7	3.7	5.5
非采掘业依赖型	最不发达国家	0	1.5	3.1
	中低收入国家	1.8	2.5	4.7
	新兴经济体	1.9	3.4	5.5
采掘业依赖型	最不发达国家	-0.4	-1.3	3.1
	中低收入国家	1.1	1.5	3.8
	新兴经济体	-0.2	1.7	2.3

[1] 以下国家的数据缺失：阿富汗、柬埔寨、吉布提、厄立特里亚、埃塞俄比亚、几内亚比绍、利比里亚、毛里塔尼亚、缅甸、圣多美和普林西比、南苏丹、东帝汶、图瓦卢和也门。

[2] 以下国家和地区的数据缺失：亚美尼亚、格鲁吉亚、伊拉克、科索沃（在 1999 年联合国安理会第 1244 号决议中确立）、吉尔吉斯共和国、马绍尔群岛、密克罗尼西亚联邦、摩尔多瓦、叙利亚、塔吉克斯坦、乌克兰、乌兹别克斯坦和津巴布韦。

[3] 以下国家数据缺失：阿塞拜疆、白俄罗斯、波黑、加蓬、哈萨克斯坦、拉脱维亚、立陶宛、黑山、纳米比亚、俄罗斯、塞尔维亚、前南斯拉夫马其顿共和国和土库曼斯坦。

资料来源：国际劳工组织研究部基于世界银行《2013 年世界发展指标》计算。

图 2.2　人均 GDP 年均增长率，1980 年至 2011 年（国别）

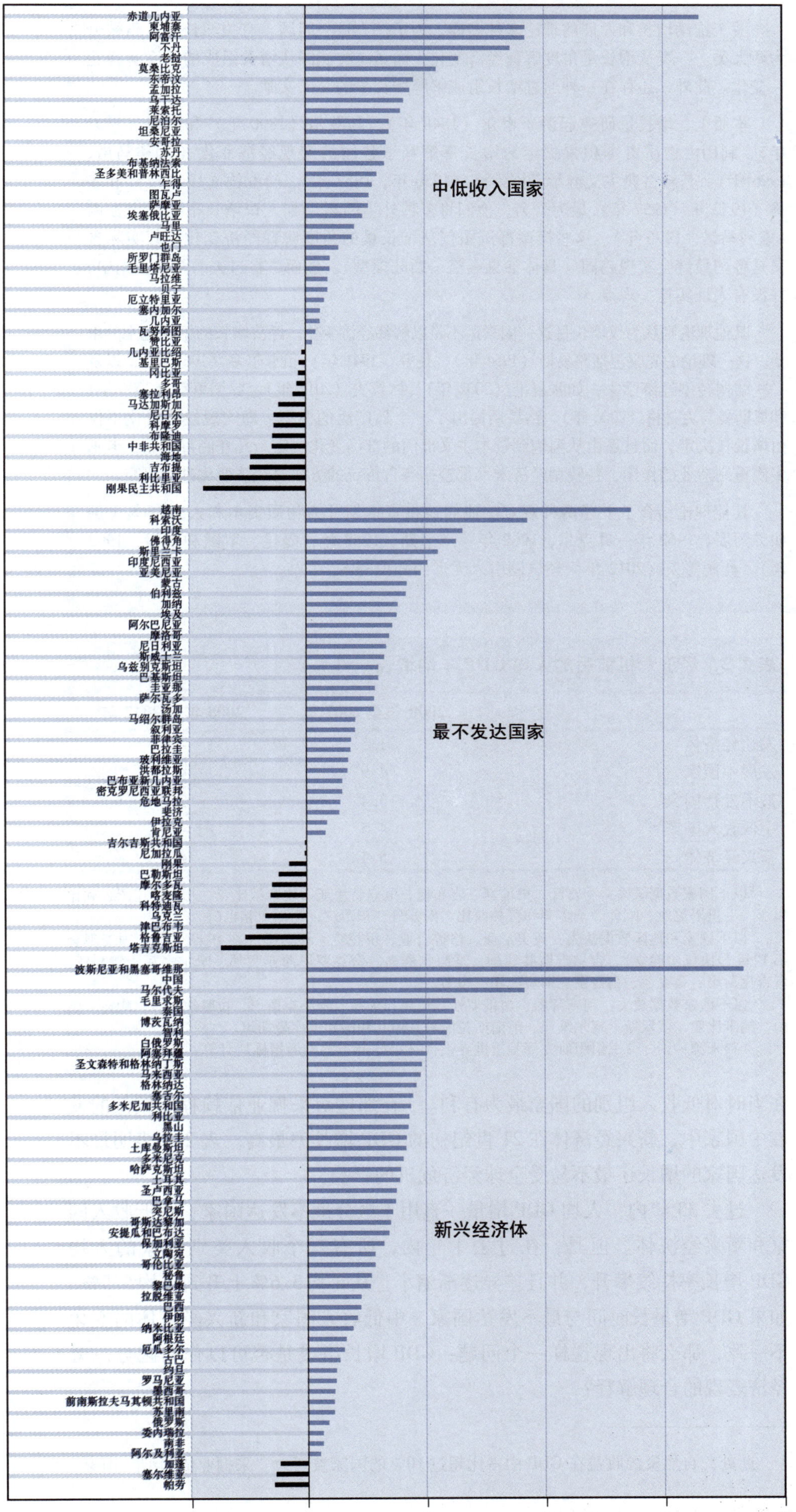

注：年均增长率根据可提供数据的最早年份和最近年份之间的数据进行计算。

资料来源：国际劳工组织研究部基于世界银行《世界发展指标》计算。

专栏 2.1　解释各国发展模式的诸多理论

关于推动增长和发展的理论多种多样。为了探究这一问题，有关增长的文献被分为两大类。一类从增长量角度解释经济变化，而另一类试图从增长组成的角度解释这一变化。此外，还存在一种通过增长组成解释增长量的交叉文献。

本质上，增长量研究起源于密尔（1848 年）、马歇尔（1890 年）和萨伊（1803 年），利用由物质资本积累决定的增长率解释了各国的宏观经济变化（索利马诺，1996 年）。其新古典主义继承者以索洛（1956 年，1957 年）、哈罗德（1949 年）和多马（1952 年，1957 年）最为著名，他们将多种外生因素（如人口增长率）考虑在内（索利马诺，1996 年）。这些模型都试图仅从增长量的角度解释经济变化，其实际含义是各国最终会实现趋同（具体参见索洛—斯旺模型）。然而，在过去的两个世纪中，并没有人证实这一观点。

其他理论则认为仅增长量这一因素远不足以解释经济变化。经济增长的组成也十分重要。这一理论的先驱包括路易斯（1954 年）、凡登（1941 年）和卡尔多（1961 年），以及一些结构转型经济学家，如张夏准（2002 年）、林毅夫（2012 年）、罗德里克（2005 年）和奥斯曼与克林格（2006 年）。路易斯提出了一个最广泛的模型，即宏观经济变化不仅由增长量决定，而且还由从温饱到资本主义部门的部门变化决定。凡登侧重工业，卡尔多侧重制造业的作用，各转型经济学家都遵循各自传统的方法对经济变化进行研究。

其他理论结合了上述两种观点。他们还将资本划分为物质资本和人力资本（例如，阿罗，1962 年；贝克尔，1962 年；卢卡斯，1988 年；曼昆、罗默和韦伊，1992 年）。杜茨等人（2012 年）还试图引入无形的知识资本。

表 2.2　经济危机前后的人均 GDP 年均增长率（%）

	2000 年至 2007 年	2008 年至 2012 年
发达经济体	1.5	-0.1
发展中国家	4.9	4.4
最不发达国家[1]	3.4	2.2
中低收入国家[2]	4.5	4.4
新兴经济体[3]	5.4	4.9

[1] 以下国家数据缺失：阿富汗、柬埔寨、吉布提、厄立特里亚、埃塞俄比亚、几内亚比绍、利比里亚、毛里塔尼亚、缅甸、圣多美和普林西比、南苏丹、东帝汶、图瓦卢和也门。

[2] 以下国家和地区数据缺失：亚美尼亚、格鲁吉亚、伊拉克、科索沃（在 1999 年联合国安理会第 1244 号决议中确立）、吉尔吉斯共和国、马绍尔群岛、密克罗尼西亚联邦、摩尔多瓦、叙利亚、塔吉克斯坦、乌克兰、乌兹别克斯坦和津巴布韦。

[3] 以下国家数据缺失：阿塞拜疆、白俄罗斯、波黑、加蓬、哈萨克斯坦、拉脱维亚、立陶宛、黑山、纳米比亚、俄罗斯、塞尔维亚、前南斯拉夫马其顿共和国和土库曼斯坦。

资料来源：国际劳工组织研究部基于世界银行《2013 年世界发展指标》计算。

在当时对低收入组别的国家最为有利。[1] 在那些对采掘业依赖程度较低的发展中国家中，新兴经济体在 21 世纪初的 GDP 增长率最高。表 2.2 表明最不发达国家的增长还最不易受全球经济危机的影响。

过去 33 年内，人均 GDP 增量一直用于区分最不发达国家、中低收入国家和新兴经济体。但是，在过去十年内，所有三个收入类别国家的人均 GDP 增长率持续攀升，并且差异逐渐缩小，从年均 3.6% 上升到年均 5.5%。如果 GDP 增量长时间与最不发达国家、中低收入国家和新兴经济体的变化不一致，那么将出现这样一个问题：GDP 增长组成是否可以作为区分三者经济表现的合理解释？

1　此处，自然资源收益在 GDP 中占比超过 10% 的国家被列为“采掘业依赖型”国家。

第二节　经济增长的组成和性质

部门分析突出了制造业的主导作用

有关制造业在推动发展中国家经济增长方面的作用一直是热议话题。表 2.3 显示了过去三十年内不同国家组别的各行业附加值增速。该表表明发展中国家的早期增长加速（即从 20 世纪 80 年代的 1.6% 到 20 世纪 90 年代的 3.2%，再上升到 21 世纪初的 5%）并非由农业增长推动，因为农业增长率相对维持在每年 3.5% 的水平不变。此期间内，制造业增长率从年均 4.7% 上升至 7.2%。工业紧随其后，在此期间，其增长率从年均 3.5% 升至 6.8%。服务业增长率也从年均 3.7% 上升至 6.4%。

这遵循了路易斯设想的模式（1954 年），他认为，剩余劳动力从生产率低、温饱型的农业部门流向生产率较高的部门，这将促进经济增长。

区分工业和制造业十分重要。制造业和采掘业是工业两个主要组成部分。因此，表 2.3 表明在过去三分之一世纪中，制造业对发展中国家经济增长的贡献大于采掘业和服务业。

正是三个收入组别国家（最不发达国家、中低收入国家和新兴经济体）之间的部门差异催生了第一个模式。20 世纪 80 年代至 21 世纪初，这三个收入类别国家全都遵循广泛的路易斯模式，即经济增长受农业以外的部门推动。但是，表 2.3 和表 2.4 表明，在此期间，高收入组别国家（新兴经济体和中低收入国家）制造业的增长持续高于工业。相反地，最不发达国家工业的增长在此期间高于制造业。

表 2.3　各部门各期间年均增长率（%）（1980—2011）

	农业			工业（包括制造业）			制造业[4]			服务业		
	1980 年至 1989 年	1990 年至 1999 年	2000 年至 2011 年	1980 年至 1989 年	1990 年至 1999 年	2000 年至 2011 年	1980 年至 1989 年	1990 年至 1999 年	2000 年至 2011 年	1980 年至 1989 年	1990 年至 1999 年	2000 年至 2011 年
发展中国家	3.6	2.8	3.5	3.5	5.8	6.8	4.7	7.0	7.2	3.7	4.9	6.4
最不发达国家[1]	2.7	3.2	4.3	4.1	4.0	7.5	3.8	5.6	5.8	2.8	2.2	6.7
中低收入国家[2]	3.1	2.8	3.2	4.9	4.9	5.8	5.9	5.3	5.9	5.3	5.3	7.3
新兴经济体[3]	3.9	2.8	3.5	3.2	6.0	7.0	4.4	7.5	7.4	3.4	4.9	6.1

[1] 以下国家数据缺失：阿富汗、吉布提、厄立特里亚、几内亚、几内亚比绍、赤道几内亚、海地、柬埔寨、利比里亚、缅甸、尼日尔、卢旺达、所罗门群岛、索马里、南苏丹、圣多美和普林西比、乍得、东帝汶、图瓦卢、坦桑尼亚、萨摩亚和也门。

[2] 以下国家和地区数据缺失：亚美尼亚、密克罗尼西亚联邦、格鲁吉亚、伊拉克、朝鲜、吉尔吉斯共和国、科索沃（在 1999 年联合国安理会第 1244 号决议中确立）、摩尔多瓦、马绍尔群岛、尼日利亚、尼加拉瓜、巴勒斯坦、巴拉圭、叙利亚、乌克兰和乌兹别克斯坦。

[3] 以下国家和地区数据缺失：美属萨摩亚、阿塞拜疆、波黑、博茨瓦纳、白俄罗斯、保加利亚、哈萨克斯坦、黎巴嫩、利比亚、立陶宛、马尔代夫、黑山、帕劳、罗马尼亚、俄罗斯、塞尔维亚、前南斯拉夫马其顿共和国和土库曼斯坦。

[4] 以下国家数据也缺失：布隆迪、中非共和国、莫桑比克、塞拉利昂和瓦努阿图（最不发达国家）；阿尔巴尼亚、喀麦隆、佛得角、埃及、吉尔吉斯、蒙古和乌兹别克斯坦（中低收入国家）；巴西和纳米比亚（新兴经济体）。

资料来源：国际劳工组织基于国际货币基金组织 2013 年 4 月《世界经济展望》、世界银行《2013 年世界发展指标》计算。

表 2.4　各部门各期间年均增长率（%）（2000—2011）

	GDP		农业		工业（包括制造业）		制造业		服务业	
	2000 年至 2007 年	2008 年至 2011 年	2000 年至 2007 年	2008 年至 2011 年	2000 年至 2007 年	2008 年至 2011 年	2000 年至 2007 年	2008 年至 2011 年	2000 年至 2007 年	2008 年至 2011 年
发展中国家	6.7	6.2	3.4	3.5	7.1	6.7	7.9	5.8	6.7	6.0
最不发达国家[1]	6.9	4.8	3.7	4.8	9.4	3.9	6.5	6.5	7.0	5.8
中低收入国家[2]	6.4	6.5	3.3	3.7	6.1	5.6	6.3	5.6	7.2	7.5
新兴经济体[3]	6.8	6.2	3.4	3.3	7.2	7.0	8.3	5.6	6.5	5.5
最不发达国家	5.5	5.5	3.6	3.9	7.0	7.0	6.3	6.2	5.9	5.7
中低收入国家	6.5	6.8	3.2	3.8	6.9	6.1	6.7	6.2	7.4	7.9
新兴经济体	7.2	6.7	3.4	3.4	7.7	7.6	8.6	5.9	6.6	5.7
最不发达国家	7.4	2.8	3.9	6.7	11.5	1.3	7.2	7.4	9.2	6.1
中低收入国家	5.9	5.6	3.5	3.3	4.7	4.8	5.5	4.4	6.4	6.3
新兴经济体	5.1	3.6	4.2	2.7	3.6	0.8	4.5	0.8	6.3	3.8

[1] 以下国家数据缺失：阿富汗、柬埔寨、吉布提、厄立特里亚、埃塞俄比亚、几内亚比绍、利比里亚、毛里塔尼亚、缅甸、圣多美和普林西比、南苏丹、东帝汶、图瓦卢和也门。

[2] 以下国家和地区数据缺失：亚美尼亚、格鲁吉亚、伊拉克、科索沃（在 1999 年联合国安理会第 1244 号决议中确立）、吉尔吉斯共和国、马绍尔群岛、密克罗尼西亚联邦、摩尔多瓦、叙利亚、塔吉克斯坦、乌克兰、乌兹别克斯坦和津巴布韦。

[3] 以下国家数据缺失：阿塞拜疆、白俄罗斯、波黑、加蓬、哈萨克斯坦、拉脱维亚、立陶宛、黑山、纳米比亚、俄罗斯、塞尔维亚、前南斯拉夫马其顿共和国和土库曼斯坦。

资料来源：国际劳工组织基于国际货币基金组织 2013 年 4 月《世界经济展望》、世界银行《2013 年世界发展指标》计算。

因此，在过去三分之一世纪内，发展中国家的高收入组别国家更加依赖于制造业增长来促进 GDP 增长，而最不发达国家则更加依赖采掘业以促进 GDP 增长。尽管服务业在最近十年内增长强劲，但是它在按三个收入类别划分的所有发展中国家的 GDP 增长组成中始终位列第三。

最不发达国家对采掘业的依赖度较大，因而更容易受本次全球危机影响。危机期间，最不发达国家增长大幅下降主要归因于其工业增长率降低超过一半以上，而其制造业增长率却在此期间保持不变。对采掘业依赖程度较大的最不发达国家的工业增长率暴跌。

在过去三分之一世纪内，新兴经济体和中低收入国家更加依赖制造业增长来促进 GDP 增长，而最不发达国家似乎更依赖采掘业增长来促进 GDP 增长。这表明相比最不发达经济体，新兴经济体和中低收入国家的制造业在整体经济中占比较大。

事实上，如表 2.5 所示，不同收入类别国家（从最不发达国家到中低收入国家再到新兴经济体）的制造业所占比例均有所上升。在这 30 年间，最不发达国家、中低收入国家和新兴经济体的制造业在各自 GDP 中的占比分别保持在 9%—10%、16%—19% 和 19%—26%。此外，表 2.5 还表明，同期内，发展中国家的农业在 GDP 中的份额出现了下降。在过去三十年内，新兴经济体的农业份额最低，其次是中低收入国家，然后是最不发达国家。

这些模式表明，从长期来看，制造业增长在总增长中的占比情况是造成各发展中国家之间存在人均收入差异的原因（参见本章附录）。这说明，

表 2.5 各部门附加值在 GDP 中的占比

	农业				工业（包括制造业）				制造业[6]				服务业			
	1980 年[4]	1990 年	2000 年	2010 年[5]	1980 年[4]	1990 年	2000 年	2010 年[5]	1980 年[4]	1990 年	2000 年	2010 年[5]	1980 年[4]	1990 年	2000 年	2010 年[5]
发展中国家	15.0	15.0	12.2	9.5	16.8	16.0	16.0	16.4	17.6	18.9	22.2	23.8	49.9	50.2	50.6	51.5
最不发达国家[1]	29.7	29.4	29.4	23.3	14.3	15.0	16.8	21.4	9.0	9.1	10.4	10.2	47.4	47.0	43.9	45.7
中低收入国家[2]	27.5	23.7	19.6	14.8	14.3	13.8	13.8	13.3	16.0	17.8	18.8	18.6	41.7	44.5	47.5	53.1
新兴经济体[3]	11.2	11.9	9.6	7.5	17.7	16.8	16.6	17.1	18.5	19.7	23.6	25.9	52.1	52.0	51.7	51.3
新兴经济体[4]（不包括中国）	7.8	7.8	6.8	6.2	19.2	19.2	18.4	17.2	17.4	18.0	19.0	18.4	55.0	55.6	57.5	59.8

注：总量计算基于 2005 年定值美元的面值。

[1]以下国家的数据缺失：阿富汗、吉布提、厄立特里亚、几内亚、几内亚比绍、赤道几内亚、海地、柬埔寨、利比里亚、缅甸、尼日尔、卢旺达、所罗门群岛、索马里、南苏丹、圣多美和普林西比、乍得、东帝汶、图瓦卢，坦桑尼亚、萨摩亚和也门。

[2]以下国家和地区的数据缺失：亚美尼亚、密克罗尼西亚联邦、格鲁吉亚、伊拉克、吉尔吉斯共和国、科索沃（在 1999 年联合国安理会第 1244 号决议中确立）、摩尔多瓦、马绍尔群岛、尼日利亚、尼加拉瓜、朝鲜、巴拉圭、巴勒斯坦、叙利亚、乌克兰和乌兹别克斯坦。

[3]以下国家和地区的数据缺失：美属萨摩亚、阿塞拜疆、波黑、博茨瓦纳、白俄罗斯、保加利亚、哈萨克斯坦、黎巴嫩、利比亚、立陶宛、马尔代夫、黑山、帕劳、罗马尼亚、俄罗斯、塞尔维亚、前南斯拉夫马其顿共和国和土库曼斯坦。

[4]可获得数据的最早年份。

[5]可获得数据的最近一年。

[6]以下国家的数据也缺失：布隆迪、中非共和国、莫桑比克、塞拉利昂、瓦努阿图（最不发达国家）；阿尔巴尼亚、喀麦隆、佛得角、埃及、吉尔吉斯共和国、蒙古、乌兹别克斯坦（中低收入国家）；巴西和纳米比亚（新兴经济体）。

国际劳工组织基于国际货币基金组织 2013 年 4 月《世界经济展望》、世界银行《2013 年世界发展指标》计算。

制造业在竞争日益激烈的全球市场度过了非常艰难的一段时期。因此，这一长期累积的结果可能是基于几个大国的制造业增长，而其实现却以牺牲那些制造业长期萎缩的诸多小国为代价。探究这一可能性的第一个测试是将中国这一制造业巨头从新兴经济体中剔除。但是，剔除中国后，新兴经济体的制造业占 GDP 比重仍与中低收入国家处于相同区段，从 1980 年的 17% 到 2010 年的 18% 。与过去三十年一样，制造业占 GDP 比重仍是将最不发达国家同中低收入国家和新兴经济体区分开来的依据。

第二个测试是探究制造业份额在过去三十年内大幅下降的国家数量。图 2.3 表明，1980 年至 2011 年间，在每个收入类别中都有超过一半的发展中国家的制造业占 GDP 比重下滑。虽然这些发展中国家的制造业占 GDP 比重变动频繁，但大多数变动都相对较小；这表明其制造业份额相对比较稳定。

资源丰富型国家收入水平提高：例如，阿塞拜疆基于采掘业的经济增长……

阿塞拜疆是一个石油资源丰富的国家，其石油的专业化生产可追溯至 19 世纪。1991 年独立后，该国经历了艰难的十年。自 20 世纪 90 年代末起，阿塞拜疆在物价和公共赤字两方面维持了宏观经济稳定。由于自然资源丰富，阿塞拜疆面临着双重挑战：一是向市场经济过渡，另一个是管理高增长的资源部门。

从图 2.4 可清晰地看出，阿塞拜疆在人类发展方面取得了重大进展。自 2000 年以来，贫困和不平等现象有所减少，人均 GDP 增长迅速。对社会保障的大力投资使该国摆脱了常见于资源型经济体的高度不平等。

图 2.3　1980 年至 2011 年间制造业对 GDP 贡献率的变化（百分点）

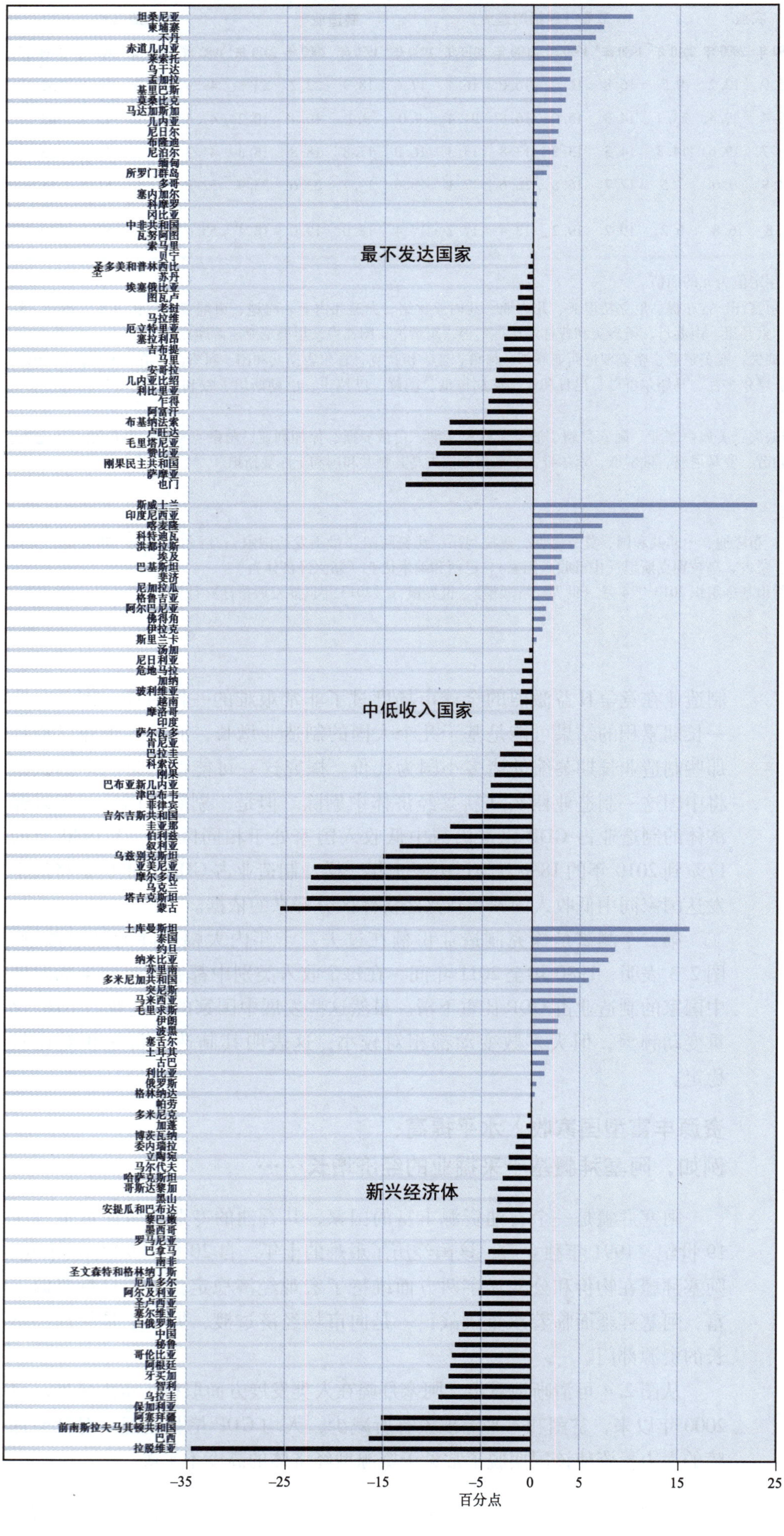

注：制造业对GDP的贡献率变化的计算基于可提供的最早年份至最近年份间的数据。

资料来源：国际劳工组织研究部，基于世界银行《世界发展指标》。

图 2.4　阿塞拜疆的人均收入、贫困和不平等状况

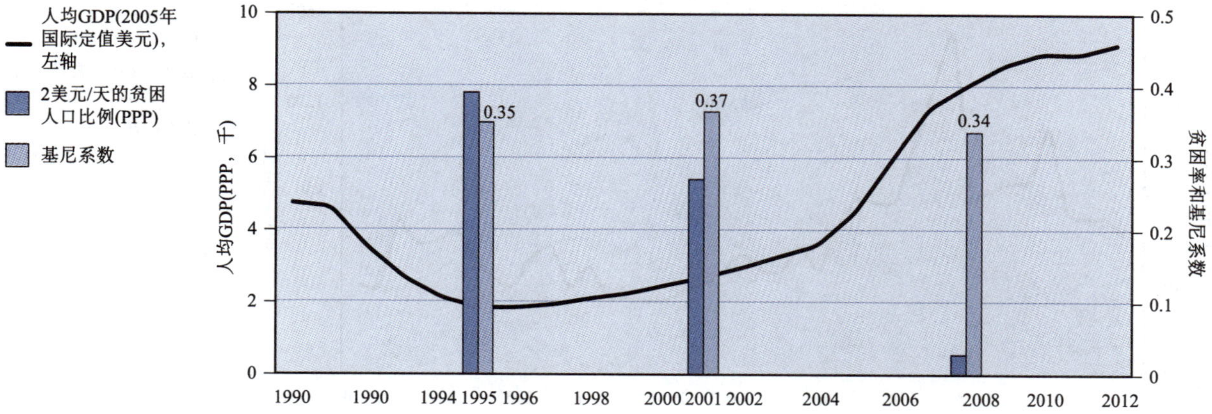

注：贫困人口比例和基尼系数按比例从 0 到 1（右轴）。

资料来源：国际劳工组织基于世界银行《世界发展指标》数据计算。

阿塞拜疆经济表现和石油价格之间的密切联系突出强调了该国对其能源出口的持续依赖。全球金融危机爆发前，石油相关出口迅速上升，促成了出口占 GDP 比例较高（2007 年达到峰值）。不断上升的石油价格和能源部门急需投资的现实都帮助该经济体自 1999 年以来实现了快速增长。

得益于石油相关收入，阿塞拜疆政府对社会保障进行投资（国际劳工组织，2012 年；世界卫生组织，2010 年）。最大的人息审查项目是有针对性的社会救助，于2006 年实施，当时正值石油繁荣中期。该项目逐渐扩大规模，并于 2012 年覆盖了约 10% 的总人口，占 2010 年 GDP 的 0.8%（国际劳工组织，2012 年）。据悉，该项目相对比较有针对性，其50% 的支出流向了位于最低收入十分位数的人口（世界银行，2010 年）。此外，最低工资[1]的提高也有助于减少不平等（世界银行，2010 年）。2001 年至 2008 年，不平等（按基尼系数计量）减少了 8%（世界银行，2013 年），从 0.37 降到 0.34，若按资源丰富型国家标准来衡量，这一水平偏低，若按区域标准来衡量，则属于平均水平。

尽管阿塞拜疆能够很好地管理不断增长的石油收入，但 2012 年年底，其储量产量比约为 20（英国石油公司，2013 年）。这意味着石油暴利将趋于放缓，因此，阿塞拜疆的生产部门多样化对于确保生活水平和人类发展成果的可持续性和深化而言十分必要。

……和资源丰富型的印度尼西亚的制造业

在 1997 年爆发的东亚金融危机中，印度尼西亚是遭受影响最大的国家之一。1990 年至 1997 年，其经济年均增长率为 7.6%，而在 1998 年，经济却缩减了 13.1%。在此期间，印度尼西亚还经历了重大的政治过渡时期。该国经济早在 2000 年便恢复了增长，接近于 1998 年以前的水平（图 2.5）。

如图 2.5 所示，印度尼西亚的经济增长主要体现为制造业部门的强劲发展，1982 年至 2001 年尤为突出。

1　在 21 世纪初，最低工资无论是在名义上，还是作为平均工资的一部分，均实现了增长（资料来源：阿塞拜疆国家统计委员会）。

图 2.5　印度尼西亚制造业和自然资源人均收入（1970 年至 2010 年）

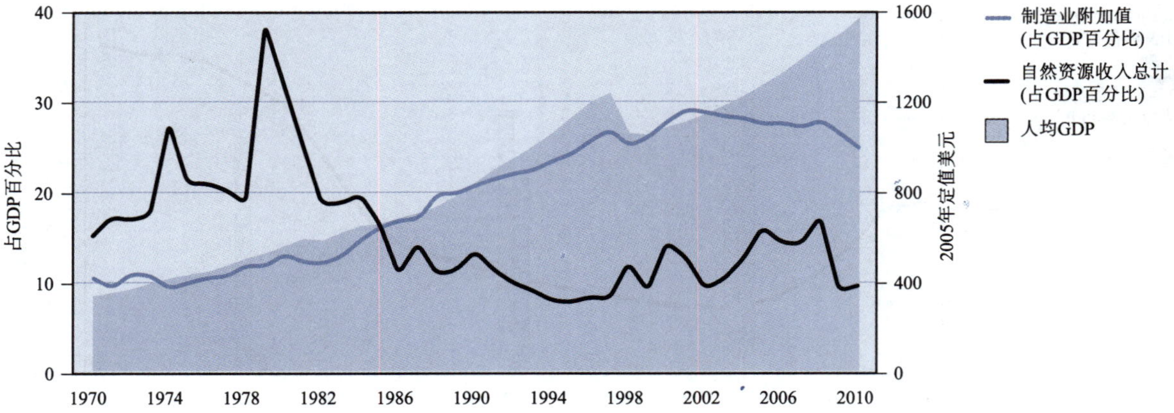

资料来源：国际劳工组织基于世界银行《世界发展指标》数据计算。

对石油收入暴利的管理是印度尼西亚所取得的一个非凡成就。由于 20 世纪 70 年代物价飙升，政府通过投入补贴和引进更高产的物种的方式，将可用资源投资于农业，从而引发了绿色革命。随着油价在 20 世纪 80 年代前五年的下跌，政府逐步实施了一系列经济改革，除其他目的外，旨在实现政府财政资源多元化，摆脱单一的石油收入，并开放经济，以提高劳动密集型制造业的竞争力。

此外，出口构成也体现了经济多元化。1980 年，燃料和矿业产品出口占商品总出口的 75%，而制造业产品仅占 2%。该国家成功地刺激了制造业的出口，尤其是在 20 世纪 80 年代，当时石油相关收入出现萎缩。从 1992 年至 2009 年，制造业产品的出口价值超过了燃料和矿业产品（世界银行，2013 年）。

附录 A
计量经济学依据

本附录旨在验证三个命题：

- 命题 1：相较于其他部门的增长，制造业的增长更持续地带动 GDP 增长。
- 命题 2：人均 GDP 越高的国家，其制造业占 GDP 比重越大，从而造成最不发达国家、中低收入国家和新兴经济体之间收入水平差异长期存在，进而提出了命题 3。
- 命题 3：如果 GDP 增长受制造业增长推动，并且人均收入水平越高的国家，其制造业占 GDP 比重越大，那么人均收入越高的国家，其制造业增长对 GDP 增长的贡献将越大。也就是说，人均收入和制造业份额均较高的国家，将实现较高的 GDP 增长。

如果这些命题得到证实，那么表明，对于发展中国家而言，制造业增长是人均收入提高的关键决定因素。

表 2A.1 利用计量经济学稳健性支持了表 2.3 和表 2.5 的结果，总体而言，表 2.3 和表 2.5 支持了前两个命题。第一，就对命题 1 的支持而言（见表格第 1 栏和第 3 栏，因为这两栏仅考虑制造业），制造业与 GDP 增长和人均 GDP 增长存在着显著的正相关关系，支持了表 2.3 的结果。这表明，在过去 30 年内，发展中国家制造业增长可能一直与 GDP 增长有关。GDP 增长系数为 0.42，这表明制造业增长率提高 1 个百分点，则 GDP 增长率提高 0.4 个百分点。同理，人均 GDP 增长系数为 0.41，这表明制造业增长率提高 1 个百分点，则人均增长率提高 0.4 个百分点。R^2 表明，GDP 增长中约有 44% 的变化得益于制造业的增长。

表 2A.1　GDP 和制造业增长之间的固定效应（组内）估计量

（因变量）	（5 年平均增长率）			
	人均 GDP 增长		GDP 增长	
	（1）	（2）	（3）	（4）
制造业增长（5 年平均值）	0.409*** (0.053)*	0.312*** (0.038)*	0.423*** (0.054)*	0.339*** (0.042)*
工业增长（不包括制造业）（5 年平均值）		0.168*** (0.028)*		0.172*** (0.030)*
恒定值	0.004** (0.002)*	0.000 (0.002)*	0.025*** (0.002)*	0.020*** (0.002)*
观测值	593	593	583	583
R^2	0.436	0.591	0.446	0.560
R^2（总体）	0.412	0.552	0.471	0.564
调整后的 R^2，（包括固定效应）	0.536	0.663	0.5297	0.6257

注：标准误显示在括号中。*** $p<0.01$，** $p<0.05$，* $p<0.1$。

资料来源：国际劳工组织基于世界银行《世界发展指标》数据计算。

表 2A.2　人均 GDP 和制造业份额之间的固定效应（组内）估计量

（因变量）	人均 GDP			
	（所有样本）	（仅为最不发达国家）	（仅为中低收入国家）	（仅为新兴经济体）
	1 年	2 年	3 年	4 年
制造业 GDP 占比	0.030***	0.026***	0.029***	0.058***
	(0.004)	(0.007)	(0.006)	(0.007)
工业（不包括制造业）GDP 占比	0.032***	0.027***	0.032***	0.053***
	(0.003)	(0.004)	(0.004)	(0.006)
服务业 GDP 占比	0.029***	0.018***	0.028***	0.051***
	(0.003)	(0.004)	(0.004)	(0.006)
恒定值	4.833***	4.761***	4.694***	3.481***
	(0.214)	(0.237)	(0.321)	(0.518)
R^2	0.424	0.481	0.395	0.544
R^2（总体）	0.650	0.361	0.352	0.374
调整后的 R^2，（包括固定效应）	0.968	0.942	0.905	0.883

注：稳健标准误显示在括号中。*** $p < 0.01$，** $p < 0.05$，* $p < 0.1$。

资料来源：国际劳工组织基于世界银行《世界发展指标》数据计算。

表 2A.3　按收入组别划分的 GDP 和制造业增长之间的固定效应（组内）估计量

（因变量）	（5 年平均增长率）					
	人均 GDP 增长			GDP 增长		
	（最不发达国家）	（中低收入国家）	（新兴经济体）	（最不发达国家）	（中低收入国家）	（新兴经济体）
	1 年	2 年	3 年	4 年	5 年	6 年
制造业增长（5 年平均值）	0.235***	0.506***	0.516***	0.293***	0.502***	0.503***
	(0.070)	(0.073)	(0.060)	(0.082)	(0.063)	(0.074)
恒定值	0.003	0.000	0.009***	0.029***	0.021***	0.024***
	(0.003)	(0.002)	(0.002)	(0.003)	(0.002)	(0.002)
观测值	193	174	226	193	169	221
R^2	0.262	0.640	0.460	0.249	0.671	0.501
R^2（总体）	0.468	0.483	0.408	0.435	0.534	0.474
调整后的 R^2，（包括固定效应）	0.5023	0.6573	0.5364	0.4498	0.6965	0.5357

注：稳健标准误显示在括号中。*** $p < 0.01$，** $p < 0.05$，* $p < 0.1$。

资料来源：国际劳工组织基于世界银行《世界发展指标》数据计算。

查看表 2A.1 第 2 栏和第 4 栏，因为这两栏涉及制造业和工业其他构成（主要是采掘业），该表进一步表明，制造业系数为 0.34，是工业其他构成（主要是采掘业）系数（0.17）的两倍。因此，制造业增长提高 1 个百分点，带动 GDP 增长率提高 0.34 个百分点，而工业其他构成的增长率提高 1 个百分点，仅带动 GDP 增长率提高 0.17 个百分点，远小于制造业。R^2 表明，约 60% 的 GDP 增长变动由制造业和采掘业变化引起。

第二，就对命题 2 的支持而言，表 2A.2 表明，制造业占 GDP 比重也与人均 GDP 呈显著正相关，工业其他构成也是如此。与服务业相比，制造业和工业其他构成与人均 GDP 的关系更加显著。制造业和工业其他构成的系数虽然很低，仅为0.03，但行业份额变化却引起了三分之二的人均GDP变化。表2A.2还表明，收入水平越高的国家，其制造业系数越大。最不发达国家的制造业系数为0.026，中低收入国家为0.029，新兴经济体为0.058。

第三，表2A.3支持了命题3，即制造业增长对高收入水平国家的GDP增长贡献更大。该表显示，制造业增长对人均GDP增长的贡献系数从最不发达国家的0.235，到中低收入国家的0.506和新兴经济体的0.516。R^2表明了人均GDP增长约40%的变化。

从本质上来看，对过去三十年间145个国家进行测试所得到的结果，支持了卡尔多第一定律，即制造业增长是GDP增长比较重要的决定因素。命题2，即收入水平越高的国家，其制造业占GDP比重越大，从而解释了最不发达国家、中低收入国家和新兴经济体之间的人均GDP差异，是在卡尔多传统理论基础上迈出的一小步。命题3，即收入水平越高的国家（从最不发达国家到中低收入国家到新兴经济体），其制造业增长将对GDP增长的贡献越大，也是在传统理论的基础上迈出了一小步。

参考文献

Arrow, K.J. 1962. "The economic implications of learning by doing", in *Review of Economic Studies*, Vol. 29, pp. 155–173.

Becker, G.S. 1962. "Investment in human capital: A theoretical analysis", in *Journal of Political Economy*, Vol. 70, No. 5, pp. 9–49.

Becker, G.S.; Murphy, K.M.; Tamura, R. 1990. "Human capital, fertility and economic growth", in *Journal of Political Economy*, Vol. 98, No. 5, pp. 12–37.

BP plc. 2013. *BP Statistical Review of World Energy*, June 2013 (London).

Chakravarty, S. 1993. *Selected economic writings* (Oxford University Press).

Chang, H. 2002. *Kicking away the ladder: Development strategies in historical perspective* (London, Anthem Press).

Domar, E.D. 1952. "A theoretical analysis of economic growth", in *American Economic Review*, May.

—. 1957. *Essays in the theory of economic growth* (New York, Oxford University Press).

Dutz, M.A.; Kannebley, S. Jr.; Scarpelli, M.; Sharma, S. 2012. *Measuring intangible assets in an emerging market economy. An application to Brazil*, Policy Research Working Paper 6142 (Washington, DC, World Bank).

Harrod, R. 1939. "An essay in dynamic theory", in *Economic Journal*, Vol. 39, pp. 14–33.

Hausmann, R.; Klinger B. 2006. *Structural transformation and patterns of comparative advantage in the product space.* CID Working Paper No. 128 (Cambridge, MA, Center for International Development at Harvard University).

International Labour Organization (ILO). 2012. *Decent Work Country Profile: Azerbaijan* (Geneva).

International Monetary Fund (IMF). 2013. *World Economic Outlook 2013* (Washington, DC).

Kaldor, N. 1961. *Capital accumulation and economic growth: The theory of capital* (London, Macmillan).

Lewis, A. 1954. "Economic development with unlimited supplies of labour", in *The Manchester School*, Vol. 22, No. 2, pp. 139–191.

Lin, J.Y. 2012. *The quest for prosperity: How developing economies can take off* (Princeton, NJ, Princeton University Press).

Lucas, R. 1988. "On the mechanics of economic development", in *Journal of Monetary Economics*, Vol. 22, pp. 3–42.

Mankiw, N.G.; Romer, D.; Weil, D.N. 1992. "A contribution to the empirics of economic growth", in *Quarterly Journal of Economics*, Vol. 107, No. 2, pp. 407–437.

Marshall, A. 1890. *Principles of economics* (London, Macmillan).
Mill, J.S. 1848. *Principles of political economy* (London, Longmans, Green).
Rodrick, D. 2005. "Growth strategies", in P. Aghion and S. Durlauf (eds): *Handbook of economic growth*, Vol. 1 (Amsterdam, Elsevier), pp. 967–1014.
Romer, P.M. 1986. "Increasing returns and long-run growth", in *Journal of Political Economy*, Vol. 95, No. 5, pp. 1002–1037.
— . 1990. "Endogenous technological change", in *Journal of Political Economy*, Vol. 98, No. 5, pp. S71–S102.
Say, J.B. 1803. *Traité d'économie politique.* [*A treatise on political economy*] (Paris, Calmann Lévy).
Solimano, A. 1996. *Road maps to prosperity: Essays on growth and development* (Chicago, IL, University of Michigan press).
Solow, R.M. 1956. "A contribution to the theory of economic growth", in *Quarterly Journal of Economics*, Vol. 70, No. 1, pp. 65–94.
— . 1957. "Technical change and the aggregate production function", in *Review of Economics and Statistics*, Vol. 39, pp. 312–320.
Thirlwall, A. 2002. *The nature of economic growth: An alternative framework for understanding the performance of nations* (Cheltenham, Edward Elgar Publishing).
Verdoorn, P.J. 1949. "Fattori che regolano lo sviluppo della produttività del lavoro" [Factors that determine the growth of labour productivity], in *L'industria*, No. 1, pp. 45–53.
World Bank. 2010. *Azerbaijan: Living conditions assessment report.* Report 52801 (Washington, DC).
—. 2013. *World Development Indicators 2013* (Washington, DC).
World Health Organization (WHO). 2010. "Azerbaijan: Health system review", in *Health Systems in Transition*, Vol. 12, No. 3, pp. 1–117.

第三章
就业模式及其与经济发展的关系

引言

在发展中国家，大多数人口享有的社会保障或其他形式的现金转移有限，收入较低，不得不去工作（马吉德，2001 年；第七章）。因此，据观测，其就业增长紧随劳动力增长，而非由经济需求带动（国际劳工组织，2011 年）。由此得出的推论是，发展中国家的失业率并不能全面衡量其劳动力市场状况。工作类型及相关收入和工作条件在评估发展中国家的就业表现方面至关重要。

本章旨在：（1）探讨发展中国家的就业动态；（2）观察这些国家的就业质量模式；（3）探究就业质量如何推动经济发展。

第一节　发展中国家的就业模式

就业和失业水平主要受供给影响

过去二十年间，发展中国家整体就业增长相当于发达经济体的两倍以上（表 3.1）。若仅考虑女性就业增长，那么这两个国家组别之间的差距会缩小。在此期间，新兴经济体和发达经济体的青年就业增长为负数，而最不发达国家的青年就业增长为正数且增长相对强劲，这主要得益于这些国家相对较高的人口增长率。

发展中国家的就业增长状况主要反映了人口结构变化。图 3.1 显示了过去二十年间就业增长和劳动适龄人口增长状况。在此期间，发展中国家的劳动适龄人口增长率是发达经济体的两倍。本图证明，从人口结构来看，发展中国家劳动适龄人口的增加与长期的就业增长趋势大致对应。

表 3.1　按性别和年龄组划分的就业增长率

总体就业年均增长率（%）	1991 年至 2000 年	2000 年至 2013 年p	1991 年至 2013 年p
发达经济体	0.9	0.7	0.8
发展中国家	1.8	1.6	1.7
最不发达国家	2.8	2.8	2.8
中低收入国家	2.1	1.8	1.9
新兴经济体	1.4	1.1	1.2

男性就业年均增长率（%）	1991 年至 2000 年	2000 年至 2013 年p	1991 年至 2013 年p
发达经济体	0.6	0.6	0.6
发展中国家	1.8	1.6	1.7
最不发达国家	2.9	2.6	2.7
中低收入国家	2.1	1.9	2.0
新兴经济体	1.3	1.2	1.2

女性就业年均增长率（%）	1991 年至 2000 年	2000 年至 2013 年p	1991 年至 2013 年p
发达经济体	1.2	0.9	1.0
发展中国家	1.9	1.5	1.7
最不发达国家	2.8	3.0	2.9
中低收入国家	2.3	1.5	1.8
新兴经济体	1.5	1.1	1.3

青年就业年均增长率（%）	1991 年至 2000 年	2000 年至 2013 年p	1991 年至 2013 年p
发达经济体	-1.0	-1.3	-1.2
发展中国家	-0.4	0.0	-0.1
最不发达国家	2.5	2.2	2.3
中低收入国家	1.2	0.0	0.5
新兴经济体	-2.3	-0.9	-1.5

成年人就业年均增长率（%）	1991 年至 2000 年	2000 年至 2013 年p	1991 年至 2013 年p
发达经济体	1.2	1.0	1.1
发展中国家	2.5	1.9	2.2
最不发达国家	2.9	3.0	3.0
中低收入国家	2.4	2.2	2.3
新兴经济体	2.4	1.5	1.9

注：p = 预测；2013 年数据为初步预估数据。

资料来源：国际劳工组织，《趋势计量经济学模型》，2013 年 10 月。

图 3.1　就业和劳动适龄人口增长率

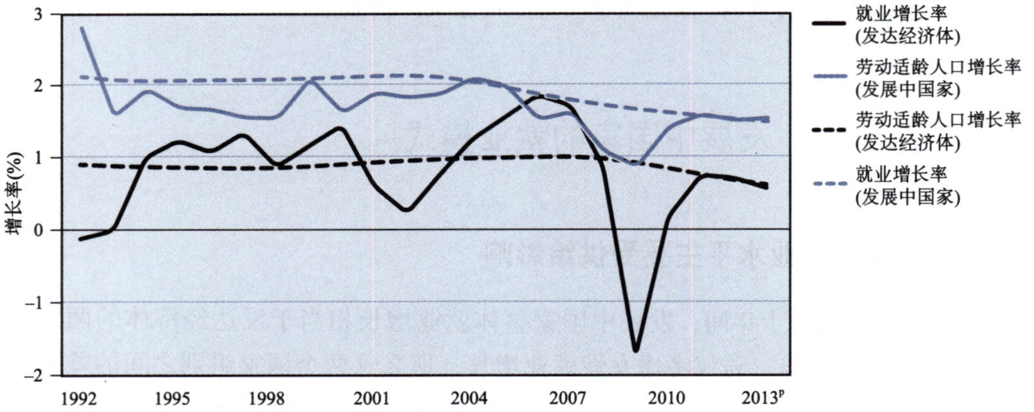

注：p = 预测；2013 年数据为初步预估数据。

资料来源：国际劳工组织，《趋势计量经济学模型》，2013 年 10 月。

需要注意的第二点是，过去二十年间，发展中国家的就业增长紧随劳动力增长，并且两者之间的密切程度远远超过了发达经济体（图 3.2，第一组）。劳动力参与率反映了劳动适龄人口中积极参与劳动力市场的那一部分，因此包含受雇者和求职者。在发展中国家，就业增长在很大程度上受最低收入类别国家——最不发达国家——人口增长的带动，而中低收入国

图 3.2　就业和劳动力增长率

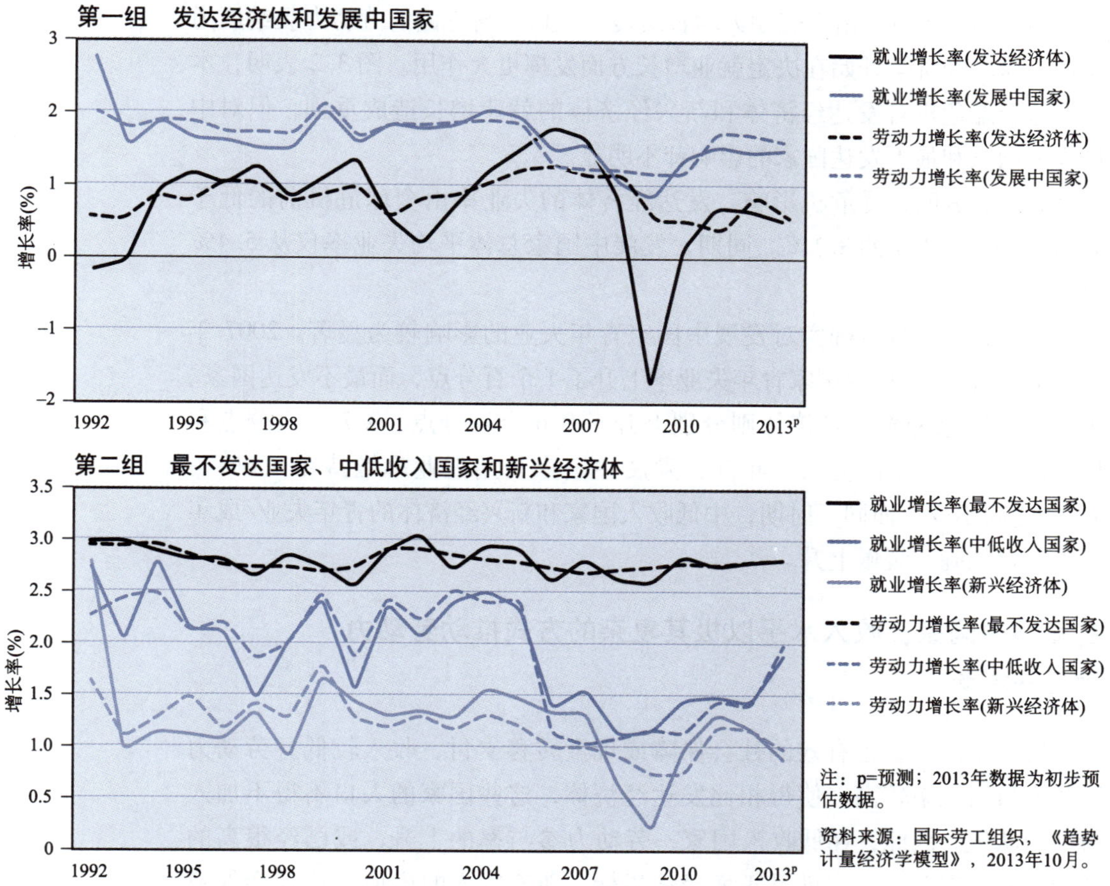

注：p=预测；2013年数据为初步预估数据。

资料来源：国际劳工组织，《趋势计量经济学模型》，2013年10月。

表 3.2　按性别和年龄组划分的失业率

总失业率（%）	1991 年	2000 年	2007 年	2013 年P
发达经济体	6.9	6.5	5.6	8.1
发展中国家	6.1	6.3	5.4	5.6
最不发达国家	5.8	5.9	5.7	5.9
中低收入国家	5.5	5.9	5.5	5.2
新兴经济体	6.6	6.6	5.3	5.8

青年失业率（%）	1991 年	2000 年	2007 年	2013 年P
发达经济体	14.0	13.3	12.5	17.9
发展中国家	11.6	12.8	11.5	12.5
最不发达国家	10.2	10.7	9.8	10.4
中低收入国家	11.7	13.0	12.5	13.2
新兴经济体	11.8	13.3	11.4	12.9

男性失业率（%）	1991 年	2000 年	2007 年	2013 年P
发达经济体	6.4	6.0	5.3	8.0
发展中国家	6.0	6.2	5.2	5.3
最不发达国家	5.2	5.1	5.0	5.2
中低收入国家	5.1	5.7	5.1	4.7
新兴经济体	6.8	6.8	5.4	6.0

成年人失业率（%）	1991 年	2000 年	2007 年	2013 年P
发达经济体	5.4	5.4	4.6	6.9
发展中国家	4.2	4.5	3.8	4.1
最不发达国家	4.0	3.9	4.1	4.2
中低收入国家	3.4	3.8	3.6	3.4
新兴经济体	4.7	5.0	3.9	4.6

女性失业率（%）	1991 年	2000 年	2007 年	2013 年P
发达经济体	7.6	7.1	6.0	8.3
发展中国家	6.4	6.5	5.8	6.0
最不发达国家	6.7	6.9	6.5	6.7
中低收入国家	6.4	6.5	6.3	6.3
新兴经济体	6.4	6.5	5.2	5.6

注：p = 预测；2013 年数据为初步预估数据。

资料来源：国际劳工组织，《趋势计量经济学模型》，2013 年 10 月。

家人口增长水平较低（在新兴经济体中更为明显），其就业增长也相对缓慢（图3.2，第二组）。由于劳动力增长缓慢，人口供给方面的劳动力吸纳压力减弱，需求经济学开始在决定就业增长方面发挥更大作用。图3.2表明，本次全球金融危机对发达经济体和新兴经济体的就业增长造成重创，但对中低收入国家和最不发达国家的影响却不明显。

表3.2表明，受危机影响，发达经济体的失业率由全球危机前的低于6%攀升至2013年的8.1%。同期，发展中国家总体平均失业率仅从5.4%上升至5.6%。

但是，本次危机确实对发展中国家青年失业的影响较为显著。2007年至2013年间，发展中国家青年失业率上升了1个百分点，而最不发达国家、中低收入国家和新兴经济体则分别上升了0.6个百分点、0.7个百分点和1.5个百分点。在过去二十年间，发展中国家长期失业率维持在5.6%—6.1%之间不变，而同一时期，中低收入国家和新兴经济体的青年失业/成年人失业比例确实缓慢上升。

在发展中国家，收入水平以极其复杂的方式推动劳动力参与率增长

发展中国家缺乏有效的社会保障或现金转移支付、收入较低且劳动力适龄人口增长率较高，使得相比发达经济体，这些国家的人口不得不加入劳动力队伍。因此，在低收入国家，劳动力参与率的上升，或已经很高的劳动力参与率并不一定就是正面经济指标。随着收入的增加（或社会保障体系的建立），各个收入群体更偏向于或预计将提高其子女的受教育程度，而这将降低劳动力参与率。

另一个行为因素，即女性劳动力参与率，会在各收入群体中产生非线性效应——可能呈现U型。低收入可能会使更多女性加入劳动力大军，在最不发达国家尤为如此。高收入可能会使女性退出劳动力队伍，这种情况在中低收入国家可能更为普遍（国际劳工组织，2012年）。新兴经济体的许多家庭收入较高，因而可能会再次提高女性劳动力参与率，这是因为越来越多的女性开始接受教育，并且许多家庭能够支付得起雇佣家政人员或采用高科技来减轻家务负担的费用，同时，全球对女性从事工作的态度已发生转变，并且这种做法已被广泛认可。

上述一些列复杂因素——人口结构、收入水平和行为因素——导致难以将劳动力参与率作为目标或成效指标来理解。

表3.3说明了影响劳动力参与率的上述三个因素。其中，收入水平的影响较为显著。2013年，发展中国家劳动力参与率高于发达经济体，前者为65%，后者为60%。随着时间的推移，收入上涨和教育程度的影响也十分明显，发展中国家劳动力参与率由1991年的68%降至2013年的65%。收入低的负面影响，即被迫工作以便获取任何可能的收入，使最不发达国家劳动力参与率居高不下（74%），而在此期间，收入偏高且不断上涨降低了中低收入国家和新兴经济体的劳动力参与率。在本次分析所涵盖的20年中，新兴经济体青年参与率急剧下降，这在很大程度上是由于中等教育和高等教育入学率得到提高。

表 3.3　劳动力参与率

总劳动力参与率（%）	1991 年	2000 年	2007 年	2013 年^{P}
发达经济体	60.7	60.5	60.6	60.2
发展中国家	67.9	66.5	65.1	64.5
最不发达国家	74.5	73.4	73.9	74.1
中低收入国家	61.5	60.4	60.0	58.1
新兴经济体	71.5	69.8	67.2	66.9

青年人劳动力参与率（%）	1991 年	2000 年	2007 年	2013 年^{P}
发达经济体	53.9	51.0	48.4	45.7
发展中国家	59.9	53.6	50.0	48.2
最不发达国家	63.7	61.4	60.5	59.9
中低收入国家	49.8	46.9	44.6	40.5
新兴经济体	67.5	58.1	51.9	50.7

男性劳动力参与率（%）	1991 年	2000 年	2007 年	2013 年^{P}
发达经济体	72.7	70.7	69.7	68.5
发展中国家	82.5	80.6	78.9	78.6
最不发达国家	84.1	82.9	82.7	82.6
中低收入国家	82.3	80.7	79.9	78.8
新兴经济体	82.3	80.0	77.1	77.0

成年人劳动力参与率（%）	1991 年	2000 年	2007 年	2013 年^{P}
发达经济体	62.3	62.5	63.0	62.7
发展中国家	71.3	71.4	70.7	69.8
最不发达国家	80.4	79.9	80.8	81.2
中低收入国家	66.8	66.4	66.3	64.6
新兴经济体	73.0	73.4	72.0	71.0

女性劳动力参与率（%）	1991 年	2000 年	2007 年	2013 年^{P}
发达经济体	49.5	50.9	52.0	52.2
发展中国家	53.1	52.2	51.2	50.3
最不发达国家	65.2	64.1	65.2	65.8
中低收入国家	40.1	39.7	39.7	37.0
新兴经济体	60.5	59.6	57.3	56.9

注：p = 预测；2013 年数据为初步预估数据。

资料来源：国际劳工组织，《趋势计量经济学模型》，2013 年 10 月。

第二节　发展中国家就业质量衡量标准

鉴于就业和失业作为发展中国家劳动力市场状况指标的作用有限，审查就业质量模式至关重要。国际劳工组织提出了三项就业质量关键指标并对其进行了监测，以便实现千年发展目标（MDG）1b。这三项关键指标分别为就业贫困者占比、弱势就业工作者占比以及劳动生产率。就业贫困指标显示生活在 1.25 美元贫困线以下工作者的人数。弱势就业指标显示被认为在收入微薄和工作不稳定方面面临更大风险的工作人口数量。弱势就业包括以下两类就业情况：家庭产业中无酬劳动的家庭成员和个体经营工作者。劳动生产率指标则显示工作者的潜在收入。从宏观经济层面来看，劳动生产率趋势是反映产出能力变化及新技术采用情况的重要指标。

千年发展目标 1b 规定了就业质量的上述三个维度，这三个维度也与非正规就业有关（专栏 3.1）。

在大多数发展中国家，受薪就业正呈上升趋势

在发达经济体，受薪就业和工薪就业（或依附性就业）早已成为常态。而相对脆弱的就业模式，即所谓个体经营和家庭产业中无酬劳动的家庭成员则处于相对较低水平。长期以来，发展中国家一直试图在就业模式上迎头赶上。

专栏 3.1 非正规就业、工作贫困就业和弱势就业

虽然各国对非正规就业的定义不同，在 1993 年第 15 届国际劳工统计大会（ICLS）上，国际社会在定义方面取得重大突破。第 15 届国际劳工统计大会根据以下三个标准对非正规部门进行了操作性定义：非注册企业、就业规模小的企业和企业的未登记员工。大会推出了以企业为观察单位的概念，即不构成独立法人实体的个人企业或家庭产业的所有员工都统计为非正规就业，这些企业的生产活动和企业主的其他活动在财务上难以进行区分。

鉴于各国非正规就业的多样化，并且为了将“缺乏工作保障、员工福利和社会保障（非正规企业内部和外部）的非正规就业”纳入其中，2002 年非正规部门的概念扩展至“非正式经济”这一更广泛的定义（国际劳工组织 2002 年：第 12 页）。“非正式经济”也指“（在法律上或实践中）正式安排之外或未充分得到正式安排的工作者和经济单位的所有经济活动”。非正规企业（小规模的注册企业或不构成独立法人实体的企业）中的非正规就业包括雇主、员工、自负盈亏的经营者以及非正规企业中的无酬工作的家庭成员。非正规就业也包括一些非正规企业之外的就业（如正规企业中的非正规就业、家务劳动或无固定雇主的打零工），如家庭佣人、散工或日工、临时工或兼职工作者、工业外包工（包括在家工作者）以及未登记或未申报员工。

基于“非正式经济”这一更广泛的定义，2003 年召开的第 17 届国际劳工统计大会通过了将非正规就业作为以就业为观察单位的概念，非正规就业是指通常缺乏基本的社会或法律保障或就业福利的就业（包括非正规部门内部和外部提供的保障或福利）。除非正规部门就业外，非正规就业还包括正规企业中的非正规就业、雇主和自负盈亏工作者、无酬工作的家庭成员、专为自己家庭消费而生产产品的自负盈亏工作者以及非正规生产合作社的成员。

非正规就业在发展中国家较为普遍，但发达经济体的非正规就业人数也逐渐增多。许多被视为非正规就业的工作者要么没有正式的劳动合同或社会保障，要么在不稳定条件下从事个体经营。一般情况下，对于不能找到正规工作和缺乏其他收入来源或公共社会保障的人员而言，非正规就业成为必然选择。非正规就业有时是一种规避税收和监管的方式。不管出于何种原因从事非正规就业，通常来讲，相比正规就业，非正规就业的薪水偏低且更不稳定、工作条件较差并且生产率更低。[1]

人们很早就意识到了这种非正规现象。最初，人们将其视为一种传统的非工业部门，并认为随着经济的发展，其将被逐步纳入现代经济（路易斯，1955 年）。然而，到 20 世纪 70 年初，国际劳工组织的全球就业调查团对肯尼亚考察后发现，非正规就业现象不仅没有减少，反而不断加剧（国际劳工组织，1972 年）。在描述和分析非正规现象时面临的一个主要困难是需要建立明确的操作性定义和框架，以便对非正规程度和演变情况进行精确的统计测量。长期以来，为解决这一难题，相关人士根据不同统计定义和标准并利用各种资源，进行了数次尝试，制定了一系列不同指标。但由于各国对非正规的定义不同且指标所利用的统计资料存在差异，这些非正规衡量指标在不同国家之间和一国之内通常不具有可比性。

2003 年国际劳工统计大会通过了一项关于衡量非正式经济的决议，这是最近一次尝试，其结果是收集 47 个国家在 2007 年至 2010 年间[2]的非正规就业数据。迄今为止，这是衡量不同地区的非正式经济活动的最广泛的标准。该衡量标准提供了有关非正规就业问题各方面的数据，包括非正规就业和非正规部门之间的区别。

在这些新数据的基础上，并结合国际劳工组织的劳动力市场关键指标数据库中之前收集的有关非正规就业现象的数据，相关人员制定了非正规就业综合指标。这个新的指标汇集了不同来源的信息和定义，根据这一指标，相关人士得出了与 2003 年国际劳工统计大会有关衡量非正规就业的决议最一致的估算结果。此次估算将非正规性衡量指标的差异性考虑在内并解决了因观测数据缺失产生的样本筛选偏见问题。本专栏总结了该指标的构建、主要结果和动态，分析了发展中国家的非正规就业动态，并与就业质量的其他衡量标准进行了比较。

国际劳工组织非正规就业综合指标

国际劳工组织制定了非正规就业综合指标（SInEmp），旨在得出有关众多发展中国家非正规劳动力市场的具有可比性和时间差异的信息。该指标有望实现两个主要目标：

- *使各国之间和一国之内的非正规性统计数据更具可比性*，以便解决一直以来有关非正规劳动力的数据来源不一且这些已获得的数据通常基于不具有可比性的非正规定义这一问题。
- *估算缺失的非正规就业数据*，尤其是对仅观测到几个数据点的国家进行样本外预测。

为了估算缺失的非正规就业数据，实证模型将众所周知的非正规就业驱动因素（如人均 GDP 和一国的生产力增长）与非正规就业在总就业中所占比例挂钩。这种

估算方法明确地将所使用的非正规就业原始数据的覆盖面和来源存在差异性这一问题考虑在内。这使得能够构建更长时间序列的数据，从而充分利用所有可获得信息，同时又能得出与最新非正规就业定义（如国际劳工统计大会于2013年通过的有关衡量非正式经济的决议中所规定的定义）最符合的估算结果。

发展中国家的非正规就业动态

过去二十年间，各发展中国家的非正规就业率大相径庭。具体而言，同一时期，全球就业贫困减少，但这些国家的非正规就业率却并未普遍下降。事实上，东欧和中亚的过渡经济体在20世纪90年代初进行经济转型后，其非正规就业发生率大幅上升。虽然在多数情况下，这些经济体中的大多数于20世纪90年代初开始实现相对较快的经济复苏，但其非正规就业发生率仍然攀升。相比之下，过去15—20年间，拉丁美洲的经济体和部分亚洲经济体的非正规就业率有时迅速下降。虽然非正规就业演变情况不同，但平均而言，拉丁美洲和亚洲经济体的非正规就业率仍然高于东欧和中亚经济体（参见国际劳工组织，2014年）。

就业质量与非正规就业之间的关系

据估计，非正规就业发生率的变化可能与其他劳动力市场的变化和社会指标有关。具体而言，通常情况下，薪水不稳定和易波动以及缺乏就业保护和社会保障都与非正规就业相关，这些因素应该会决定弱势就业和就业贫困的程度。但相关人员进行认真分析后发现，非正规就业率变化似乎并非与就业贫困或弱势就业率变化完全吻合。例如，在亚美尼亚等国家中，非正规就业率在一段时期内上升，但同一时期，就业贫困和弱势就业率却下降，因此非正规就业率的上升可能是由其他因素所致。需指出的是，1991年之前，东欧和中亚国家的非正规就业率似乎极低，这主要得益于其制度结构和政治制度。但20世纪90年代期间，当这些国家开始向市场体制过渡时，即使初步过渡冲击后平均收入和生产率开始得到提升，其非正规就业率仍呈上升趋势。

对非正规就业与就业贫困和弱势就业之间的关系进行的实证分析体现了劳动力市场的各方面之间的重要联系。表3.4总结了这一估算过程得出的主要结果。从各方面来看（不管是就业性贫困还是弱势就业发生率），非正规就业是导致就业质量较差的重要因素。不过，将地区虚拟变量考虑在内也十分重要，至少对就业贫困方面而言是这样，否则等式2就不稳定，或者结果没有意义（等式2、4和8）。这表明，对部分地区而言，转型变化可能确实会发生，从而与非正规就业发生率与就业质量偏差的其他指标之间具有显著相关性这一整体模式相抵触。

表3.4　就业质量的决定因素

因变量	就业贫困				弱势就业量			
	（1年）	（2年）	（3年）	（4年）	（5年）	（6年）	（7年）	（8年）
就业贫困（滞后）	0.990***	1.001***	0.989***	0.999***				
	（0.005）	（0.003）	（0.005）	（0.003）				
弱势就业量（滞后）					0.987***	0.995***	0.987***	0.994***
					（0.003）	（0.001）	（0.003）	（0.002）
非正式就业	0.003**	0.002*	0.003**	0.001	0.005**	0.003**	0.005**	0.003*
	（0.00）	（0.001）	（0.001）	（0.001）	（0.002）	（0.001）	（0.002）	（0.001）
劳动力参与率			0.007**	0.008***			0.008*	0.09**
			（0.003）	（0.003）			（0.004）	（0.004）
地区虚拟变量	是	无	是	无	是	无	是	无
观测值	2420	2420	2420	2420	2420	2420	2420	2420
R^2	98.5	98.5	98.5	98.5	99.5	99.5	99.5	95
国家总数	132	132	132	132	132	132	132	132

注：面板修正的标准误显示在括号中。*** $p<0.01$，** $p<0.05$，* $p<0.1$。根据国际劳工组织《全球就业趋势》报告中的区域分类，等式1、3、5和7将地区虚拟变量考虑在内。就业贫困按照每天人均2美元来衡量。

资料来源：国际劳工组织研究部，基于国际劳工组织《全球就业趋势》。

[1] 如欲了解不同类型的非正规性及其相互影响，参见国际劳工组织——世界贸易组织，2009年

[2] 可登陆如下网址：http：//laborsta. ilo. org/applv8/data/INFORMAL_ ECONOMY/2012 - 06 - Statistical% 20update% 20 - % 20v2. pdf

［2014年4月28日］

表 3.5 按就业状态划分的就业占比

	各就业状态在总就业中的占比（%）－总计									
	1991 年					2013 年[P]				
	受雇工作者	雇主	自负盈亏工作者	家庭产业中无酬劳动的家庭成员	弱势就业量	受雇工作者	雇主	自负盈亏工作者	家庭产业中无酬劳动的家庭成员	弱势就业量
发达经济体	82.3	3.9	10.8	3.1	13.9	86.3	3.6	9.0	1.0	10.0
发展中国家	32.7	2.4	35.6	29.3	64.9	42.6	2.0	40.5	14.9	55.4
最不发达国家	13.0	1.0	45.0	41.0	86.0	18.0	1.2	53.2	27.6	80.8
中低收入国家	26.4	2.5	48.6	22.5	71.1	31.7	2.1	50.5	15.7	66.2
新兴经济体	41.0	2.7	25.0	31.4	56.3	58.2	2.2	29.0	10.6	39.6

注：p = 预测

资料来源：国际劳工组织，《趋势计量经济学模型》，2013 年 10 月。

表 3.5 表明，1991 年，在发达经济体中，受薪就业和工薪就业在总就业中所占份额为 82%，到 2013 年，这一比例上升了 4 个百分点，达到 86%。然而，同一时期，发达经济体中弱势就业所占份额由 14% 降至 10%。

1991 年，在发展中国家中，受薪就业和工薪就业在总就业中所占份额刚达三分之一，到 2013 年，这一比例上升了约 10 个百分点，达到 43%。随之而来的是弱势就业发生率的下降，这完全得益于家庭工作的减少。

随着发展中国家的收入水平提高，受薪就业所占份额逐渐上升，而弱势就业率则出现逆向下滑现象。自 1991 年以来，新兴经济体受薪就业和工薪就业发生率上升幅度超过其他发展中国家。

就业贫困正在减少，中产阶级正在崛起

过去二十年间，发展中国家的就业贫困人口（定义为日收入不足 1.25 美元的工作者——按购买力平价计算）大幅减少，并且国家收入水平越高，减少幅度越大。

表 3.6 显示，发展中国家的就业贫困发生率由 1991 年的 45% 降至 2013 年的 14%。而在这一方面，新兴经济体的表现则超过最不发达国家和中低收入国家。但 2013 年，发展中国家仍有 3.75 亿人口处于就业贫困，在最不发达国家中，就业贫困人口占总就业人数的三分之一，在中低收入国家中，这一比例为 20%，在发达经济体中，仅为 4%。

从时间上来看，就业贫困人口占比大幅下降似乎并未出现在 20 世纪 90 年代，而是 21 世纪初。最不发达国家和中低收入国家尤为如此，而新兴经济体的就业贫困占比在这两个十年间均大幅降低。

如果千年发展目标 1（即到 2015 年贫困人口减半）扩展至就业贫困人口，那么整体而言，发展中国家已实现了这一目标，而最不发达国家也将于 2015 年实现。

大部分国家的就业贫困（购买力平价不足 2 美元）占比下降。其中，三分之一以上的最不发达国家、四分之一的中低收入国家和不足十分之一的新兴经济体的就业贫困下降了 25 个百分点以上（图 3.3）。而且，三个最不发达国家、一个中低收入国家和一个发达经济体的就业贫困占比降低了 50 个百分点以上。

表 3.6 就业贫困

就业贫困（购买力平价为 1.25 美元）人口总数（百万）	1991 年	2000 年	2007 年	2013 年^P
发展中国家	811	693	491	375
最不发达国家	133	156	146	138
中低收入国家	293	292	245	190
新兴经济体	384	245	100	47

就业贫困（购买力平价为 2 美元）人口总数（百万）	1991 年	2000 年	2007 年	2013 年^P
发展中国家	1234	1198	989	839
最不发达国家	176	219	232	242
中低收入国家	475	530	514	471
新兴经济体	583	450	243	126

就业贫困（购买力平价为 1.25 美元）在总就业人口中的占比（%）	1991 年	2000 年	2007 年	2013 年^P
发展中国家	45.1	32.7	20.4	14.4
最不发达国家	65.8	60.4	46.2	37.4
中低收入国家	45.7	37.5	27.3	19.4
新兴经济体	40.3	22.6	8.4	3.7

就业贫困（购买力平价为 2 美元）在总就业人口中的占比（%）	1991 年	2000 年	2007 年	2013 年^P
发展中国家	68.6	56.6	41.1	32.2
最不发达国家	87.1	84.6	73.6	65.2
中低收入国家	74.0	68.2	57.3	48.2
新兴经济体	61.1	41.6	20.4	10.0

注：p = 预测；2013 年数据为初步预估数据。

资料来源：国际劳工组织，《趋势计量经济学模型》，2013 年 10 月。

图 3.4 显示了以下五种收入类别中最不发达国家、中低收入国家和新兴经济体的收入分布情况：极度贫困（收入不足 1.25 美元/天）、中度贫困（收入介于 1.25—2 美元/天）、接近贫困（收入介于 2—4 美元/天）、发展中中产阶层（收入介于 4—13 美元/天）和发达中产阶层（收入超过 13 美元/天）。

最不发达国家进展有限，其中极度就业贫困人口增长了约 600 万，中度就业贫困人口增长了 6000 万。接近贫困人口（每日收入 2—4 美元）的增幅最大。中低收入国家在极度就业贫困减少方面取得较大进展，从 2.93 亿减少至 1.9 亿，而其他三个收入群体的极度就业贫困人口都出现增长。新兴经济体的极度就业贫困和中度就业贫困均大幅减少，而接近贫困人群有所增加，中产阶层迅速扩张。

劳动生产率不断提高，但要赶上发达经济体仍然需要相当长的一段时间

发展中国家劳动生产率增长超过了发达经济体，其中收入较高的发展中国家增速更快。但是，发展中国家在劳动生产率方面仍与发达经济体存在巨大差距，要赶上发达经济体还需要很长的路要走。

表 3.7 表明，1991 年至 2013 年期间，发达经济体劳动生产率增长率为每年 1.4%。与这一水平相比，发展中国家整体劳动生产率增长率相当于发达经济体的一倍以上，每年达 3.2%。其中最不发达国家劳动生产率增长率为每年 2.3%，中低收入国家为每年 2.9%，新兴经济体为每年 3.7%。

劳动生产率增长由一些表现最佳的国家引领，其中中国表现最为突出，平均增长率达 9%（图 3.5）。20% 的最不发达国家、18% 的中低收入国家和 12% 的新兴经济体的平均劳动生产率增长率超过 3%。收入水平越高，表现不佳的国家（劳动生产率增长率不足 1% 或实际呈下降趋势）的占比越低。观测发现，23% 的最不发达国家、18% 的中低收入国家和 10% 的新兴经济体的劳动生产率增长率为负数。

图 3.3　1991 年至 2013 年就业贫困（每天不足 2 美元）占比的变化情况

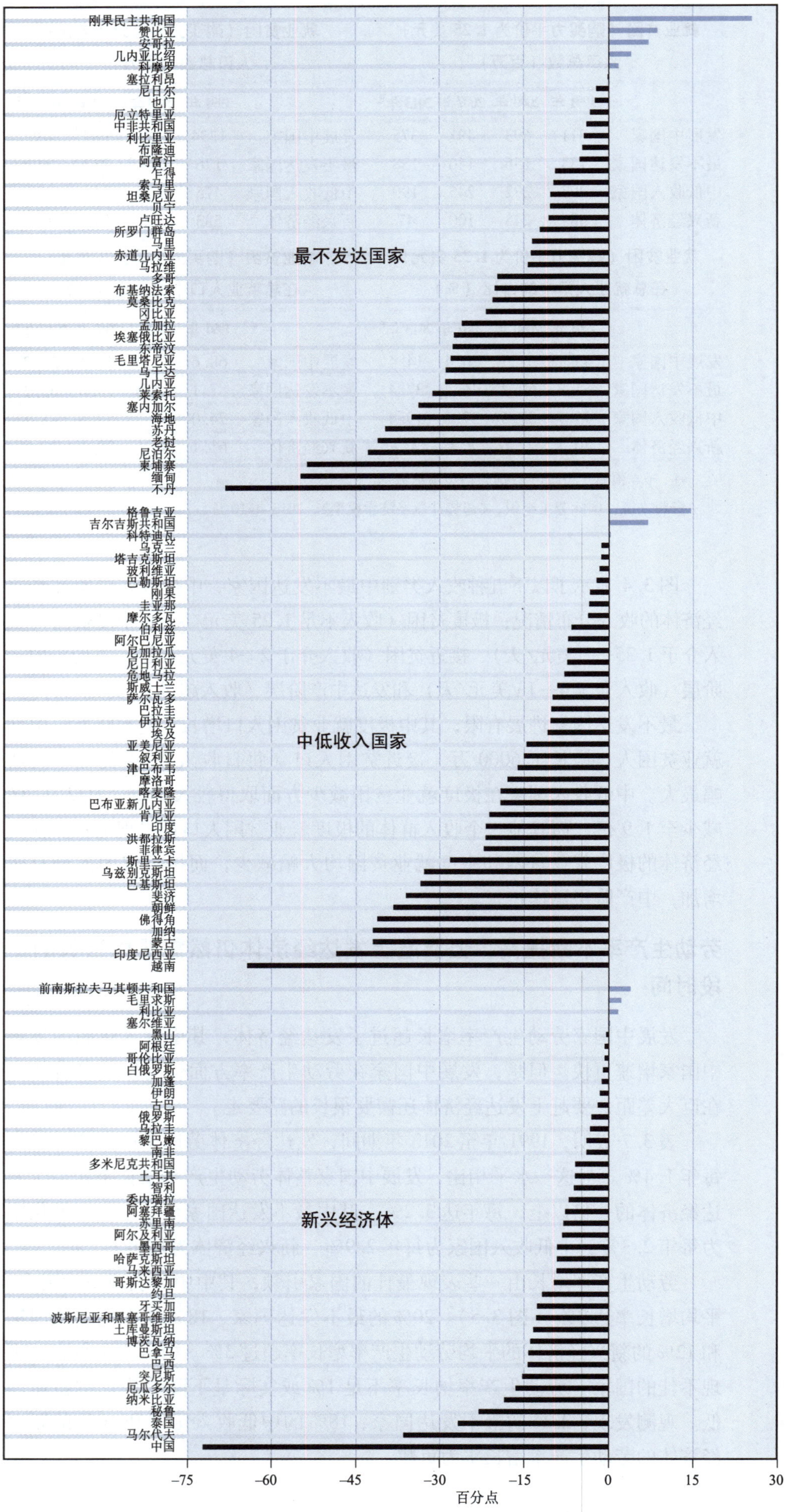

资料来源：斯蒂芬·卡普索斯和伊万吉丽娅·布尔姆普拉模型更新版(2013年10月)：发展中国家就业和经济阶层、国际劳工组织研究论文第6号(日内瓦，2013年)、国际劳工组织，《趋势计量经济学模型》，2013年10月。

图 3.4　按经济阶层划分的就业情况

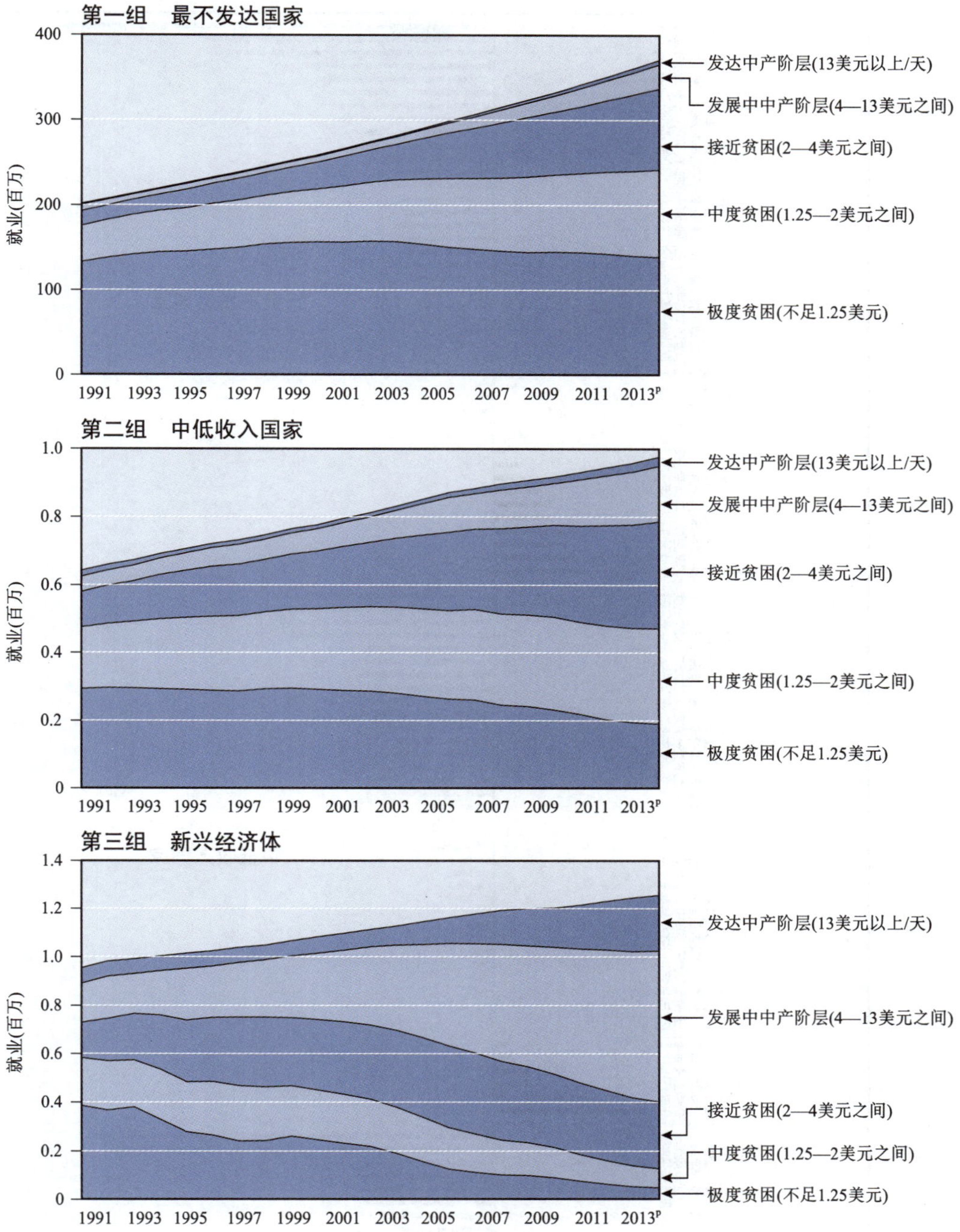

注：p = 预测。

资料来源：斯蒂芬·卡普索斯和伊万吉丽娅·布尔姆普拉模型更新版（2013 年 10 月）：发展中国家就业和经济阶层、国际劳工组织研究论文第 6 号（日内瓦，2013 年）、国际劳工组织，《趋势计量经济学模型》，2013 年 10 月。

表 3.7　劳动生产率增长率

	每位工作者的产出（2005 年国际定值美元），年均增长率（%）		
	1991 年至 2000 年	2000 年至 2013 年p	1991 年至 2013 年p
发达经济体	2.0	0.9	1.4
发展中国家	1.6	4.3	3.2
最不发达国家	1.0	3.3	2.3
中低收入国家	1.5	3.8	2.9
新兴经济体	1.9	4.9	3.7

注：p = 预测；2013 年数据为初步预估数据。

资料来源：国际劳工组织，《趋势计量经济学模型》，2013 年 10 月；世界银行《2013 年世界发展指标》。

图 3.5　1991 年至 2013 年劳动生产率增长率

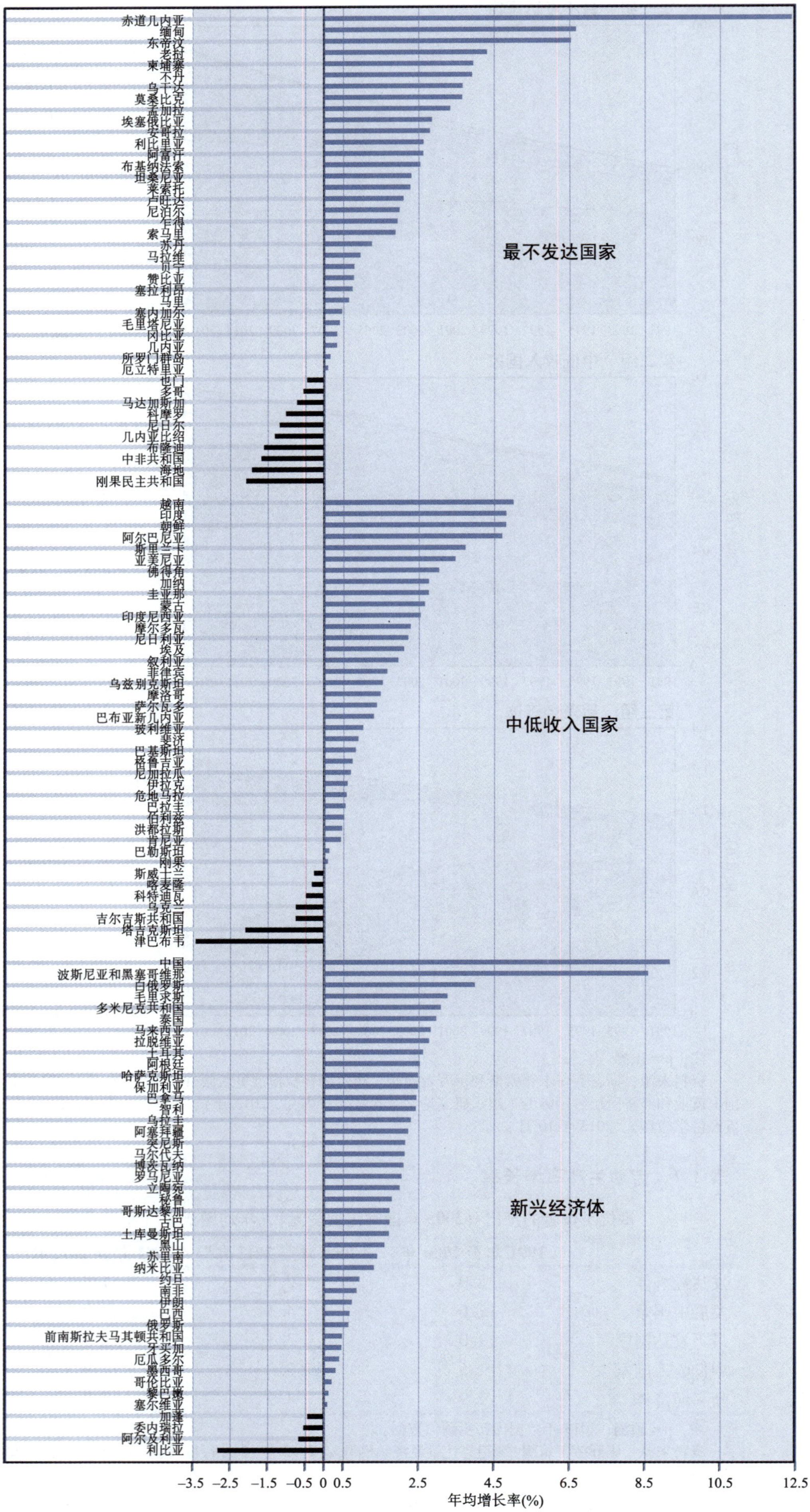

资料来源：国际劳工组织，《趋势计量经济学模型》，2013年10月。

重大行业正在发生变革，影响就业增长和就业质量

发展中国家农业就业发生率呈下降趋势，这一点符合路易斯发展模型（表3.8）。2013年，农业部门就业人口约占总就业人口的38%，而1991年为54%。在最不发达国家，就业总人口中约有三分之二人口仍然从事农业，而在中低收入国家和新兴经济体中，这一比例分别为42%和25%左右。

研究结果与路易斯发展模型不一致的一点在于，发展中国家的工业就业发生率仅小幅增长。同期，发达经济体的工业就业人口在总就业人口中的占比下降，由1991年的31%降至2013年的23%。

在1991年至2013年期间，最不发达国家的工业就业人口在总就业人口中的占比仅小幅上升，由8.1%升至9.5%，而中低收入国家和新兴经济体的增幅较大，约5个百分点。过去二十年间，服务部门就业占比仍然最大。表3.8显示，发展中国家的服务业就业人口占总就业人口的比重由1991年的27%上升至2013年的近40%，而2013年发达经济体的这一比重接近75%。

图3.6将整体GDP增长细分为生产率增长和就业增长。就业增长又进一步分为经济方面的就业效应、行为方面的劳动力参与率效应和人口方面的劳动适龄人口效应。该图证实了早期观测结果，即总体就业增长几乎全部靠劳动适龄人口推动。除此之外，结果还显示了生产率和就业的相对作用。收入水平越高的国家（由最不发达国家到中低收入国家再到新兴经济体），其生产率对总体增长的作用越大。在发展中国家中，非采掘业依赖型经济体的生产率增长带来的经济增长在总体增长中的比重上升幅度较大，从而突出了相对于采掘业，制造业在提高生产率及创造更多生产岗位方面的重要作用。

图3.7将生产率增长进一步细分为两个来源。其中一个来源是结构性变革，即劳动力从低生产率部门转向高生产率部门。相比最不发达国家，在新兴经济体和中低收入国家中，结构性变革发挥的作用更大，自2000年起，其带来的生产率增长在总体生产率增长中约占四分之一。另一个来源是行业内技术变革。过去十年间，行业内技术变革推动的生产率增长在总体生产率增长中占四分之三。

表3.8 各行业的就业占比情况

	农业就业人口占总就业人口的比重（%）				工业就业人口占总就业人口的比重（%）				服务业就业人口占总就业人口的比重（%）			
	1991年	2000年	2007年	2013年P	1991年	2000年	2007年	2013年P	1991年	2000年	2007年	2013年P
发达经济体	6.6	4.7	3.5	3.2	30.9	27.1	24.7	23.2	62.5	68.2	71.8	73.7
发展中国家	53.7	48.5	42.1	37.6	19.4	19.0	21.6	23.0	26.9	32.5	36.3	39.4
最不发达国家	73.7	70.9	65.5	64.9	8.1	7.7	9.2	9.5	18.1	21.5	25.3	25.6
中低收入国家	55.9	52.4	47.3	41.8	17.1	17.2	20.0	22.1	26.9	30.4	32.8	36.1
新兴经济体	48.1	40.4	32.2	26.4	23.2	22.9	26.0	27.5	28.7	36.7	41.7	46.0

注：p＝预测

资料来源：国际劳工组织，《趋势计量经济学模型》，2013年10月。

图 3.6　增长细分

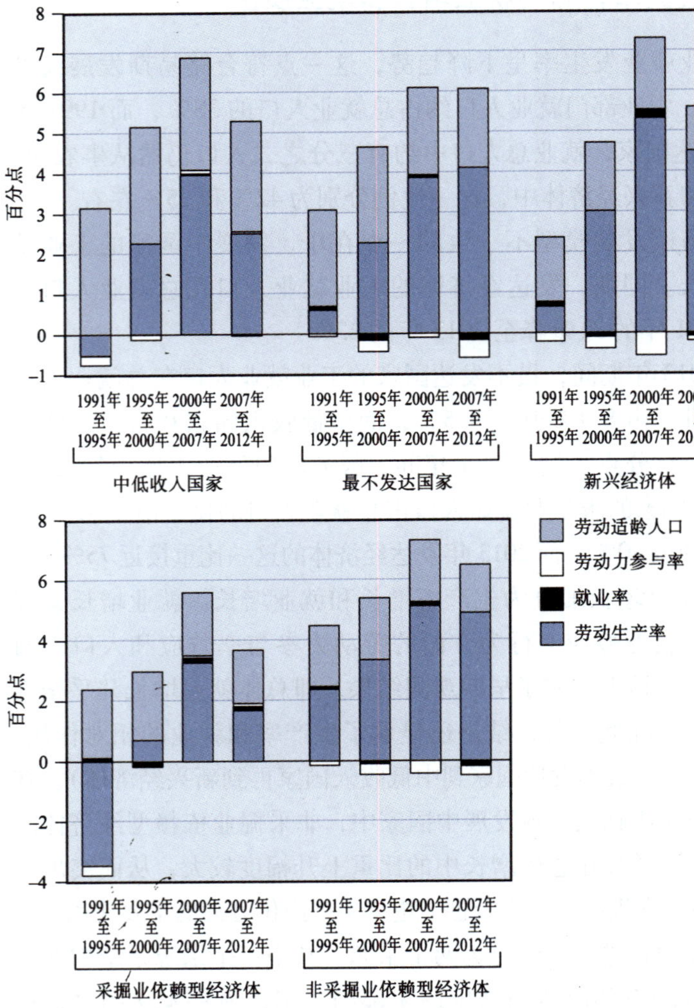

资料来源：国际劳工组织研究部，基于世界银行《2013 年世界发展指标》；国际劳工组织，《趋势计量经济学模型》，2013 年 10 月；联合国《世界人口展望：2012 年修订版》。

图 3.7　生产率细分

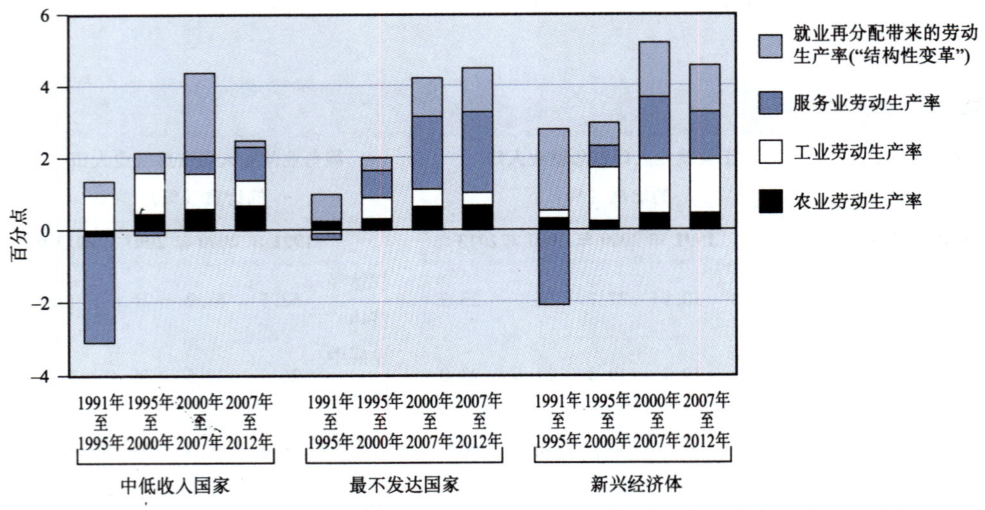

注：生产率细分基于 66 个国家（13 个最不发达国家、26 个中低收入国家和 27 个新兴经济体）的数据，并遵循国际劳工组织《全球就业趋势 2013》报告中所介绍的方法（第四章）

资料来源：国际劳工组织研究部，基于世界银行《世界发展指标》；国际劳工组织，《趋势计量经济学模型》，2013 年 10 月；联合国《世界人口展望：2012 年修订版》。

第三节　高质量就业推动经济发展

由于发展中国家的收入水平不断提升，随着收入的增加，衡量就业质量的三个指标——就业贫困占比、弱势就业工作者占比和劳动生产率——会有所改善。这一关系反映了因果关系的不同方向，即人均收入越高，健康度和受教育程度越高，而这反过来又促进了生产率和就业质量的提升，从而进一步提高人均收入。

可将生产率作为经济增长指标并将受薪就业和工薪就业作为就业质量指标，来检验上述关系。由于受薪就业和工薪就业与弱势就业呈相反关系，因此，随着弱势就业份额的下降，受薪就业和工薪就业份额上升。由于进行结构性变革（就业人口从农业撤离），受薪就业和工薪就业人口在总就业人口中的占比也呈上升趋势——实际上，低收入的个体经营和弱势就业在农业部门占主导地位。

图 3.8 表明，受薪就业和工薪就业与劳动生产率确实在全国范围内存在联系。两者之间存在明显的正相关性，三分之一的生产率变动是由受薪工作者份额的变化引起的。同样，这种联系可能是双向的，即高生产率促进受薪就业或受薪就业促进生产率的提升。结构性变革意味着受薪就业率和劳动生产率同时上升，从而证明了上述因果关系（专栏 3.2）。因此，工作者从农业个体经营转向非农业部门的受薪就业，其生产率也会提升，但行业内劳动生产率并不一定与该行业的受薪就业率同时上升。所以，较高的就业质量（以受薪就业来衡量）不仅能很好地反映劳动力市场进展情况，而且是较高人均收入的决定因素。

图 3.8　受雇工作者所占份额与生产率

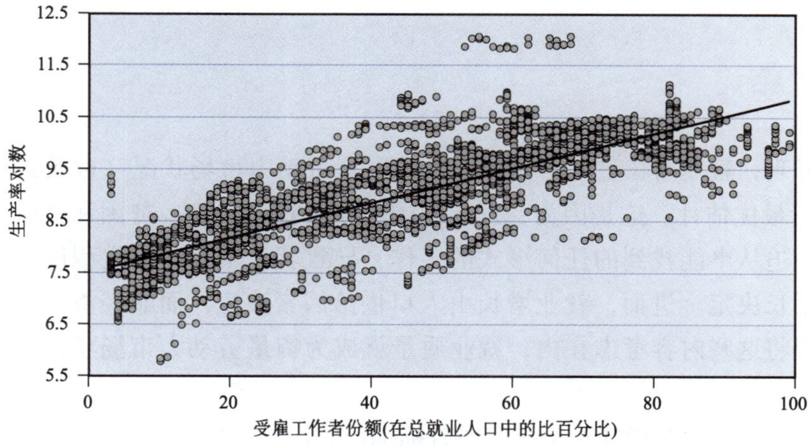

资料来源：国际劳工组织，《趋势计量经济学模型》，2013 年 10 月。

专栏 3.2　就业质量和结构转型

就业质量提升，如受雇工作者所占比例增加或弱势就业人数在总就业人口中占比同等减少，通常与结构转型相关。之所以会出现这种情况是因为，随着劳动力从农业部门（发展中国家弱势就业率颇高、生产率低下，最具代表性）转向工业或服务业，受薪工作者（从事更高质量工作）所占份额上升，总体劳动生产率也同步提升。下文将列举一些国家示例，来说明就业质量和结构转型之间的这种关系。

塞内加尔的受雇工作者份额稳步上升，估计由 1991 年的 12% 升至 2013 年的 26%（图 3.9）。同期，就业贫困占比减少了 34 个百分点，生产率（每位工作者的产出）则每年平均增长 0.5 个百分点。农业就业人口占总就业人口的比重由 1991 年的 54% 降至 2013 年的 35%。

越南也实现了受雇工作者份额迅速稳步上升，上升幅度为 22 个百分点，同时，就业贫困急剧减少，结构转型力度较大，生产率大幅提升。1991 年，农业就业人口占总就业人口的 76%，2013 年，这一数字为 46%。在可获得数据的 1996 年至 2004 年期间，制造业就业比重由 8% 增长至 12%（资料来源：国际劳工组织，2013 年）。就业贫困占比大幅下降，到 2013 年，降至 1991 年水平的三分之一，生产率增长率每年平均达 5%。

据估计，秘鲁受雇工作者份额增长了 15 个百分点，由 1991 年的 34% 增长至 2013 年的 49%。同期，生产率以年均 1.8% 的速度大幅增长，就业贫困人口在总就业人口中的占比下降了 23 个百分点，2013 年达到 11%。21 世纪初，结构转型力度逐步加大，其中 2013 年农业就业人数占总就业人数的比重为 26%，而 1991 年这一数字为 35%。

第四节　结论

本章发现，就业增长量并不能对发展中国家劳动力市场状况（改善或低迷）进行最优估计。这是因为，发展中国家缺乏社会保障，贫困和低收入劳动力被迫从事能找到的任何形式的工作，导致就业增长在很大程度上由劳动力增长决定。进而，就业增长由人口供给因素决定，而非经济需求因素。如果将这些内容考虑在内，就业质量就成为衡量劳动力市场状况的较好的估计量。

可根据国际劳工组织针对千年发展目标 1b 估算得出的三个关键指标对就业质量进行衡量，即就业贫困、弱势就业和劳动生产率。随着发展中国家人均收入的提高，这三个指标也会得到改善。

图 3.9　1991 年至 2013 年期间塞内加尔、越南和秘鲁的受薪就业和工薪就业、劳动生产率、就业贫困和部门就业模式

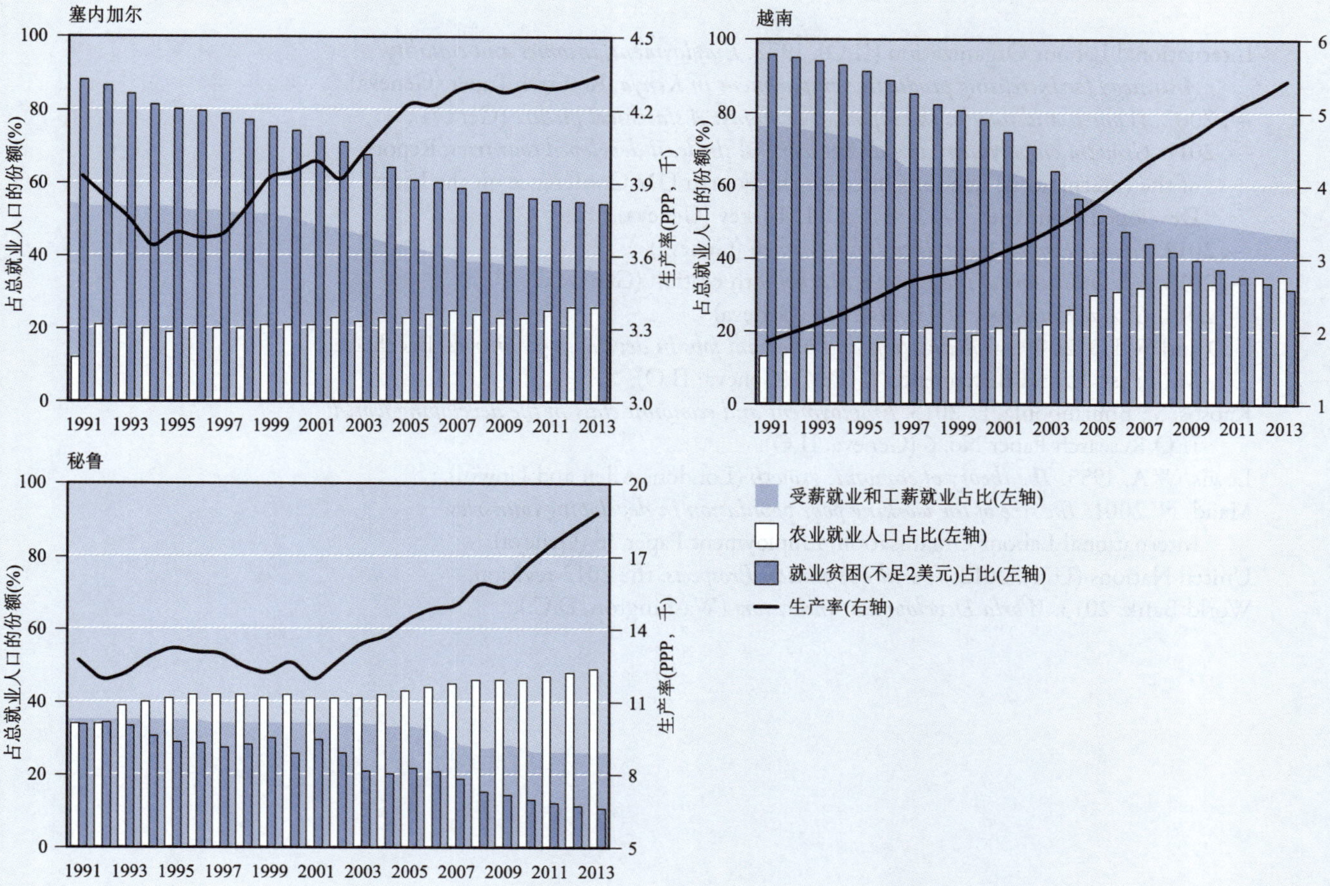

注：P = 预测

资料来源：国际劳工组织，《趋势计量经济学模型》，2013 年 10 月。

这种实证规律反映了就业质量与人均收入之间的紧密关系，但这种关系必须被视为是双向的。人均收入水平越高，就业质量可能越高；同样，如果就业质量得到改善，收入也会增加，进而促进经济发展。在本章中，弱势就业率降低速度与劳动生产率提升紧密相关。

人均收入越高的国家，其人力资本越高。这种实证规律在通过提高生产率来提升就业质量方面十分奏效，从而不断提高发展中国家的收入水平。这一点将在下一章（增长模式细分）中进一步得到验证。

参考文献

International Labour Organization (ILO). 1972. *Employment, incomes and equality: A strategy for increasing productive employment in Kenya*, Research Paper (Geneva).

—. 2002. *Women and men in the informal economy: A statistical picture* (Geneva).

—. 2011. *Growth, employment and decent work in the least developed countries*, Report of the International Labour Office for the Fourth UN Conference on the Least Developed Countries, 9–13 May 2011, Turkey (Geneva).

—. 2012. *Global Employment Trends for Women* (Geneva).

—. 2013. *Key Indicators of the Labour Market*, 8th edition (Geneva).

—. 2014. *Global Employment Trends 2014* (Geneva).

ILO and WTO. 2009. *Globalization and informal jobs in developing countries*, Bacchetta, M., Ernst, E. and Bustamente, J. (Eds.) (Geneva: ILO).

Kapsos, S.; Bourmpoula, E. 2013. *Employment and economic class in the developing world*, ILO Research Paper No. 6 (Geneva, ILO).

Lewis, W.A. 1955. *The theory of economic growth* (London, Allen and Unwin).

Majid, N. 2001. *The size of the working poor population in developing countries*, International Labour Organisation, Employment Paper 16 (Geneva).

United Nations (UN). 2012. *World Population Prospects*, the 2012 revision.

World Bank. 2013. *World Development Indicators* (Washington, D.C.).

第四章
分解增长方式

投资、消费、政府支出、出口和教育的作用

引言

本章旨在将经济增长分解为两大传统因素，即国内需求和净出口。此外，本章还审视了物质资本和人力资本投资在推动发展中国家生产力对所发挥的作用。

第一节　增长组成趋势

多数发展中国家已大幅增加了投资……

表 4.1 将发展中国家的 GDP 分解成宏观经济的组成部分，其中包括家庭消费、政府支出、投资、出口和进口。家庭消费是 GDP 的最大组成，但是随着收入的提升，其在 GDP 中的占比却在下降。1980 年至 2010 年间，这一比例在最不发达国家中为 70%—80%，同期中低收入国家为 60%—70%，新兴经济体为 45%—60%。相比较而言，发达经济体的家庭消费一般都高于新兴经济体，占 GDP 的 58%—61%。

宏观经济的第二个组成是投资，这个组成将最不发达国家与中低收入国家、中低收入国家与新兴经济体区分开来。对最不发达国家而言，在 1980 年至 2010 年间，投资占其 GDP 的 15%—24%。中低收入国家同期投资增速相同，占其 GDP 的 22%—32%。新兴经济体的投资增速较快，达到 GDP 的 27%—36%。

表 4.1　国内需求、出口和进口在 GDP 中的占比

	1980 年	1990 年	2000 年	2010 年
最不发达国家				
家庭消费支出	79.5	75.7	73.7	71.8
政府消费支出	13.4	12.3	11.4	10.7
资本形成总额	15.4	14.7	20.0	23.8
出口	16.7	16.4	23.6	27.1
进口	25.0	21.1	28.7	33.2
中低收入国家				
家庭消费支出	69.4	66.2	66.8	61.5
政府消费支出	11.5	11.9	11.2	11.0
资本形成总额	21.9	24.8	22.3	31.3
出口	18.2	16.3	22.8	23.8
进口	21.2	19.3	23.0	27.6
新兴经济体				
家庭消费支出	61.9	59.2	56.6	46.5
政府消费支出	12.4	13.6	14.8	14.2
资本形成总额	27.2	26.6	26.5	36.4
出口	16.6	19.7	27.4	30.6
进口	18.1	19.1	25.6	27.7

注：上述数字代表加权平均值（根据各国的购买力平价对其在全球 GDP 总额中的占比进行加权）

资料来源：国际劳工组织根据国际货币基金组织 2013 年 4 月发布的《世界经济展望》以及世界银行发布的《2013 年世界发展指标》得出的计算结果。

……尽管有关净出口的方式不太明晰……

值得注意的是，在最不发达国家、中低收入国家和新兴经济体，出口在整体经济中的占比之间的差异并不像投资那样一直那么明显。

区分在 GDP 中的占比和对经济增长的贡献之间的差异十分重要。表 4.1 列出了 GDP 中的占比，而图 4.1 则显示了对经济增长的贡献。在 20 世纪 80 年代，最不发达国家和中低收入国家的净出口较少，而国内需求和投资

图 4.1　经济增长分解：1980 年至 2010 年对年平均 GDP 增速的贡献（百分点）

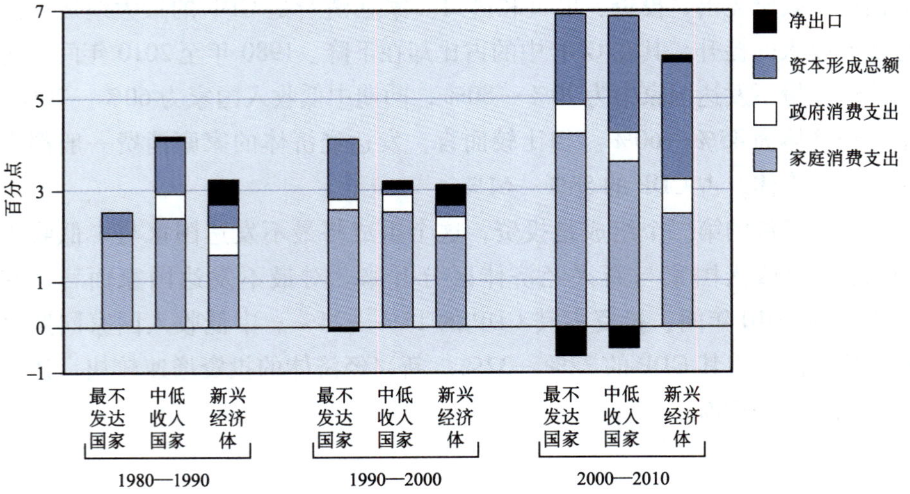

资料来源：国际劳工组织根据国际货币基金组织 2013 年 4 月发布的《世界经济展望》以及世界银行发布的《2013 年世界发展指标》得出的计算结果。

表 4.2　投资资金的国内与国外来源（在 GDP 中的占比，百分比）

	1980 年	1990 年	2000 年	2010 年
最不发达国家				
固定资本形成总额	14.7	14.7	19.1	22.6
国内储蓄总值	7.0	9.4	14.9	17.5
外国直接投资	0.8	0.2	2.4	3.5
官方发展援助	6.6	10.7	7.2	6.6
备忘项目：收到的个人汇款	2.2	2.6	3.7	6.2
中低收入国家				
固定资本形成总额	20.8	23.5	21.2	28.0
国内储蓄总值	19.0	21.9	22.1	27.5
外国直接投资	0.4	0.6	0.5	1.8
官方发展援助	2.7	3.4	1.1	0.6
备忘项目：收到的个人汇款	2.5	2.1	2.8	4.0
新兴经济体				
固定资本形成总额	24.6	22.5	25.1	34.1
国内储蓄总值	25.7	27.3	28.6	39.2
外国直接投资	0.7	0.8	3.0	3.2
官方发展援助	0.4	0.5	0.2	0.1
备忘项目：收到的个人汇款	0.6	0.6	0.8	0.7

注：上述数字是加权平均值（根据各国的购买力平价对其在全球 GDP 总额中的占比进行加权）

资料来源：国际劳工组织根据国际货币基金组织 2013 年 4 月发布的《世界经济展望》以及世界银行发布的《2013 年世界发展指标》得出的计算结果。

则构成了这些经济体的主要贡献因素。20 世纪 90 年代，在中低收入国家和新兴经济体中，净出口对经济增长的贡献大于投资所作出的贡献，而国内需求则继续成为推动这三大类经济体增长的最大因素。在 21 世纪前十年，国内需求和投资对经济增长的贡献急剧上升，而净出口在这三大类经济体中则起了相对次要甚至负面的作用。

……国内储蓄的增加，而非外国直接投资或外部援助的增加，已成为增加投资活动的资金来源

为了赞助投资活动，发展中国家增强了对国内储蓄的依赖性，同时减少了对外国直接投资和外部援助的依赖性（表 4.2）。在过去的三十年间，三类发展中国家的国内储蓄均出现了增长，而新兴经济体的国内储蓄在国民收入中的占比往往高于其他发展中国家。

在同一阶段，外国直接投资出现小幅增长——从 1980 年低于各收入阶层 GDP 的 1% 增至最不发达国家和新兴经济体 GDP 的 3% 和中低收入国家 GDP 的 2% 左右。官方发展援助对最不发达国家相对重要，尤其是因为多数援助主要针对最不发达国家和极低收入国家。1980 年至 2010 年间，最不发达国家的官方发展援助出现了波动，但是波动率仅不到 GDP 的 7% 。对中低收入国家而言，外部援助在这段时间逐步减少，从低于 GDP 的 3% 降至 0.5% 。对新兴经济体而言，同期的外部援助几乎可以忽略。

这一阶段最不发达国家的汇款出现增加，从 GDP 的 2% 增至 6% 以上。在中低收入国家，汇款从 GDP 的 2.5% 增至 4% ，而同期新兴经济体的汇款则一直低于 GDP 的 1%（有关这些趋势及其影响的分析参见第九章）

第二节　不同增长方式：巴西和中国

巴西

作为具有近乎一个大陆规模的国家，巴西拥有 1.8 亿人口，且这个数字还在快速上升。巴西一直以来都将发展重心放在国内市场。20 世纪 80 年代之前，巴西一直在通过补贴、关税和非关税保护来积极地实施替代进口的工业化政策，以发展巴西的工业部门，服务国内而非出口市场。尽管这些政策促进了现代制造业的形成，但是，该国的外部赤字却一直居高不下（阿曼，2005 年）。

在过去十年间，巴西一直表现十分出色，其经济也受益于不断增加的外部商品需求和有利的贸易条件，以及国内需求大范围的强劲增长。2004 年至 2012 年，巴西人均 GDP 平均每年增长 2.6%，而在 2001 年至 2009 年间，巴西的贫困人口比例降低了逾一半，从 22% 降至 10%（图 4.2）。

与 20 世纪 70 年代的“巴西奇迹”相比，过去十年巴西取得的成就建立在更为完善的基础之上。特别是，外部脆弱性大大降低。外部债务的压力也较低并不断减轻，同时，巴西积累了大量外汇储备，而短期外部债务组成也比过去大大降低。

尽管从历史上来看，在巴西的增长期之后，常常是高通货膨胀，但在过去十年间，巴西的价格水平一直保持相对稳定，2002 年至 2012 年间，年平均通胀率为 6.5%。

巴西的另一个重大发展是其经济日益开放。自 20 世纪 80 年代末开始，该国已经降低了关税及其他贸易壁垒，目前正大力融入世界经济之中：贸易总额在 GDP 中的占比在 2012 年达到 26%，而 1990 年则为 15%。

巴西在过去十年取得的主要成就包括实现了水平较高的内需驱动型增长和脱贫，并减少了不平等状况，维持了宏观经济稳定，同时减少了外部脆弱性，从而为更可持续的增长和发展创造了条件。尽管全球市场遭遇低迷，巴西在过去十年间取得了较高的平均水平增长和较低的增长波动性，这表明，该国可能正在走上一条可持续的消费驱动型增长道路。

图 4.2　1980 年至 2012 年巴西经济增长组成

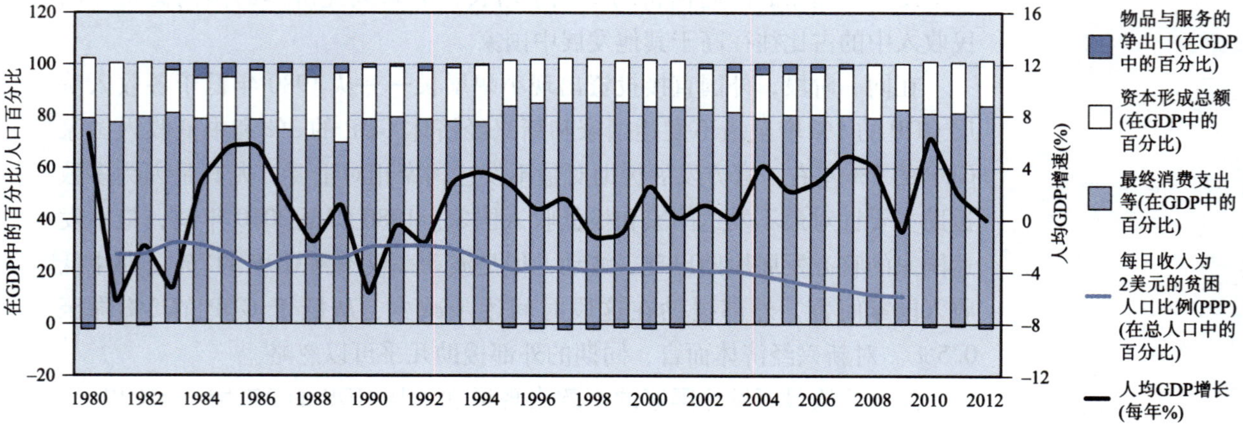

资料来源：国际劳工组织根据世界银行发布的《2013 年世界发展指标》得出的计算结果。

然而，为了继续实现有力的增长与发展，巴西经济将会面临挑战。巴西如果想进一步实现可持续增长，必须关注供应面的约束，比如投资在 GDP 中的占比低、基础设施不够、从业人员培训与教育支出不足（国际货币基金组织，2012 年；卡努托等人，2013 年）。活跃的国内需求一部分由家庭负债驱动，这带来了潜在问题，因为在信贷潮之后，去杠杆化可能随之而来。因此，巴西可能需要确保国内采取控制信贷过度增长的措施。通过对教育、社会服务和基础设施进行必要的投资以提高投资在 GDP 中的占比是维持强劲的国内需求并促进生产力增长的一大方法。改善制造业运营条件以避开所谓的“竞争力悬崖”[1] （卡努托等人，2013 年）看似至关重要。

中国

在过去的三十年间，中国实现了史无前例的经济增长。历史上没有其他国家能够在如此长的一段时间内保持每年 10% 的增速。强劲的增长让数以亿计的家庭摆脱了贫困（图 4.3）。

中国的增长模式包括极高的储蓄与投资比率、对出口而非国内需求的依赖，而后者则促成了制造业的飞速发展。

在 21 世纪前十年，居高不下的投资率从 20 世纪 80 年代占 GDP 的 36% 增至 42%。此外，由于 2008 年金融危机爆发，中国政府进一步刺激投资，使其增至 GDP 的 48%，以抵消国际市场对中国出口商品需求减弱所带来的影响。中国在很大程度上依赖国内储蓄来满足投资需求。

图 4.3　1980 年至 2012 年中国经济增长组成

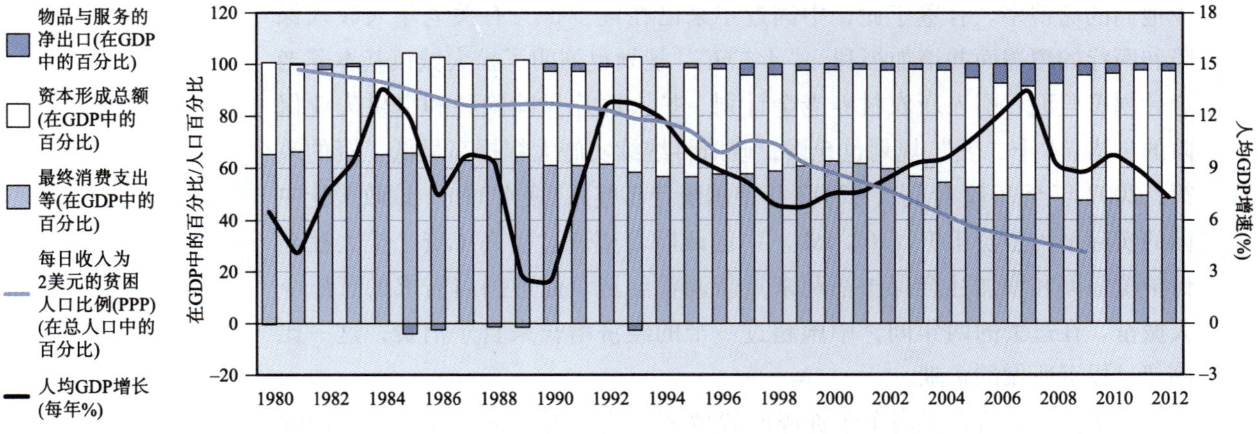

资料来源：国际劳工组织根据世界银行发布的《2013 年世界发展指标》得出的计算结果。

1　经过数年的强劲扩张之后，巴西经济目前面临各种竞争力挑战，这些挑战主要与供应面的困难而非总需求不足有关。限制出口与工业生产扩张的主要因素包括出口市场的企业数目少且不断下降，较高技术含量的产品比例大幅下降，物流基础设施不足，以及巴西贸易开放性太低，属全球最低水平（卡努托等人，2013 年）。

中国的经济增长很大程度上是出口拉动的。1980年至2000年间，贸易在GDP中的占比从24%增至40%。继中国加入世界贸易组织之后，其贸易在GDP中的占比于2007年升至70%，但在金融危机之后降至58%。与其他比中国更早进行工业化的东亚国家相比，中国在发展的初期阶段就积累了贸易顺差。这一史无前例的增长让中国在短期内成为了一个中等收入国家。

近年来，中国的增长已变得更为稳健，其对信贷的依赖也日益加强，同时中国也经历了几次通货膨胀，这表明中国的增长模式需要从粗放型增长转向集约型增长（国际货币基金组织，2013a）。

为了应对2008年贸易衰退，该国大幅刺激投资，之后，在其“十二五”规划中（2011年至2015年），中国政府表示出强烈愿望，要重新平衡其增长模式，使其向国内消费倾斜，减少对出口和投资的依赖。

发展方向的调整包括采取措施减少国内储蓄率，20多年以来，中国的国内储蓄率一直在大型经济体中名列第一。储蓄率居高不下的原因是，所有三个经济部门——企业、家庭和政府——都有很高的储蓄倾向（玛［Ma］和伊［Yi］，2010年）。自20世纪80年代以来，中国家庭的储蓄率一直在上涨这个情况可能会让人不解，因为这与标准预测不一致。根据标准预测，如果家庭的收入快速增加，他们的储蓄就会减少，以便慢慢平衡消费。然而，目前正在进行的经济结构调整（自1979年开始）却在国有企业的基础上带来了收入不确定性，并导致之前的社会保障体系遭到腐蚀。面对长期的健康与养老保险缺口，不同家庭纷纷增加储蓄，以为退休、医疗及其他需求提供资金（史默克和雯［Wen］，2008年）。

相应地，要将中国的经济增长模式调整为个人消费驱动型，就要出台社会政策，制定社会保护制度，让中国家庭获得足够的经济保障，从而减少他们的储蓄率。有鉴于此，中国近年来已在逐步扩大有关老年人收入保障和医疗的覆盖面并增加福利，“十二五”规划也列明了扩大城镇基本养老金计划覆盖面、引入新农村养老金计划、扩大医疗保险险种和提供失业保险的举措。“十二五”规划也允诺，政府将继续实施大幅提高最低工资的政策，2007年至2012年间（《2013年中国统计年鉴》，表4.11），该政策让中国的实际平均工资上升了62.1%。中国政府希望通过提高工资、扩大社会保护覆盖面和增加社会保护福利来重新调整经济、促进国内需求的意愿令人振奋。在过去的两年间，中国超过一半的经济增长来自于消费，这一比例超过投资所做的贡献。

事实证明，旨在提高企业资源配置效率，从而推动全要素生产率的改革，以及旨在促进服务业增长的改革可以与上述这些旨在提高国内需求的政策形成互补。

第三节　人力资本的作用

除了物质资本投资之外，审视人力资本投资方式也是颇有益处的，换言之，就是审视劳动力教育与培训对增长所做的贡献。尽管物质资本的确

图 4.4　产出增长分解为物质资本、人力资本、就业和全要素生产率，1991 年至 2011 年

第一组　1991年至2011年GDP平均增速(%)及其因素(百分点)

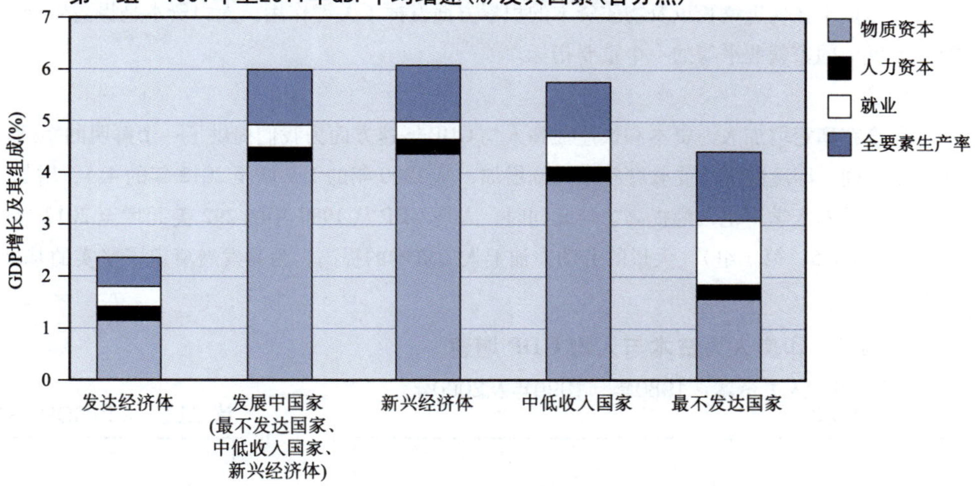

第二组　GDP增长的因素(1991年至2011年GDP平均增长=100)

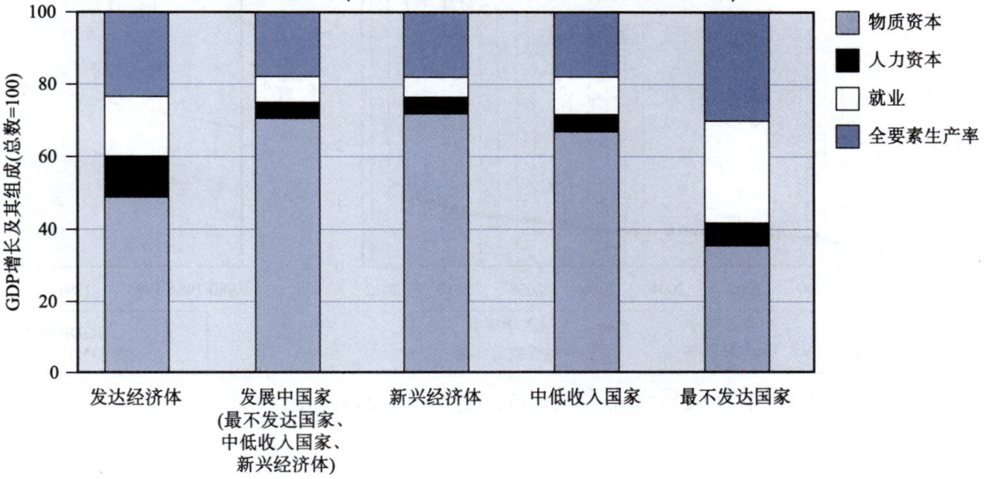

注：增长分解根据 55 个发展中国家（12 个最不发达国家、16 个中低收入国家、27 个新兴经济体）和 37 个发达经济体的数据作出

资料来源：国际劳工组织根据国际货币基金组织 2013 年 10 月发布的《世界经济展望》、国际劳工组织 2013 年 10 月发布的《趋势计量经济学模型》以及格罗宁根增长与发展中心的佩恩表 8.0 版得出的计算结果。

能够解释人均 GDP 的差异，但是人力资本的相对投资的解释性更强，这不仅仅是因为物质资本与人力资本具有互补性。从更广的范围而言，人力资本是提高劳动生产率和就业平等，进而促进 GDP 增长的一个重要因素（参见专栏 4.1）。

图 4.4 通过将 1991 年至 2011 年间 GDP 的增长分解为物质资本、人力资本和被视为全要素生产率的一个余值，证明了人力资本在促进 GDP 增长方面所发挥的作用（因克拉尔和蒂莫尔，2013 年）。在传统上，一段时间内的 GDP 增长通常仅被分解为三个要素：资本、劳动力和全要素生产率。然而，佩恩表及其背后的方法论却根据受教育水平对劳动力进行差异化划分。根据受教育水平，可以对劳动力进行加权，加权标准为小学、中学和高等教育。事实上，这让 GDP 增长的分解增加了第四个要素——人力资本。

专栏 4.1　人力资本、生产性就业与发展

人力资本在促进增长以及物质资本的积累方面发挥了关键作用。人力资本是提高生产力水平的一个重要因素，也是显示发展中国家就业平等的一个重要指标。

印度

印度在稳定增加人力资本和快速提高人均 GDP 增速方面为我们提供了一个鲜明的案例。图 4.5 的第一组显示，在过去三十年间，印度的平均受教育年限大幅增加，从 1980 年的 1.9 增至 2012 年的 4.4，增加了两倍以上。相应地，小学、中学和大学的入学率也大幅提高。与此同时，人均 GDP 从 1980 年的 292 美元增至 2012 年的 1107 美元，平均每年增加 4.3%（图 4.5，第二组）。大量的劳动力加上人力资本的提高，为其发展奠定了坚实的基础，并使其逐步提高了就业平等与生产力。

图 4.5　印度人力资本与人均 GDP 增速

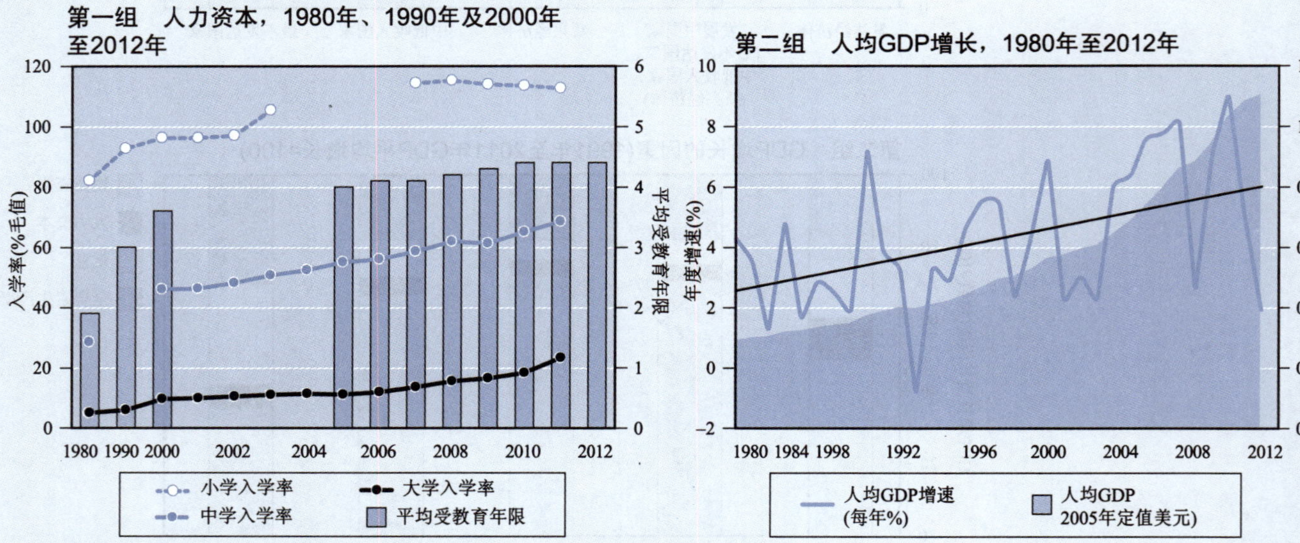

资料来源：世界银行《2013 年世界发展指标》；巴罗和李（2000 年）。

萨摩亚

2000 年以来，萨摩亚是最不发达国家内平均受教育年限最长的国家，从 1980 年的 6.7 年增至 10.3 年。1980 年至 2012 年间，小学和中学的入学率也得到了提高，分别增加了 7 和 10 个百分点。在这三十年间，萨摩亚的人均 GDP 从 1982 年的 1465 美元增至 2012 年的 2350 美元，而且增速在不断加快（图 4.6）。

图 4.6　萨摩亚人力资本与人均 GDP 增速

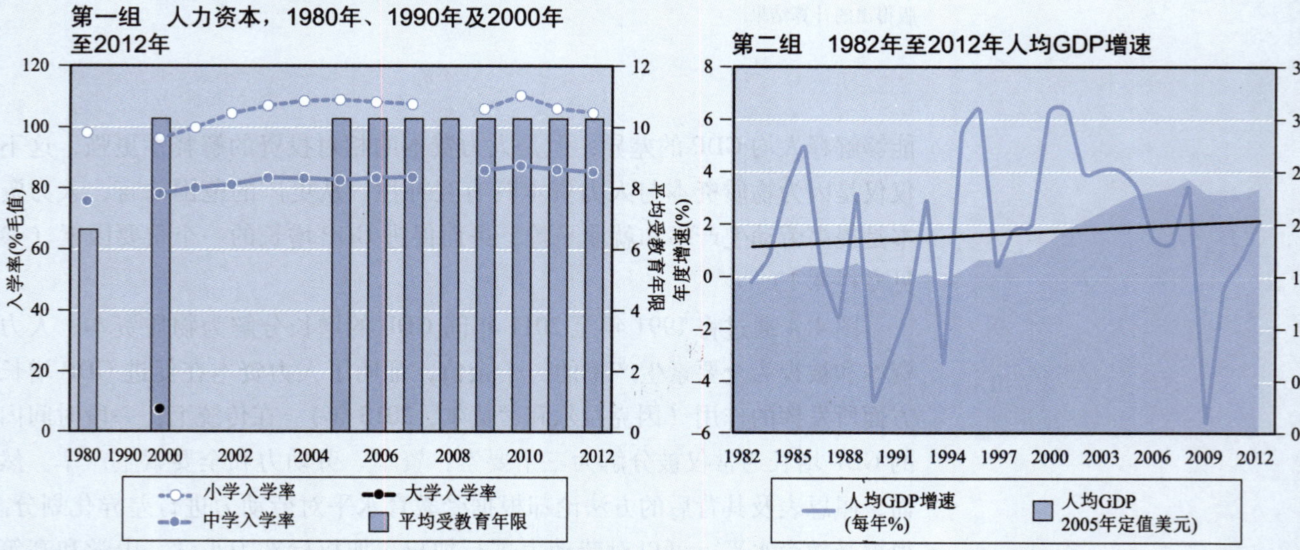

资料来源：世界银行《2013 年世界发展指标》；巴罗和李（2000 年）。

图 4.7 1980 年和 2007 年 25 岁以上成人平均受教育年限

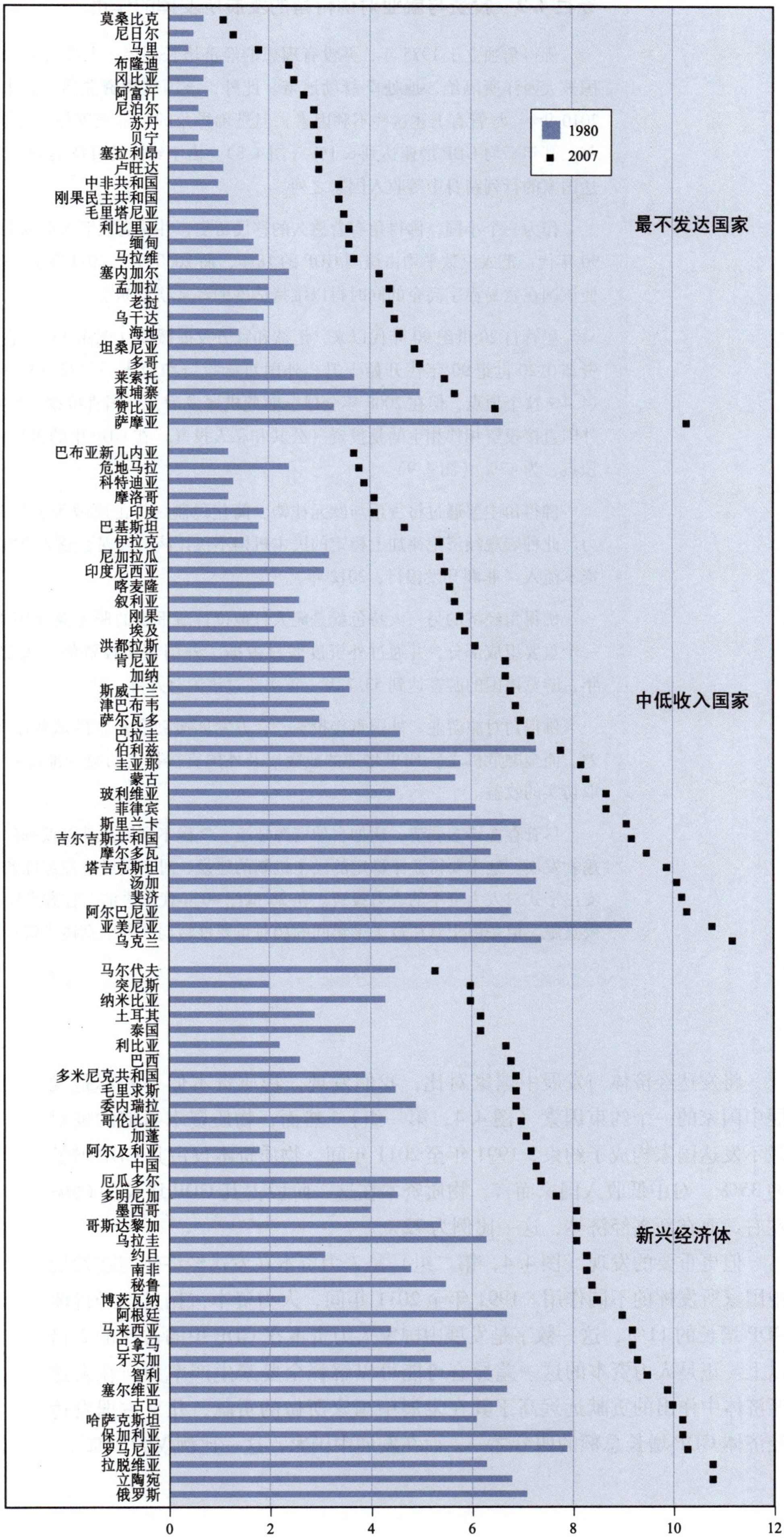

注：该数字显示了可获得数据的最早年份和最晚年份的平均受教育年限。

资料来源：巴罗—李(2000年)；世界银行教育统计数据；人类发展报告办公室，截至2012年10月15日。

专栏 4.2　投资与就业对佛得角的发展所发挥的作用

佛得角独立于1975年，并没有理想的经济增长环境，人口较少，主要分布于各个小岛上。该国被大西洋所隔绝，地处萨赫勒地带。此外，该国矿物资源稀少，水资源匮乏（非洲开发银行，2010年）。尽管有上述这些不利因素，但是佛得角的经济表现却一直非常出色。从1980年至2010年，其年平均GDP增速达到6.1%（图4.8）。由于经济的可持续增长，佛得角于2008年从最不发达国家的行列跻身中等收入国家之列。

作为一个小国，佛得角有着悠久的移民历史，并从高额汇入汇款中获益良多。在20世纪80和90年代，汇入汇款平均占该国GDP的18%，而2000年至2011年这一数字则为11.8%。这些转账使该国在贸易赤字高企的同时得以维持适度的经常项目赤字。

尽管自20世纪90年代以来，汇款和官方发展援助（图4.9）一直呈下降趋势，但外国直接投资却在20世纪90年代开始上升。外国直接投资净流入一直呈正向发展，曾一度攀升至GDP的14.4%这个顶点，但在2008年全球金融危机爆发后，外国直接投资净流入大幅下降。与高水平的外国直接投资相伴相生的是投资（公共和私人投资）在GDP中的极高占比，该比例于2007年达到顶点，为47%（图4.9）。

佛得角主要通过将货币与欧元挂钩、简化税制、打击腐败等方法确保宏观经济的稳定和公信力。此种宏观经济纪律加上稳定的民主机构不仅让该国实现了经济的快速增长还让其获得了大量的资本流入（非洲开发银行，2012年）。

佛得角经济的另一大特色就是庞大且地位日渐重要的服务业（图4.8）。旅游是佛得角经济的一个重要组成部分，并通过外资度假村占据了外国直接投资的一大部分（AEO，2013年）。2012年，游览该国的游客达到53.7万，首次超过该国总人口。

佛得角对旅游业、外国直接投资、官方发展援助和汇款的依赖暗示其对外部冲击的抵御力较差。而金融危机之后GDP增速的放缓以及外国直接投资的减少都说明，经济多元化将让佛得角获取切实的收益。

尽管存在诸多弱势，比如自然资源缺乏、气候不利以及难以抵御外部冲击，佛得角的经济依然蓬勃发展。这主要得益于稳定的民主机制的建设、对宏观经济稳定性的重视以及以社会保障和教育支出形式对人力资本的大力投资。在20世纪90年代末之前，官方发展援助和汇款对增长作出了主要贡献，但是由于其在过去十年间的相对重要性转弱，外国直接投资正日益对其形成补充。

将发达经济体与发展中国家对比，我们发现，物质资本似乎并不是发展中国家的一个约束因素（图4.4，第一组）。然而，物质资本看似的确对最不发达国家构成了约束，1991年至2011年间，物质资本仅占其GDP增长的35%。对中低收入国家而言，物质资本在这一阶段占其GDP增长的66%左右，而在新兴经济体，这一比例为72%。

但更重要的发现（图4.4，第二组）是人力资本在发达经济体与在发展中国家所发挥的不同作用。1991年至2011年间，人力资本占据发达经济体GDP增长的11%，这一数字是发展中国家人力资本在GDP中的占比的2倍以上。正是人力资本的这一差异有可能可以解释全要素生产率为何在发达经济体中作出的贡献远远高于其在发展中国家所做的贡献，几乎占据发达经济体GDP增长总额的四分之一，而在发展中国家，这一比例仅为18%。

图 4.8　佛得角 GDP 增长与行业组成

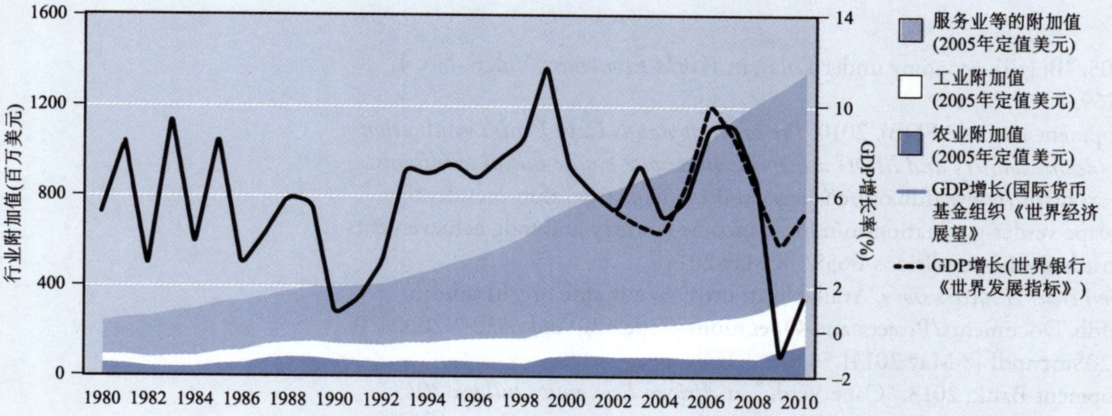

资料来源：世界银行《2013 年世界发展指标》；国际货币基金组织 2013 年 10 月发布的《世界经济展望》。

图 4.9　1980 年至 2011 年佛得角的投资情况（在 GDP 中的占比）

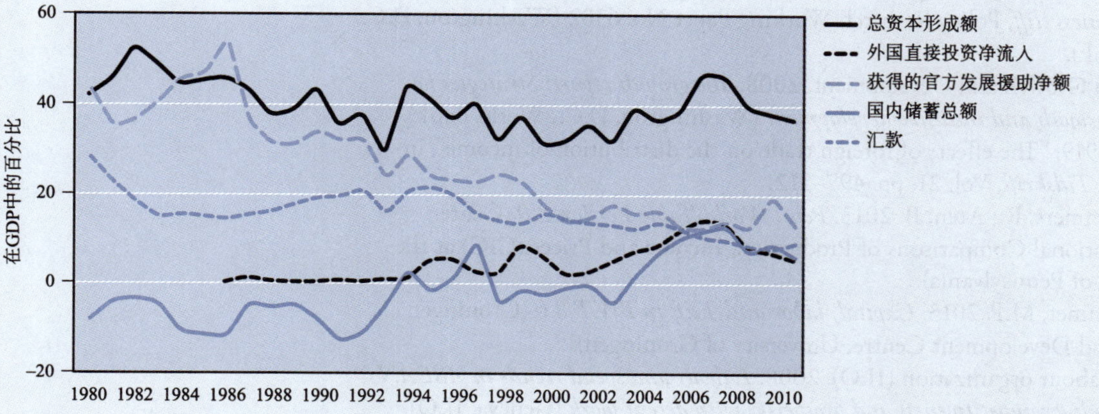

资料来源：世界银行《2013 年世界发展指标》。

1980 年至 2007 年间，所有发展中国家均改善了其教育结果（图 4.7）。就主观门槛的实现，即 6 年受教育年限而言，最不发达国家极低的基数表明其一直在努力追赶中低收入国家和新兴经济体。尽管最不发达国家取得了显著的改善，但在 2007 年，只有两个最不发达国家实现了 6 年以上的平均受教育年限，而 1980 年，仅有一个国家实现。受教育年限超过 6 年的中低收入国家数目翻了一倍以上，从 1980 年的 30% 升至 2007 年的 62%。新兴经济体也实现了大幅改善，受教育年限超过 6 年的国家数目从 1980 年的 25% 升至 2007 年的只有一个国家低于 6 年。

参考文献

Amann, E. 2005. “Brazil’s economy under Lula”, in *World Economics*, Vol. 6, No. 4, pp. 149–169.

African Development Bank (AFDB). 2010. *President applauds Cape Verde’s graduation to middle income country and MDG achievements despite hostile initial conditions.* Available at: http://www.afdb.org/en/news-and-events/article/afdb-president-applauds-cape-verdes-graduation-to-middle-income-country-and-mdg-achievements-despite-hostile-initial-conditions-6655/ [8 May 2014]

—. 2012. *Cape Verde: A success story.* Available at: http://www.afdb.org/fileadmin/uploads/afdb/Documents/Project-and-Operations/Cape%20Verde%20-%20A%20Success%20Story.pdf [8 May 2014]

African Development Bank. 2013. “Cape Verde” in *African Economic Outlook 2013.* Available at: http://www.africaneconomicoutlook.org/en/countries/west-africa/cape-verde/ [8 May 2014].

Barro, R.J.; Lee, J.-W. 2010. *International data on educational attainment updates and implications,* NBER Working Papers No. 7911 (Cambridge, MA).

—. 2013. “A new data set of educational attainment in the world, 1950–2010”, in *Journal of Development Economics*, Vol. 104, pp. 184–198.

Canuto, O.; Cavallari, M.; Reis, J.G. 2013. *Brazilian exports: Climbing down a competitiveness cliff,* Policy Research Working Paper No. 6302 (Washington, D.C., World Bank).

Commission on Growth and Development. 2008. *The growth report: Strategies for sustained growth and inclusive development* (Washington, D.C., World Bank).

Heckscher, E. 1919. “The effects of foreign trade on the distribution of income”, in *Economisk Tidskrift*, Vol. 21, pp. 497–512.

Heston, A.; Summers, R.; Aten, B. 2013. *Penn World Table Version 8.0* (Center for International Comparisons of Production, Income and Prices (CIC) at the University of Pennsylvania).

Inklaar, R.; Timmer, M.P. 2013. *Capital, labor and TFP in PWT 8.0* (Groningen Growth and Development Centre, University of Groningen).

International Labour organization (ILO). 2008. *Labour and social trends in ASEAN 2008: Driving competitiveness and prosperity with decent work* (Geneva, ILO).

—. 2013. *Trends Econometrics Models.*

International Monetary Fund (IMF). 2012. *Brazil: 2012 Article IV Consultation: Staff Report*, Jul. (Washington, D.C.).

—. 2013a. *People’s Republic of China: 2013 Article IV Consultation* (Washington, D.C.).

—. 2013b. *World Economic Outlook 2013* (Washington, D.C.).

International Social Security Association (ISSA). 2013. “Towards universal social security coverage in China”, in *Social security coverage extension in the BRICS: A comparative study on the extension of coverage in Brazil, the Russian Federation, India, China and South Africa* (Geneva).

Ma, G.; Yi, W. 2010. *China’s high saving rate: Myth and reality,* BIS Working Papers No. 312 (Basel, Bank for International Settlements (BIS)).

National Bureau of Statistics of China. 2013. *China Statistical Yearbook 2013* (Beijing, China Statistics Press).

Shimek, L.M.; Wen, Y. 2008. *Why do Chinese households save so much?*, in Economic Synopses No. 19 (St. Louis, MO, Federal Reserve Bank of St. Louis).

United Nations Development Program (UNDP). 2013. *Human Development Report 2013: The rise of the South: Human progress in a diverse world* (New York).

World Bank. 2013. *World Development Indicators 2013* (Washington, D.C.).

—. 2013. *EdStats* (Washington, D.C.).

第二部分

以就业促发展政策

第五章
生产力转型、体面的工作与发展

引言

从前几章来看，发展是一个发生结构性变化的过程，而这一过程只能从年度经济增长数据中略知一二。的确，一些国家的经济在很长一段时间内一直保持增长，他们的经验强调，全面经济增长和优质工作机会至关重要（参见第四章）。全面经济增长表现在企业的构成发生深刻变化，中型企业的重要性愈加凸显，而大小型企业的生产力差距则日渐弥合。与此同时，自然资源紧缺以及在增长与发展的同时保证环境可持续性的必要性也成了令各国政府和私有行业忧心忡忡的全球问题。另一方面，对环境投资和消费品及消费服务的需求急剧增长，这很有可能会带来更多更优质的就业机会。对发展中和新兴经济体而言，这也可能带来实现跳跃式发展以及在能源和资源效率、土地管理与可再生能源领域应用新技术的机遇。

本章旨在通过进一步审视生产力转型的过程对上述问题进行深入分析，生产力转型对发展至关重要。本书的生产力转型指的是一个向具有更高附加值的产品转变的过程，一般涉及不同行业之间及行业内部的资源转换（如让劳动力从自给农业等生产力低下的活动解放出来，转而从事生产力更高的活动）（因布斯和瓦奇亚格，2003 年）。

本章首先探讨生产力转型以及体面工作在转型过程中所发挥的作用（第一节）。其次，本章审视了生产力转型过程中经常遇到的一个重要的外部问题，即在尊重国际劳工标准的同时如何提高竞争力（第二节）。最后是本章的结束语（第三节）。

第一节　通过经济与社会升级实现生产力转型

生产力转型的动态机制由两个因素所驱动：（1）物质资本的生产力投资，尤其是基础设施投资，基础设施可增强一国的经济潜力；（2）向新产品和新技术转变的能力，即所谓的生产能力（纽布勒，2014a）。生产能力的获得也由一系列过程所决定，其中包括社会化过程，如童年及贯穿一生的家庭和社区环境；传统的正规教育；生产系统中的技术学习；经验总结（安德雷奥尼和奥沙利文，2014 年）。[1] 因此，生产力转型由知识获得和其他过程中投资（即增强的生产能力）与能力发展的同步演变所驱动。

换言之，发展是无法通过增长来实现的，增长只是经济的一个“现代”分支，仅由贸易投资自由化或自然资源开发所驱动。相反，发展应该是一个全局概念，即整个经济与劳动力市场的生产力转型。

同样，发展也无法通过不可持续的自然资源开发或通过一个模型来实现。这个模型对环境的影响会破坏气候或水循环等重要的自然过程，同时这个模型还会损害人类的健康。一系列政府间组织（国际劳工组织，2012 年和 2013a；经济合作与发展组织，2012 年；世界银行，2012 年）和私有行业（麦肯锡，2011 年）的报告纷纷强调，“先发展，后治理”的传统经济增长和发展模式已不再可行。事实上，这种模式会适得其反，会进一步损害人类的健康，并最终破坏附加值和就业。本节考量了各国的发展阶段及其在 21 世纪的增长背景，并进而阐释了生产力转型的过程。

生产力转型需要利用从自然资源中获取的利润进行有效、可持续且公平的投资……

对许多发展中国家而言，繁荣富强意味着开采不可再生的自然资源，比如石油、天然气和其他矿物。在这些国家的发展初期，这些资源带来的收入和出口收益可以发挥重要作用。然而，开采和出口自然资源本身未必会带来这些国家的发展。采掘业一般只能创造有限的工作机会，而且要求专门的技能，因此就整个国家而言，采掘业创造体面工作的潜力很小。由此可见，发展中国家面临的挑战是通过投资新的经济活动和教育等基础服务把自然资源创造的收入转化成体面的工作机会，而对经济活动和基础服务进行投资则可以引发生产力转型、创造工作机会并促进发展。

就此而言，以国家利益为出发点设计自然资源开发政策和合同对发展中国家至关重要。换言之，要解决出售开发权和分配生产和出口收入过程中的腐败风险（张夏准和安德雷奥尼，2014 年）。此外，这还意味着，要避免周边污染带来的负面影响，也要避免可能出现的对水等稀缺资源的竞争，而对可再生自然资源而言，这意味着要对这些资源进行可持续的利用和管理。

1　本书所指的技术变革是整个生产过程中逐步发生的变革，并不狭义地指发生在研发部门的技术变革（张夏准和安德雷奥尼，2014 年）。

专栏 5.1　自然资源开发管理：马来西亚案例

马来西亚 1957 年独立时，橡胶和锡构成了该国半数以上的经济基础（阿瑞夫和滕库·茂德·阿瑞夫，2001 年）。然而，自 20 世纪 80 年代以来，马来西亚开展了经济多样化运动，到 20 世纪 90 年代末，制造业在经济中的比例已超过 30%。在过去二十年间，马来西亚人均收入每年增长 3.4% 左右。就业贫困的发生率从 1991 年的 10.5% 降低到 2012 年的 1.3%。与此同时，弱势群体就业发生率也出现大幅降低，具体请见第三章。

马来西亚之所以能够取得如此大的成就，首先应归功于其将棕榈油作为提高农业生产力的引擎。油棕榈树最初于 1875 年引入马来西亚，然而，马来西亚并未就此实现棕榈油的量产。自 20 世纪 60 年代起，政府开始提供移植补贴，鼓励橡胶园所有者生产棕榈油（普莱切尔，1991 年）。同时，马来西亚政府还收购并开发了外资油棕榈园。到 2012 年，马来西亚已成为世界第二大棕榈油出产国（联合国，2013 年）。

其次，马来西亚还将生产棕榈油与使用棕榈油的行业建立了直接前向关联，这些行业包括棕榈油加工业、油脂化工业、生物技术、生物柴油和生物质行业。马来西亚还利用财政刺激来吸引投资者对棕榈油相关的战略领域进行投资。此外，该国对棕榈油原油出口征收高额税收，同时对基于加工过的棕榈油出口提供免税优惠，以鼓励生产附加值更高的产品并使出口多元化，该国在多元化方面付出的努力也取得了成功。到 2012 年，经加工的棕榈油出口量是棕榈油原油出口量的 2.8 倍（马来西亚棕榈油局，2013 年）。

最后，自 20 世纪 80 年代起，马来西亚政府决定从棕榈油生产和出口收入中拨出一部分资金来支持电子等非资源型行业的发展。随着时间的推移，马来西亚通过战略干预成功升级了自身的生产和出口结构，将高新技术和技能密集型产品纳入其中（拉尔，1995 年）。

马来西亚仍面临着体面工作机会不够多的难题。马来西亚政府已采取措施来增加人们获得优质技术教育和职业培训的机会，并拓宽技能发展基金的覆盖面（经济合作与发展组织，2012 年）。更为重要的是，劳动力市场机构实力的增强和正规就业障碍的消除将提高最具活力的行业与其他经济行业之间的联系，使增长更具包容性（参见第六、八章）。这些领域具有很大的社会对话空间。

[1]在国内生产能力未发展之前，马来西亚政府最初对棕榈油加工行业的重要原料——膨润土进行关税和进口配额管理。然而，为了限制进口替代阶段的成本，马来西亚政府向相关行业提供了补贴，以确保国内的膨润土购买价格与全球价格保持一致。

其次，如果自然资源开发得到妥善管理与引导，就能与其他经济行业产生前向和后向关联，从而成为全面增长的推动力（参见专栏 5.1 中的马来西亚案例）。沃土、森林、渔业、太阳能或风能等可再生自然资源为长期、可持续的经济多元化带来了诸多机遇。发展中国家的政府应设法发展其有效且长期开发可再生自然资源的能力。若要将开发权赠予或出售给他国，出售流程和相应合同的设计应能在符合《国际劳工组织关于多国企业和社会政策的三方原则宣言》（国际劳工组织，2006 年）规定的前提下，促进技术、管理和生产能力的转换。

最后，如何利用自然资源收入——尤其是不可再生资源的收入——进行投资至为关键。有时，人们为主张将自然资源收入投资于金融资产，以确保后代能获得金融回报，而降低开采自然资源相关的生产与出口风险则或会排挤其他活动——这种现象被称为“荷兰病”。该方法可能适用于挪威等发达经济体。在挪威，油气开采业形成之前，发达的制造和服务业就已存在。然而，在拥有富余劳动力的发展中国家，资源的合理使用——最起码在重要领域的合理使用——对打造全面的生产基础和提高生产能力至关重要。

因此，对以自然资源为基础的多元化进行投资（如将森林的应用范围从木材扩大至造纸和家具生产）以及利用财政收入打造生产能力成为了发展中国家的必然选择。

马来西亚恰好是说明这一问题的有趣例证（参见专栏 5.1）。阿联酋也通过现有的庞大的石油行业打造了制铝业，从而实现了生产基础的多元化（张夏准和安德雷奥尼，2014 年）。将石油转换成铝的创意同样也让阿联酋发展了石油行业与其他经济行业之间的前向和后向关联。2010 年，制造业占阿联酋 GDP 的 10% 左右，远远高于 1975 年的 0.9%（世界银行，2013 年）。

……提高农业生产力与收入……

在发展中国家，尤其是最不发达国家，农业往往是提供就业机会最多的行业。在这些国家中，很多方面都具有明显的经济二元性：主要依赖生产力低下的自给农业的传统行业和新兴的现代行业，其中包括采矿、种植、制造或高端服务。这些新兴的现代行业利用生产技术来获得比传统行业更高的劳动生产力。实现生产力转型的一大主要途径就是利用这两大行业在生产力方面的巨大差异带来的机会。这已成为东亚和东南亚等新兴经济体实现转型的一个主要因素。

要使这一策略奏效，最大程度地提高现代行业吸纳农业劳动力的比例就显得至为关键。然而，由于现代行业的基数较小，劳动力再分配的过程一开始可能会进展缓慢，在中短期，只有一小部分的农业劳动力会在现代行业中找到生产力高得多的就业机会。因此，必须出台第二批就业政策，以加速农业增长、提高农业生产力和劳动力需求，而不是完全依赖现代行业增加就业机会和农业经济的改善。否则，许多贫困、不充分就业的农村劳动力在寻找现代行业的就业机会的同时将无法提高经济收入。此外，许多发展中国家还面临农业劳动力过早退出的风险。在这些国家中，不充分就业的农业劳动力的就业方向并不是现代行业，而是生产力低下的城市非正式经济（李，2014 年）。

因此，推进整体生产力转型的一大重要方法是农业自身的变革。基于就业的方法可以支持整体增长与转型，这一点从亚洲的绿色革命便可见一斑。在亚洲，农业生产力的提高让农业就业人员获得了更高的收入。这带来了生产力与就业增加之间的良性循环，而这一良性循环则是减少农村贫困人口的有力手段。实际上，《2008 年世界发展报告》指出，生产力提高和小农收入的提高是脱贫的最有效手段（世界银行，2008 年）。

为了满足现代行业中日益庞大的劳动力对各种产品不断增长的需求（主要是食品），农业的增长至关重要，而这些产品的生产对农业自身而言也是必需的。正如 2007 年的粮食危机所示，低收入国家可能会面临严重的外汇缺口，也可能必须依赖粮食进口，而后者则会让其面临粮食短缺和不断上涨的粮食价格，进而影响粮食安全并引发社会动荡。国内粮食生产也可以是保证粮食安全和促进现代行业可持续发展的一大重要因素（李，2014 年）。

最后，随着全球食物链的形成、农业综合企业的诞生以及对生物燃料的需求日益增强，农业为增长和经济转型提供了新的机会。2006 年，“新农业”出口（水果、蔬菜、切花、家畜和水产品等园艺产品）占发展中国家农业出口量的 47%（世界银行，2008 年）。这些“新农业”一般都具有较高的附加值。

专栏 5.2 着重介绍了巴西的农业转型。实现农业转型的还有一些国家，比如智利和秘鲁。智利在新鲜水果、葡萄酒和三文鱼的出口方面获得了长足发展（安德雷奥尼，2013a），而秘鲁则已成为全球最大的新鲜莴苣和罐头莴苣的出口国。

还有一些国家，比如乌干达和马达加斯加，为迎合消费者对有机食品的偏好，已开始种植有机食品。有机食品是市场上增长最快的细分之一，通常都有溢价。这些国家的经验表明，拥有大量自耕农的经济欠发达国家可以大幅改善农业生产力和可持续性。以乌干达为例，农业对其 GDP 的贡献最大，雇佣了乌干达全国 2/3 的劳动力。乌干达有 450 万小农。自 20 世纪 90 年代中期以来，越来越多的农民已经开始向有机种植转型，并将产品出口国外（国际劳工组织，2012 年）。

所有这些案例都表明，一些机构在赞助、发明和传播农业技术方面功不可没，这些农业技术专为满足本地需求而开发。以马达加斯加为例，跨国公司在技术转让、资金资助和进入外部市场方面发挥着关键作用（国际劳工组织，2012 年）。因此，农业作为“朝阳”行业，已经成为技术创新、生产性就业和实现平等的一个新前沿。

……提高制造业的溢出效应……

许多研究表明，那些能够从传统生产活动转向现代生产活动，尤其是转向可交易的工业产品，并能实现出口基础多元化的国家能够快速提高生产力（张夏准和安德雷奥尼，2014 年；豪斯曼等人，2007 年；罗德里克，2009 年）。在生产力转型过程中，制造业扮演着“领先行业”的角色，因为在其自身发生技术与组织变革的同时，该行业还会引发其他行业的转型，从而对其他经济部门产生重要的经济与知识溢出效应。

如上所述，如果不开发肥料、灌溉设备、工程和农业机械的生产和制造技术，农业的技术变革就无从谈起。同样，服务、物流和零售的生产力增长很大程度上都要求制造业开发计算、交通和自动化仓储能力。

制造业就像一个学习中心，能对已建立完善内部经济关联的其他行业提供正向溢出效应（张夏准和安德雷奥尼，2014 年）。在过去的二百年里，大部分生产力增长都不仅仅受技术变革所驱动，更受由制造业引发的组织变革所驱动。

此外，大量迹象表明，通过与其他行业建立关联，制造业有可能直接或间接地创造优质岗位，并产生由收入所引发的各种效应。[1] 相应地，制定

1　查阅拉瓦帕和斯兹麦（2012 年）的文献综述。

专栏 5.2 农业转型：巴西案例

在过去的三十年里，就利用政策扩大农业生产而言，巴西已跃升为全球最活跃的国家。该国为扩大农业生产所做的努力以及一系列社会政策（参见第七章）对该国脱贫发挥了重要作用。此外，巴西目前在橙汁、糖类、咖啡、大豆、牛肉、猪肉和鸡肉的生产和出口方面都跻身世界前三，并且正逐渐成为粮食出口大国。就巴西落实的一系列转型政策而言，最重要的一点是有一批中间机构，这些机构培育了农业技术的变革、多元化和升级，对巴西脱贫作出了重要贡献。

巴西是农业研究体系最发达、资金最充裕的发展中国家之一。巴西国家农业研究机构——巴西农业研究公司对此功不可没。巴西农业研究公司成立于 1972 年，是一家上市公司。在成立后的第一个十年，该公司打造了一个覆盖国家和地区农业研究中心的网络。此外，该公司还与美国的大学签署合作协议，让其员工有机会参加研究生培训，以此来提高内部能力。巴西政府表示，从其成立至今，该公司已为巴西农民开发了 9000 多项技术。

巴西农业研究公司最大的成就可能是开发了塞拉多，这是一大片半干旱地区，长久以来一直被认为是贫瘠地区。该公司引进了“新的物种、新的培育、分区和耕作方式，生物固氮方法，养殖牲畜以提供肉类与奶类，种植蔬菜、水果，对作物进行灌溉，还开发了有关塞拉多自然资源基础的知识”（阿尔维斯，2010 年）[1]。通过这些创新，塞拉多地区 2010 年的农业产量占巴西农业总产量的 70%。

另一个重大突破是开发了一个乙醇产业集群，这个集群包括了各种元素，从通过挑选最佳物种、改善种植方式以优化甘蔗生产到甘蔗联合收割机等先进的农业机械，再到电脑控制的甘蔗、乙醇综合提炼厂，不一而足。甘蔗生产优化同样由巴西农业研究公司所引领。整个过程的所有环节目前都由巴西里贝朗普雷图糖类与乙醇集群中的众多公司完成，里贝朗普雷图是巴西一个传统的甘蔗种植中心（马赛多，2006 年）。目前乙醇满足了巴西汽车 1/3—1/2 的交通燃料需求，而乙醇生产则为数十万劳动力提供了就业机会（国际可再生能源机构，2014 年）。目前在巴西，几乎所有的新车都应用了由全球汽车厂商的本地子公司开发和生产的弹性燃料技术。巴西开发乙醇的最初目的是为了保证能源安全，后来乙醇才演变成了从石油中提炼而来的汽油的有力替代物，巴西为此付出了长达 30 年的努力，并最终收获了累累硕果。

目前巴西的农业发展新前沿是应对气候变化。巴西政府联合巴西农业研究公司和私有行业推出一个重大举措，旨在减少农业活动所造成的气候变化。土地使用依然是巴西最大的温室气体排放源。温室气体的排放主要由不断砍伐森林，使其变为农业用地和牧场所致，同时也由于传统耕作方法和化学肥料的使用使土地释放出碳所致。巴西计划到 2020 年将温室气体排放量减少 30% 以上，这其中包括让 2 万多名合格技术人员与 90 万农民接触的大型农业推广计划。

[1] 请访问 http//www. agricultura，gov. br/［2012 年 5 月 18 日］，见巴西农牧业部发布的文章，日期不明。

相关政策宣传优质岗位对制造业的升级和新技术的应用都至关重要（参见专栏 5.3 南非案例）。

中国的汽车行业就是一个颇值得关注的例证。在 20 世纪 80 年代，汽车业被视为国民经济优先发展行业。为扶植处于起步阶段的国内汽车业，

专栏 5.3　南非的制造业与优质工作

在种族隔离时期，尽管一些基于自然资源的上游行业已经得以建立，但南非的产业政策却受到诸多方面的牵制，这些牵制最终破坏了南非产业政策的中长期可执行性（张夏准，1998 年）。种族隔离结束后，新一届南非政府试图制定一个新的产业政策框架（张夏准，1998 年；崔吉纳，2012 年）。新产业政策涉及一系列旨在提高生产力的创新举措，比如投资激励、人力资源开发、研发支持、提供生产方法和国际市场形势资讯等。

政策转变的目的是实现两大目标。第一个目标是实施生产力转型，扩大制造基础，尤其是中端到高端技术的制造基础。第二个目标是政府制定政策，重在通过预计具有较高雇佣强度的经济行业的支持，减少失业和社会紧张。然而，直到最近，制造业对附加值和生产力的贡献仍高于其对就业的贡献。

有鉴于此，南非政府近期推出了一项新的产业政策战略，名为《2013 年至 2016 产业政策行动计划》。该计划旨在进一步增强制造业发展与创造工作岗位之间的互补性。新政策推出了诸多横向举措和各项行业计划。该政策的一个目标是使南非能够高能效地生产和使用可再生能源。而在这方面的初始投资将直接创造至少 20 多万个岗位（玛雅等人，2011 年）。

中国对进口汽车实施进口关税配额管理，20 世纪 80 年代的进口关税高达 200%—300%，90 年代则为 100% －200%（黄［Huang］，2003 年）。外国投资者必须服从包含本地含量要求的规定以及与本土企业建立合资公司的各项规则。90 年代末，中国政府放宽了对外国汽车厂商的准入限制。

尽管这些做法使汽车产量扶摇直上，但是越来越多人认识到需要对汽车业提供进一步支持，以促进雇主与员工在创新实践和培训方面的对话，并充分保证工作稳定性以及员工的健康与安全。员工的意见和集体谈判让工资增长水平得以与《2014 年世界劳工报告：发展与促进生产力增长的就业》提出的水平保持一致，是保证可持续发展和满足总需求的主要因素，而总需求的满足则可惠及各行各业，其中包括汽车业本身。正如第七章所探讨，中国在社会保护方面取得了重大进展，社会保护也可以对改善汽车业劳资关系和拉动国内需求作出重要贡献。

同样令人印象深刻的还有现代可再生能源行业在中国的发展。在全球约 650 万个可再生能源岗位中，中国创造了近 200 万个（国际可再生能源机构，2014 年），其中约有 160 万个是光伏设备制造与安装岗位。中国制定了能源结构中可再生能源的占比目标，其可再生能源行业具有快速学习的能力，同时中国还对培训和人力资源发展进行大量投资——尽管多数由企业自发进行，这些都传递出了一个清晰而稳定的政治信号，正是基于这个信号，中国有效地成为了全球可再生能源制造业的领导者。中国可再生能源行业的员工收入、工作条件和工作满意度都高于传统能源行业（ILS，2010 年）。此外，中国在公共交通基础设施技术方面也获得了突飞猛进，这又是一个十分抢眼的案例。在很短的时间内，中国就在北京和上海等超大城市中建起了世界一流的地铁系统，并部署了庞大的高铁网络，堪称全球最大规模的高铁网络之一。

……让服务业提供大量优质工作机会……

尽管制造业常常是推动生产力增长的一个重要因素，但是其往往无法为农业失业人员和每年进入发展中国家劳动力市场的数百万名新工作者提供充足的优质工作。相反，服务业却有望成为提供新工作的主力军，尽管这些工作中很多都是非正规工作（麦克米伦和罗德里克，2011 年；蒂莫尔和弗里斯，2009 年）。

服务业对经济发展的贡献表现在多个方面。首先，正如制造企业的服务活动可以外包给服务提供商那样，有充分的迹象表明制造业与服务业可以进行互动；同时这些迹象还表明，制造业和服务业之间的技术关联在不断变化，这一点在与生产相关的服务业中尤为明显（帕克，1989 年；帕克和陈［Chan］，1989 年）。此外，由于制造业的发展，收入随之增加，然而这些收入却大量用于服务上，其中包括公共服务、个人服务、零售贸易等（圭列里和梅利恰尼，2005 年）。

其次，除了与制造业建立关联之外，服务业也能成为经济发展的领导行业（罗恩科拉图和库切拉，2013 年）。一些国家，大部分是小国和岛国，均推出了以服务业为主导、由服务出口所推动的发展战略。比如，在斐济、马尔代夫、马耳他、毛里求斯和巴拿马，这一战略被应用于旅游、金融和商业服务。而信息和沟通技术（纽布勒，即将出版）的推广，以及不断下降的交通成本，都对这一过程起到了推波助澜的作用。

事实上，根据信息技术相关服务、软件制作、呼叫中心、后台服务、金融、银行和咨询等商业服务中出现的新机遇，服务业有可能成为一些国家制造业发展的主要补充。布朗等人认为数字化泰勒主义是服务业的一项新技术，有可能带来新一轮的就业机会，以便发展中国家提高商业服务行业的就业率。[1]

最后，也是更为重要的是，教育、健康和金融等一些服务是生产力转型过程中的重要组成部分。教育与健康是公共物品，可以产生重要的正外部性，从而推动结构性变革。埃塞俄比亚培训服务的案例见专栏 5.4。

同样，功能完善的银行与保险系统对各行各业企业的创造与增长十分关键。正如第四章所示，多数发展中国家的国内储蓄均出现了增长，而如何将这些储蓄投资于实体经济，比如为中小企业的建立与扩张进行投资，是决定发展的一个主要因素。一个稳定的以实体经济为导向的银行系统是推动正规企业建立与发展和正规岗位创造的一个重要因素（国际劳工组织，2013b）。

1　据作者们观察，发达经济体的企业会简化、规范和模块化商业流程——同时也以同样的方式对制造流程进行模块化管理。将流程分割成较小的规范性任务后，这些任务就可以转化成数字流程，在电脑上完成。这提高了商业服务的可交易性。那些拥有正确知识结构，并且很大一部分员工都接受过高等教育的国家将能抓住这些新兴机会，并吸引商业服务。布朗等人（2011）得出结论，这些技术加上发展中国家的全球技术网络以及低工资成本但受过高等教育的员工将给发展中国家提供机会，让其能够为国内和国际市场提供数字化商业服务，并吸引企业进行服务外包。

专栏 5.4　埃塞俄比亚的培训服务业

撒哈拉以南非洲地区的许多企业都发现难以找到与岗位要求相匹配的技术员工（安苏和谭［Tan］，2012 年）。有时，员工的地理分布与企业的地理位置不符，或者能力最强的毕业生被海外更好的工作机会和更高的薪资所吸引（参见第 9 章）。其他一些员工，特别是非正规企业的员工则显得有些大材小用。

除了员工大材小用的问题，埃塞俄比亚和其他一些发展中国家一样也面临着一系列教育缺口问题。为了应对这些措施，埃塞俄比亚政府推出了职业培训与技术教育战略，旨在提供以需求为导向的课程和其他服务，以便应对经济的主要结构性变革和认证质量标准。传统的学徒体系也纳入了这一战略。最后，这一国家战略采用了一个真正全面的方法，通过对计划中的每一个具体因素采取行动来改善质量。

由于这个综合计划的实施，埃塞俄比亚国内培训机构的数量目前排名全非第二，其中 30% 是私有培训机构。1999 年至 2007 年间，参加职业培训与技术教育计划的入学人数增加了 55 倍以上，通过这个新系统获得的技能质量和针对性也得以大幅提高（巴拉基和柯纳德，2013 年）。

最后，埃塞俄比亚还在服务业发展的其他方面树立了表率。数十年来，埃塞俄比亚向世人证明，一个相对贫困的国家可以拥有世界一流的服务型企业，比如埃塞俄比亚航空公司。该航空公司一直在坚定地提高内部能力，不仅能够在飞行员和飞行服务方面做到自给自足，而且在飞机维修和飞行员培训方面也能独立进行，同时还拥有最新的机种。对埃塞俄比亚而言，现在的挑战是如何将这一模式在其他行业和企业中复制。

在所有这些案例中，生产力转型都应与政策同步进行，以促进体面工作的创造

如果无法同步创造体面工作，生产力转型过程，也就是发展过程就无法持续。除非创造大量优质工作，否则不充分就业就会成为一个严重问题，生产力低下的问题也会一直持续。有时，经济增长与工资、工作条件以及自营工作者收入的改善程度之间会存在很大差距，这往往与员工流失率上升和社会动荡加剧有关，而后两者可能会造成经济增长不稳定。

生产力转型与岗位质量有很强的关联性。受雇就业在总就业中的比例反映了从事生产力低下的自给农业等传统经济活动之外的工作者或在非正式经济中从事手工业和贸易行业的工作者的比例。受雇就业与提高就业安全性有关。表 5. 1 表明代表生产力转型的一系列变量与受雇就业发生率之间存在关联（纽布勒，即将出版）。制造业在经济中的比例能对受雇就业产生最大的积极影响。其他影响因素包括新技术的普及程度以及服务与采掘业的出口。新加坡就是证明这些研究结果的绝佳例证（专栏 5. 5）。

表 5.1　受雇就业与生产力转型方式的关系估算

IAI	71.819*** （19.594 年）	AGRI	-0.376 （0.278 年）
TAI	30.529 年* （16.389 年）	恒定值	11.134 （12.926）
SERV	0.331** （0.159 年）		
EXTRACT	0.345** （0.134 年）	观测值 F-统计数据	91 14.42***
FOOD	-0.167 （0.173 年）	调整后 R^2	0.47

注：受雇就业（NVE）的比例对 6 个不同变量回归：衡量制造业在经济中的重要性的工业进步指数（IAI）；衡量制造业技术水平的技术进步指数（TAI）；商业服务出口占比（SERV）；不可再生的提取性资源出口占比（EXTRACT）；食品出口占比（FOOD）；农业原材料出口在总出口中的占比（AGRI）。IAI 和 TAI 的值介于 0 和 1 之间，而变量 SERV、EXTRACT、FOOD、AGRI 和 NVE 的值都用百分比表示。标准误显示在括号之中；显著性水平：* 代表 10%；** 代表 5%；*** 代表 1%。

资料来源：纽布勒，2014 年（即将出版）。

第二节　提高竞争力：良性竞争还是恶性竞争？

生产力转型必须考虑外部因素，尤其是竞争力。尽管企业必须努力维持其竞争力，以便保证其自身的财务健康与长期可持续性，如何维持竞争力却需要审视，并必须通过体面工作来评估。2013 年发生在孟加拉的拉纳广场惨剧以最残酷的方式说明，如果企业以不道德的方式获取竞争结果，换言之，如果他们仅专注成本竞争力，而提供难以忍受的工作条件，且无视工作者的健康和安全，就会引发风险。在追求竞争结果的过程中采取恶性竞争的隐性案例在全球不胜枚举，不管是发达国家还是发展中国家，皆是如此。

提高竞争力的不同方法

激励举措至关重要。换言之，如果高管的报酬和股东的收益在很大程度上由短期业务绩效所决定，为了实现激励平衡，企业可能会不惜代价专注于提高短期利润，而非专注于能够促进长期生产力和竞争力提高的更可持续的投资，而后者的好处可能需要更长时间才能显现并且可能不会全部获得。这种为实现成本竞争力而狭隘地专注于短期利润的不道德的方式会让企业面临其竞争结果在社会和道德层面都不被认可的严重风险，从而最终损害企业和经济体的长期竞争前景。

与此相反，也有很多正面的案例，在这些案例中，企业通过良性竞争提高生产力和改善竞争结果。同时，也有很多正面的激励举措案例，这些激励举措旨在引进先进的劳动力实践、改善健康与安全结果、提高员工士气、提高生产力水平、着力推出环境可持续的生产方法，并帮助提高企业

专栏 5.5　技术工人在新加坡经济腾飞过程中发挥的作用

新加坡的优质劳动力经常被认为是促进其经济大获成功的主要因素（如庞［Pang］等人，1989 年）。1957 年新加坡的受教育比率为 52.3%（苏［Saw］，2012 年），低于当今最不发达国家的平均水平。在 1959 年到 1965 年期间，新加坡的平均失业率为 13.9%（布莱克，1967 年）。顾皮赞（1986 年）表示，殖民教育系统是"一种不作为的系统，仅最低程度的满足一些人的需求；殖民者只在利益受到威胁时才会有所行动"（第 80 页）。鉴于每年有 2.5 万—3 万名求职者进入劳动力市场，新加坡认为产业化是防止失业率出现螺旋形上升的唯一方法。新加坡目前的失业率处于亚洲地区最低水平，且其生活水平也处于国际领先水平。

秉持"人民是新加坡唯一的生产资产"这个原则，新加坡政府已开始实施一系列教育与培训举措，这些举措专门针对制造业，旨在更新员工的技能。

为了确保该国的可持续发展，新加坡政府在劳动力塑造方面发挥了重要作用。首先，政策提倡向学生们灌输产业化所必要的知识和技能。学校制度"偏重技术"，十分强调学习数学、科学与技术科目（苏恩，1993 年）。其次，扩大教育基础设施（蒋［Chiang］，1998）。最后，政府培训中心是重要的技能更新来源，在这里，政府和企业与工作者紧密合作。凭借国际劳工组织和联合国提供的财政资助、技术专业知识和机械设备，到 1968 年，新加坡政府已初步建立了 6 家培训中心。新加坡工业与贸易部旗下的职业与技术教育理事会是决策机构，主要根据新加坡产业结构与人力资源需求预测来调整教育与培训（参见洛等人，1991 年）。

竞争力。在企业层面推动体面工作的创造意味着避免在追求竞争结果的过程中采取恶性竞争，转而采用实际的、财务上可行的方式让企业获取竞争结果，同时为员工提供良好的工作条件，并公平地分配因生产力提高和盈利能力改善而获得的收益。要想成功实施良性竞争战略，管理层和员工在工作场所的合作、强大的社会对话、提高人力资源、质量、环境、健康与安全的管理实践至关重要。

如果有国家和行业政策支持，并能获得业务发展支持，个体企业——尤其是中小企业——会很容易实施良性竞争战略。比如，国际劳工组织的柬埔寨优良工厂计划提供培训服务，帮助提升工作者的技能，从而提高他们的生产力并促成企业竞争力的改善。柬埔寨优良工厂计划还监控工厂的歧视、职业安全与健康、结社自由、集体谈判、薪酬与工作时间以及经济绩效等问题。长达十年的绩效监控表明，工作条件改善与竞争力提高和经济效益改善密切相关（参见专栏 5.6）。[1]

发达国家有一批实力强大的中型企业，而在发展中国家，中型企业实力往往较弱或者完全没有，因此需要对此予以特别关注和支持。国际劳工组织一直在支持国家合作机构，以帮助其提高中小企业的竞争力，并推动其融入具有更高附加值的供应链。企业可持续发展项目和生产力综合衡量与改善制度等项目已经成功应用于诸多行业的中小企业之中，这些行业包括农业产业（哥伦比亚切花生产、秘鲁莴苣、智利水果出口和墨西哥糖

1　见 http：//betterfactories. org/［2014 年 5 月 15 日］。

专栏 5.6　柬埔寨优良工厂计划

《美国—柬埔寨双边纺织协定》是一个颇值得关注的案例，因为该协定中包含一条劳动力规定，这条规定明确提到了柬埔寨最重要的一个经济行业需要遵从的国际认可的核心劳工标准。为确保遵从，该协定规定，“美国政府每年都会评估柬埔寨纺织与服装行业是否严格遵从了这项劳动法以及国际标准，并就此作出决定”。[1]这样的决定是美国是否增加对柬埔寨的年度出口配额的依据。

国际劳工组织的柬埔寨优良工厂计划旨在独立监控柬埔寨服装行业的工作场所情况，并就工厂对国内和国际劳工标准的遵从程度进行汇报。为了能够将产品出口至美国，工厂必须选择接受国际劳工组织的检查。[2]该协定制定了积极的激励措施，规定如果工厂遵从协定，他们将获得更多的将纺织产品出口至美国的配额。事实上，柬埔寨工厂每年都在提高遵从度，他们的努力也得到了认可和奖励。他们获得的出口配额最多可增加 14%。

该计划的工厂遵从研究结果被汇报至美国政府，同时还被初步汇报至所有的利益相关方，包括大型服装零售公司，这些公司购买柬埔寨制造的服装，柬埔寨工厂因而受到激励，不仅从宏观层面也从微观层面提高自身的遵从度，以便获得更多的出口配额，同时也为了与向其订购服装的企业保持业务关系。2006 年以后，柬埔寨王国政府及该国服装行业和工会要求，尽管增加出口配额的激励举措已取消，零售商汇报计划也已停止，但柬埔寨优良工厂计划应继续实施。

根据柬埔寨优良工厂计划收集的大量工厂数据，国际劳工组织和独立学术研究人员就该计划对柬埔寨服装行业的工作条件及业务竞争力的影响进行了数次研究，研究结果非常惊人：

- 无论是对拥有对声誉敏感的采购商的工厂，还是对没有这类采购商的工厂而言，柬埔寨优良工厂计划都可提高他们的遵从度，尽管前者的遵从度高于后者。[3]
- 遵从度高的柬埔寨制衣工厂未来存续的几率也高。[4]
- 尼克和罗伯逊（2009 年）发现柬埔寨制衣行业的工作场所事故发生率属该国各行业最低水平。
- 罗西和罗伯逊（2011 年）的研究表明，行业关系的改善（基于店员或联络官的介绍）与后续的职业健康与安全以及加班政策的改善息息相关。
- 罗伯逊（2011 年）发现从绝对意义以及与男性工资相比而言，制衣行业女性的工资提升会带来柬埔寨全国女性工资的上涨。

继柬埔寨优良工厂计划大获成功之后，国际劳工组织又推出了一项优良工作计划，该计划目前在海地、印度尼西亚、约旦、莱索托、尼加拉瓜和越南实施，不久也将在孟加拉推行。优良工作计划每次都是在政府、雇主和员工组织的邀请之下实施的。

[1]请访问 http：//cambodia. usembassy. gov/，查看《美国—柬埔寨双边纺织协定》的全部内容。[2]请访问 http：//betterfactories. org/？page_id = 5082，查看柬埔寨优良工厂计划的历史。[3]罗伯逊，R.；戴基亚，R.；布朗，D.；安，D. “劳动法遵从与人力资源创新：柬埔寨优良工厂计划”，优良工作计划探讨论文系列（国际劳工组织/国际金融公司，日内瓦，2011 年）。[4]布朗，D.；戴基亚，R.；罗伯逊，R. “有效的国际劳工标准案例是否存在?”优良工作计划探讨论文系列（国际劳工组织/国际金融公司，日内瓦，2013 年）。

类）、制造业（印度、中国和印度尼西亚汽车部件制造业、越南家具业）和服务业（南非、墨西哥及泰国的酒店和旅游业）。采用经理和员工培训的方式开展的短期课堂培训，加上旨在支持基层应用的专家下厂参观已让一批关键绩效指标得到大幅改善。这些指标包括质量改善、产品废品率降低、能源和原料效率提高、员工事故率和缺勤率降低。[1] 全球价值链上供应商和采购商的合作以及私有行业与政府的合作对提高上述项目的成本效益、扩大规模至关重要。

从国家层面而言，竞争力对可持续经济增长和经济发展至关重要。国家竞争力，即所谓的系统化竞争力由国家和企业两个层面的因素决定，包括：（1）能源基础设施等基础设施与机构的质量；（2）人口与劳动力的受教育水平、技能水平和健康状况；（3）宏观经济与劳动力市场的表现；（4）商业成熟度与创新；（5）员工与企业采用新技术形式的能力。[2] 尽管这些因素本身并不能保证竞争力，但是它们能对增强经济体的竞争力作出贡献。国家竞争力可以根据这些因素以及招商能力和促进经济可持续增长和生活水平可持续提高的能力等结果指标进行评估。

竞争力更强的经济体往往能够吸引更多的外国投资，而外国投资则是获得先进技术、提高生产力、提升在生产价值链上的位置的一个重要因素，并能提升潜在增长速度、促进经济发展。国家竞争力排名和平均每位工作者获得的外国直接投资之间存在紧密的正相关关系，具体可见表5.2。按照世界经济论坛制定的全球竞争力指数将全球国家分为5等份，以每五分之一的国家内每位工作者获得的外国直接投资的中位数值为例，我们可以发现前两个五分之一的国家[3]内的每位工作者平均获得的外国直接投资是第三、四个五分之一的国家的3倍以上，是最后一个五分之一的国家的13倍以上。

两种衡量岗位质量的方法都显示，在竞争力较差的经济体中，贫穷工作者（每天每个家庭成员的收入低于2美元）的比例相对较高，弱势群体就业的比例也较高。在竞争力最差的五分之一国家中，半数以上的工作者都是贫穷人士，而接近四分之三的人口属于弱势群体就业，但在竞争力最强的五分之一国家之中，贫穷工作者的比例不到10%，弱势群体就业的工作者只有三分之一。如果将中国排除在最具竞争力的五分之一国家之外，差异将更加明显。如果排除中国，在最具竞争力的五分之一国家中，仅0.1%的工作者及其家庭属贫困家庭，而不到10%的工作者属于弱势群体就业。

---

1 见国际劳工组织（2013b）发布在 http://www.ilo.org/wcmsp5/groups/public/---ed_emp/---emp_ent/documents/ project documentation/wcms_226486.pdf［2014年5月18日］的文章。

2 世界经济论坛将竞争力划分为12个主要支柱：机构、基础设施、宏观经济环境、健康与小学教育、高等教育与培训、货品市场效率、劳动力市场效率、金融市场发展、技术就绪、市场规模、商业成熟度与创新。各国在全球竞争力指数中的排名基于其在这些领域中的得分。《2013年至2014年全球竞争力报告》（日内瓦，2013年）。

3 全球竞争力报告指数共涵盖148个国家；然而，由于外国直接投资数据和/或就业数据不足，本书只分析了134个国家。

表 5.2 基于最新年度数据并按照全球竞争力指数的五分法划分的每位工作者获得的外国直接投资、工作性贫穷与弱势群体就业的比例

竞争力排名（2013 年/2014 年）	每位工作者获得的外国直接投资（2012 年，单位：美元）		就业比例（%）		国家分布（%）			
	平均值	中位	就业贫困（低于 2 美元）	弱势就业量	最不发达国家	中低收入国家	新兴经济体	发达经济体
前五分之一	4744	1154	8.7	33.5	0	0	12	89
第二个五分之一	1295	1153	13.8	36.4	0	7	52	41
第三个五分之一	625	397	44.5	62.5	11	30	44	15
第四个五分之一	681	319	40.6	62.8	7	33	41	19
最后一个五分之一	153	87	54.1	72.1	66	30	4	0

注：基于 134 个国家的数据得出。

资料来源：国际劳工组织基于世界经济论坛《2013 年至 2014 年全球竞争力报告》得出的计算结果；世界银行《2013 年世界发展指标》；国际劳工组织 2013 年 10 月发布的《趋势计量经济学模型》。

就按竞争力划分为五等分的全球国家而言，我们所观察到的岗位质量差距多数是因为经济体越发达，其竞争力排名越靠前。最具竞争力的五分之一国家主要由发达经济体组成，还包括两大新兴经济体，即中国和马来西亚。竞争力排名处于第二个五分之一国家主要由发达经济体和新兴经济体组成，还包括两大中低收入国家，即印度尼西亚和菲律宾。三个全球最不发达国家（柬埔寨、老挝共和国和卢旺达）属于竞争力排名处于第三个五分之一国家，这一类别多数是由新兴经济体和中低收入国家组成。在排名垫底即竞争力最差的五分之一国家中，三分之二是最不发达国家。这些数字显示，我们所预计的各国的竞争力与其发展水平相关。尽管如此，一些最不发达国家和中低收入国家已经成功提高了其竞争力排名，并吸引了较多的投资，而这些投资则反过来可以推动增长以及新能力的获得。

与企业一样，经济体也可以采取良性竞争和恶性竞争来提高自身的生产力和竞争力。正如 2007 年国际劳工会议可持续企业结论所强调，体面工作议程是为企业提供有利环境的框架，也是设计合适政策确保竞争结果基于强大且可持续的基础之上的框架。国际劳工标准是在寻求提高国家竞争力的过程中防止恶性竞争的一个重要工具；然而，必须采纳并有效执行支持这些标准的国家法律（参见第 6 至第 7 章）。得到员工、雇主和政府之间有效的三方对话所支持的稳健的劳动力市场机构对确保以最大化社会福利的方式实现竞争结果至关重要。有意义的社会对话可以有效成为竞争力的来源，因为更为稳定、更为和谐的工作环境有助于提高生产力水平、提高稳定性和吸引额外投资。

然而，不同发展阶段的经济体在提高竞争力、促进体面工作的创造这个过程中面临着不同的挑战，承认这一点也同样非常重要。在人均 GDP 水平较低的国家，政策制定者应该专注于公共投资，这会带来长期的生产红利。这些红利包括教育体系质量的改善、完成中小学教育学生比例的提高，还包括交通、能源和通信基础设施的改善和行政流程的简化，而行政流程的简化可以让企业以更低的成本和更少的损失推出产品。对正向中间阶段发展的经济体而言，将基础夯实非常重要；但是企业也必须竭尽全力提高其效率。投资管理能力、工作场所合作以及上文所述的工作者培训计划可以提高员工士气，同时提高工作场所——尤其是中小企业——的生产力和盈利能力。在较高发展阶段，中小企业对全面提高一国竞争力至关重要。[1]

贸易与投资协定中的劳动力条款是避免恶性竞争的一个方式，其重要性正日益突出

越来越多的国家认为，劳动力和环境条款是双边与地区贸易框架、投资协定和单边贸易优先计划的一个重要组成。这一点从越来越多包含劳工标准条款的类似安排的推出以及这些协定涵盖越来越多的发展中国家上便可见一斑。2005 年有 21 个双边贸易协定涵盖劳动力条款；到 2013 年 6 月，这一数字已经几乎增加了两倍，共有 58 个双边贸易协定涵盖劳动力标准（图 5.1）。[2] 欧盟和美国的普惠制均提到劳工标准，但实施机制却大相径庭。

劳动力条款在不断增多，不仅涵盖在欧盟、美国和加拿大等传统老牌经济体签署的协定之中，智利、中国、欧洲自由贸易联盟成员国、日本、新西兰和秘鲁等国家也越来越多地在其经济治理（即贸易与投资）协定中加入劳动力条款。到 2013 年 6 月，已有 16 个南南协定中涵盖劳动力条款，而在 2005 年，这一数字仅有一半（图 5.2）。

过去两年里，劳动权利等涵盖范围更广的社会经济关切也在国际投资协定中日益受到重视。

经济治理协定中的这一政策发展要归因于两大因素。第一，全球已经认识到，可持续发展必须要经济、社会和环境三个维度共同进步，这一点已在 2012 年联合国可持续发展大会（联合国 2012 年）的结果文件中得以强调。第二，就人权而言，劳动力条款的制定旨在提供另外一个有效的手段，以推动和/或实现与国际劳工标准的一致。

经济治理协定的劳动力条款在规范性内容方面有诸多相似之处。特别是，这些劳动力条款普遍都参考 1998 年发布的《国际劳工组织关于工作中基本原则和权利宣言》及其有关各国不得降低、放弃或背离国内劳动力法规以吸引外国贸易或投资，也不得利用劳工标准达到保护主义目的的承诺。各界在促进性条款更有效，还是条件性条款更有效的问题上莫衷一是，而且双方的支持者人数都大幅上升。然而就实施机制而言，不同国家有不同的方法，从劳动力事务技术合作，到监控，到正规的纠纷解决机制，不一而足。

1　参见国际劳工组织（2008 年）。

2　国际劳工组织，2013 年，《自由贸易协定的社会维度》。

图 5.1　1990 年至 2013 年涵盖劳动力条款的双边与地区贸易协定数目

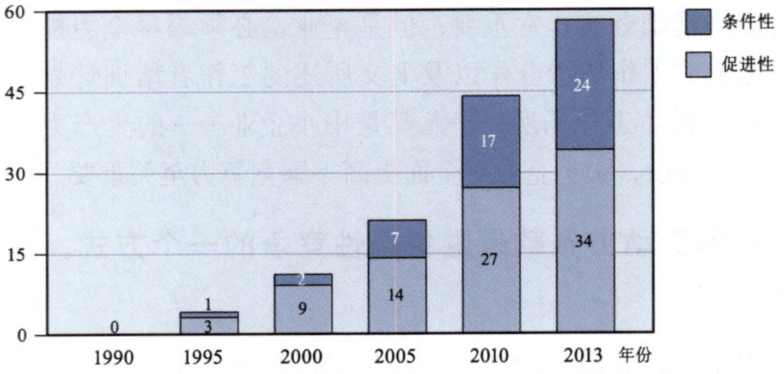

注：请参阅资料来源正文查看条件性劳动力条款和促进性劳动力条款的定义。

资料来源：国际劳工研究所（2013a）。

图 5.2　1990 年至 2013 年涵盖劳动力条款的南南贸易协定数目

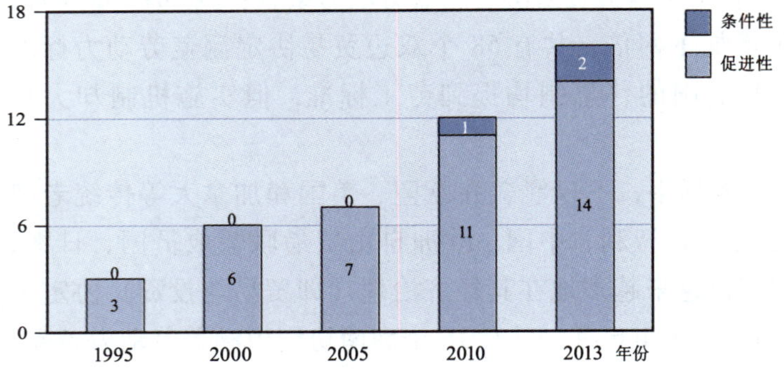

注：请参阅资料来源正文查看条件性劳动力条款和促进性劳动力条款的定义。

资料来源：国际劳工研究所（2013a）。

第三节　结论

本章的论证，包括有关成功实现生产能力升级的国家的案例研究，表明要谋求发展，就要制定战略，以实现经济基础的多元化并提供更多创造优质岗位的机会。尽管各国的发展情况需要纳入考量——这意味着没有单一的发展道路可以遵循，本章为处于不同发展阶段的各国提供了成功案例，这些成功案例运用不同的方法实现经济多元化，并对最具潜力的行业进行具体干预。各国面临的自然资源短缺和环境限制可以变成发展机遇和新兴经济体的优势，只要他们抓住技术“腾飞”的契机并将发展建立在最新和最有效的技术之上。

这些研究结果进一步揭示了发展中国家政府的重要作用。常规来讲，选择性干预与针对性支持将会导致扭曲与经济失效。然而在现实中，无论有意无意，所有的政策方法都有一定程度的针对性（张夏准和安德雷奥尼，2014 年）。

本章介绍了在贸易逐步自由化与多边承诺的情况下采用审慎多元化战略取得成功的经验。

生产力转型需要包括支持性的宏观经济政策在内的旨在扶持企业的环境来支持。数个拉美国家的经验都强调，发展战略与私有行业配合，有可能促成生产多元化，同时发展战略还有可能改善企业面临的环境，并同时确保充足的总需求，特别是通过逆周期宏观经济政策来实现这一目标。这些国家还成功地通过精准的资本控制来管理不稳定的资本流并使汇率保持可预测性与竞争力（萨拉扎等人，2014 年；奥坎坡，2014 年）。

最后，为成功实现生产力转型，着力创造优质工作也至关重要。事实上，如果不采取积极措施应对农业和中小企业生产力低下、恶劣的工作条件以及普遍的非正规就业等问题，就不可能实现经济多元化。正如国际货币基金组织近期的研究表明，[1] 如果社会不平等加剧，或者自然资源或土地所有者的寻租行为继续不受控制，可持续的强劲增长就会面临风险。

参考文献

Alves, E. 2010. *Embrapa: A success story of institutional innovation* (Brasilia, Brazilian Agricultural Research Corporation (EMBRAPA)).

Andreoni, A. 2013. *Manufacturing agrarian change. Agricultural production, intermediate institutions and intersectoral commons: Lessons from Latin America.* PhD Thesis, Third Essay (Cambridge, University of Cambridge).

Ansu, Y.; Tan, J.P. 2011. "Skills development for economic growth in sub-Saharan Africa: A pragmatic perspective", in A. Noman, K. Botchwey, H. Stein and J.E. Stiglitz: *Good growth and governance in Africa: Rethinking development strategies* (Oxford, Oxford University Press).

Baraki, A.H.; van Kemenade, E. 2013 "Effectiveness of technical and vocational education and training (TVET): Insights from Ethiopia's reform", in *The TQM Journal*, Vol. 25, No.5, pp. 492–506.

Better Factories Cambodia (BFC)program. Available at: http://betterfactories.org/ [16 May 2014].

Blake, D.J. 1967. *Employment and unemployment in Singapore* (Singapore, Economic Research Centre, University of Singapore).

Brown, P.; Lauder, H.; Ashton, D. 2011. *The global auction: The broken promises of education, jobs, and incomes* (New York, NY, Oxford University Press).

Cambodia, Royal Government of; United States of America, Government of. 1999. *Cambodia Bilateral Textile Agreement* (Phnom Penh). Available at: http://khmer.cambodia.usembassy.gov/media2/pdf/uskh_texttile.pdf [16 May 2014]

Chang, H.J. 1998. "Evaluating the current industrial policy of South Africa", in *Transformation*, No. 36.

—. Andreoni, A.; Kuan, M.L. 2014. "Productive capabilities transformation: Institutions, linkages and policies for manufacturing growth and productive employment", background paper prepared for *World of Work Report 2014: Developing with Jobs* (Geneva, ILO).

Chiang, M. 1998. *From economic debacle to economic miracle: The history and development of technical education in Singapore* (Singapore, Times Editions).

Dobbs, R.; Oppenheim, J.; Thompson, F.; Brinkman, M.; Zornes, M. 2011. *Resource revolution: Meeting the world's energy, materials, food, and water needs* (New York, McKinsey Global Institute).

Fundacion Chile. 2005. *Fundación Chile: 29 years fostering innovative business development in key Chilean clusters*, paper presented at the workshop on Generating and Sustaining Growth without Picking Winners: Case Studies of New Industrial Policy Organizations, World Bank Institute, Washington DC, 13 Jun.

Gopinathan, S. 1986. "Education in Singapore 1959–1984", in C.W. Ng (ed.): *Singapore: Taking Stock: Readings in General Paper* (Singapore, Federal Publications), pp. 79–96.

Guerrieri, P.; Meliciani, V. 2005. "Technology and international competitiveness: The interdependence between manufacturing and producer services", in *Structural Change and Economic Dynamics*, Vol. 16, No. 4, pp. 489–502.

Hausmann, R.; Hwang, J.; Rodrik, D. 2005. *What you export matters*, CID Working Paper No. 123 (Cambridge, MA, Center for International Development (CID) at Harvard University).

1　参见奥斯特里等人，2014 年。

Huang, Y. 2003. *Selling China: Foreign direct envestment during the reform era* (New York and Cambridge, Cambridge University Press).
Imbs, J.; Wacziarg, R. 2003. "Stages of diversification", in *The American Economic Review,* Vol. 93, No. 1, pp. 63–86.
International Bank for Reconstruction and Development. 2011. "Growing food, products, and businesses: Applying business incubation to agribusiness SMEs", in *infoDev*, Oct. (Washington, DC, World Bank).
International Institute for Labour Studies (IILS). 2012. *Tunisia: A new social contract for fair and equitable growth*, Studies on Growth with Equity (Geneva, ILO).
—. 2013a. *Social dimensions of free trade agreements*, Studies on Growth with Equity (Geneva, ILO).
—. 2013b. *World of Work Report 2013: Repairing the economic and social fabric* (Geneva, ILO).
International Labour Office (ILO). 2006. *ILO Tripartite Declaration of Principles concerning Multinational Enterprises and Social Policy* (Geneva).
—. 2008. *Labour and social trends in ASEAN 2008: Driving competitiveness and prosperity with decent work* (Bangkok, ILO Regional Office).
—. 2012. *Working towards sustainable development: Opportunities for decent work and social inclusion in a green economy* (Geneva).
—. 2013a. *Sustainable development, decent work and green jobs*, Report V, International Labour Conference, 102nd Session, Geneva, 2013.
—. 2013b. *SCORE: Sustaining competitive and responsible enterprises*. Phase I final report.
Institute for Labor Studies (ILS); Chinese Ministry of Human Resources and Social Security (MOHRSS). 2010. *Study on green employment in China*, Mar. (Beijing, ILO Office for China and Mongolia).
International Renewable Energy Agency (IRENA). 2014. *Renewable Energy and Jobs* (Abu Dhabi).
Lall, S. 1995. "Malaysia: Industrial success and the role of the government", in *Journal of International Development*, Vol. 7, No. 5, pp. 759–773.
Lee, E. 2014. "The role of agriculture in developing countries", background paper prepared for *World of Work Report 2014: Developing with Jobs* (Geneva, ILO).
Low, L; Heng, T.M.; Wong, S.T. 1991 *Economics of Education and Manpower Development* (McGraw-Hill)
Macedo, I.C. 2005. *Etanol combustivel: balance e perspectivas* (Campinas, University of Campinas).
Maia, J. et al. 2011. *Green jobs: An estimate of the direct employment potential of a greening South African economy* (Industrial Development Corporation, Development Bank of Southern Africa, and Trade and Industrial Policy Strategies).
Malaysian Palm Oil Board (MPOB). 2013. *Malaysian Oil Palm Statistics 2012* (Kelana Jaya Selangor, Malaysia).
McMillan, M.S.; Rodrik, D. 2011. *Globalization, structural change and productivity growth*, NBER Working Paper No. 17143 (Washington, DC, National Bureau of Economic Research (NBER)).
Neak, S., Robertson, R. 2009. "Globalization and working conditions: Evidence from Cambodia", in *Globalization, wages, and the quality of jobs* (Washington, DC, World Bank).
Nübler, I. 2014. "Capabilities for productive transformation: Learning to catch up", in J.M. Salazar-Xirinachs, I. Nübler, R. Kozul-Wright (eds): *Getting industrial policies right for growth, jobs and learning* (Geneva, ILO and UNCTAD).
—. Forthcoming. *Capabilities, productive transformation and development: A new perspective on industrial policies* (Geneva, ILO).
Ocampo, J.A. 2014. "Latin American structuralism and production development strategies", in J.M. Salazar-Xirinachs, I. Nübler, R. Kozul-Wright (eds): *Getting industrial policies right for growth, jobs and learning* (Geneva, ILO and UNCTAD).
Organization for Economic Cooperation and Development (OECD). 2012. *Skills development pathways in Asia* (Paris).
—. 2012. *Environmental outlook to 2050: The consequences of inaction* (Paris).
Ostry, D.J.; Berg, A.; Tsangarides, C.G. 2014. *Redistribution, inequality, and growth*, IMF Discussion Note SDN/14/02 (Washington, IMF).

O'Sullivan, E.; Andreoni, A.; Lopez-Gomez, G.; Gregory, M. 2013 "What is new in the new industrial policy? A manufacturing system perspective", in *Oxford Review of Economic Policy*, Vol. 29, No. 4.

Pang, E.F.; Lim, L.Y.C. 1989. "High tech and labour in the Asian NICs", in *Labour and Society*, Vol. 14, special issue, pp. 43–58.

Park, S.-H. 1989. "Linkages between industry and services and their implications for urban employment generation in developing countries, in *Journal of Development Economics*, Vol. 30, No. 2, pp. 359–379.

—. Chan, K.S. 1989. "Cross-country input-output analysis of intersectoral relationships between manufacturing and services and their employment implications", in *World Development*, Vol. 17, No. 2, pp. 199–212.

Pletcher, J. 1991. "Regulation with growth: The political economy of palm oil in Malaysia", in *World Development*, Vol. 19, No. 6, pp. 623–636.

Robertson, R. 2011. *Apparel wages before and after Better Factories Cambodia*, Better Work Discussion Paper Series No. 3 (Geneva, ILO).

—. Dehejia, R.; Brown, D.; Ang, D. 2011. *Labour law compliance and human resource innovation: Better factories Cambodia*, Better Work Discussion Paper Series (Geneva and Washington, ILO and International Finance Corporation (IFI)).

Rodrik, D. 2009. *Growth after the crisis*, Discussion Paper Series No. 7480 (London, Centre for Economic Policy Research (CEPR)).

Roncolato, L.; Kucera, D. 2013. "Structural drivers of productivity and employment growth: A decomposition analysis for 81 countries", in *Cambridge Journal of Economics*, Vol. 38, No. 2, pp. 399–424.

Rossi, A.; Robertson, R. 2011. *Better factories Cambodia: An instrument for improving industrial relations in a transnational context*, Working Paper No. 256 (London and Washington, DC, Center for Global Development).

Salazar-Xirinachs, J.M.; Nübler, I.; Kozul-Wright, R. (eds). 2014. *Getting industrial policies right for growth, jobs and learning* (Geneva, ILO and UNCTAD).

Saw, S.H. 2012. *The Population of Singapore* (Singapore, Institute of Southeast Asia Studies).

Simeh, A.; Tengku Mohd Ariff, T. 2001. *The case study on the Malaysian palm oil*, paper presented the United Nations Conference on Trade and Development (UNCTAD) Regional Workshop on Commodity Export Diversification and Poverty Reduction in South and South-East Asia, Bangkok, 3–5 Apr.

Soon, T.W. 1993. "Education and human resource development", in L. Low, M.H. Toh, T.W. Soon, K.Y. Tan and H. Hughes: *Challenge and response: Thirty years of the Economic Development Board* (Singapore, Times Academic Press), pp. 235–269.

Timmer, M.L.; de Vries, G. 2009. "Structural change and growth accelerations in Asia and Latin America: A new sectoral data set", in *Cliometrica, Journal of Historical Economics and Econometric History*, Vol. 3, No. 2, pp. 165–190.

Tregenna, F. 2012. "Sources of subsectoral growth in South Africa", in *Oxford Development Studies*, Vol. 40, No. 2, pp. 162–189.

Tsogas, G. 1999. "Labour standards in international trade agreements: An assessment of the arguments" in *International journal of Human Resources Management*, Vol. 10, No. 2, pp. 351–375.

United Nations (UN). 2012. *The future we want*, Rio+20 United Nations Conference on Sustainable Development, Rio de Janeiro, 20–22 Jun.

—. 2013. *UN ComTrade Database* (New York).

World Bank. 2008. *World Development Report: Agriculture for development* (Washington, DC).

—. 2012. *Inclusive green growth: The pathway to sustainable development* (Washington, DC)

–. 2013. *World Development Indicators Database* (Washington, DC).

World Business Council for Sustainable Development. 2010. *Vision 2050: The new agenda for business* (Geneva).

World Economic Forum. 2013. *The Global Competitiveness Report 2013–2014* (Geneva).

第六章
劳动和社会保障制度

最新趋势及其对发展的影响

引言

正如第五章所强调的，发展是一个动态的过程。经济增长是发展的关键，但就发展本身而言，仅靠经济增长是不够的。还必须有政策和制度作保证，将经济增长的本质转化为改善和共享整个社会福利，没有任何一个群体掉队。合理完善的劳动力市场和社会制度对于这一目标的实现至关重要。

本章从发展的角度分析了劳动政策和制度的作用。本章首先对这些制度进行了定义并提出了整体分析框架（第一节）。然后本章回顾了部分劳动制度的近期动向（第二节）。社会保障制度将在第七章中单独论述。最后，本章探讨了如何制定适用于非正规工作者的劳动和社会保障制度（第三节）。另外还就具体国家实例中出现的政策问题进行了分析。本章结尾对主要研究结果和政策意义进行了总结。

第一节　制度与发展

劳动力市场在影响其运行方式的市场与“非市场”制度、规范与实践组成的网络中发挥作用，同时也受到这一网络的影响（伯格和库塞拉，2008 年，第 11 页）。

本报告将影响劳动力市场制度分为两类（图 6.1）。第一类包括规范和实践，这些规范和实践通过其对企业行为、工作环境和就业的影响直接给工作场所施加影响。具体包含对劳动合同、工资、工作时间、福利、职业安全和健康、多种“积极”劳动力市场政策及雇主和工作者自行组织的权利作出规定的制度。

图 6.1　劳动和社会保障制度：一种说明性分类法

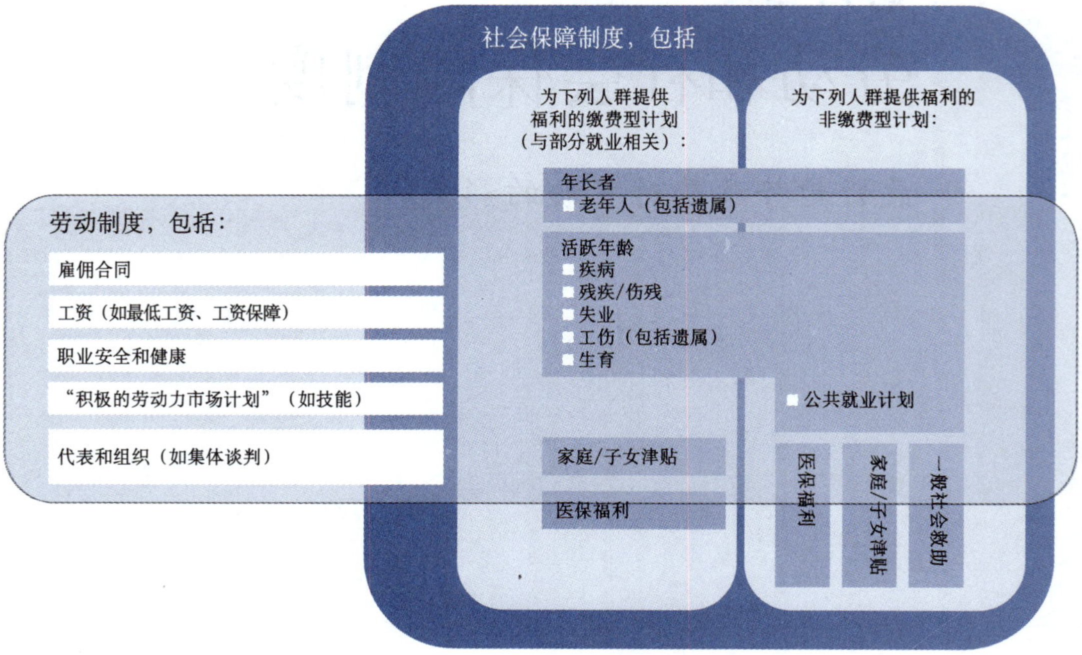

第二类包括旨在为人口提供收入保障和医保机会的社会保障制度。图 6.1 显示了按福利或职能的覆盖范围以及可提供这些福利的计划类型（如缴费型计划或非缴费型计划）划分的社会保障范围。劳动力市场结构，以及正规就业与非正规就业或非典型就业的规模，在某种程度上塑造了为不同群组提供福利所需的机制。反过来，社会保障机制可能会给劳动力市场带来重大影响。当社会保障机制通过缴费型计划和以就业为基础的计划为劳动适龄人口提供福利时，它与劳动力市场的直接关系表现得最为明显。比如，失业、生育或工伤福利对于构建劳动力市场发挥作用的方式也具有重要意义，劳动力市场通过对收入保障、工作激励和劳动成本施加影响来发挥作用。其他社会保障福利（如养老金、子女津贴和医疗）也通过影响劳动力市场参与率发挥作用。总体来说，社会保障制度提供的“收入保障”的程度是决定劳动力市场表现和工作者福利的重要因素。第 7 章将对这些问题进行详细的阐述。

这些机制是如何对劳动力市场施加影响的，目前存在两种相反的观点（弗里曼，2009 年）。其中一种观点认为，市场中的制度干预可能会扭曲资源配置、破坏生产率和效率。因此，虽然这类制度有良好的预定目标，仍有可能给社会造成净损失，比如就业方面的净损失。在某种程度上，这一观点认为这些制度可能会提高部分群体的就业质量，但可能会给整体的就业人数造成影响。因而在就业机会的数量和质量间会形成取舍关系，工作机会短缺的发展中国家应优先考虑就业容量问题。

另一种观点认为劳动力市场并不完善，无法像其他市场一样发挥作用，原因是“劳动力不是一种商品”。劳动和社会保障制度在促使不完善的劳动力市场更高效、更公平地发挥作用方面不可或缺，有利于社会发展（迪肯，2011 年）。如果这些制度能够解决市场失灵的问题，那么它将对就业产生积极影响，而且，这些制度对提高弱势工作者群体的就业质量大有帮助。

专栏 6.1　民主地发展：外国直接投资实例（FDI）

正如森所提出的，发展不仅仅是指狭义的经济增长，而应被视为一个“扩大人们所享受的真正的自由的过程”（1999 年，第 3 页）。与限制权力或工资的观点不同，这种全面的发展观能够刺激经济更快速地增长。

阿西度和利恩（2011 年，第 99—111 页）在近期的一项实证证据分析中得出了结论，12 项相关研究中有 11 项表明民主制度对外国直接投资的影响很小，但多数情况下，这种影响都是积极的，外国直接投资是经济增长的重要组成部分，如第二章第一节所述。近期库西拉和普林西比（2014 年，第 1—23 页）进行的研究发现，民主制度对外国直接投资的影响是积极的，在服务部门的表现尤其明显。

虽然研究发现总体而言，这种影响是积极的，但也存在例外情况，其中尤其突出的是采矿业和石油天然气开采业。对这些产业来说，民主和外国直接投资之间呈负相关关系（从统计学上看这种负相关没有重大意义）。这说明虽然民主和外国直接投资大体上可能呈正相关关系，但是这种趋势可能仅在特定行业和国家才会出现，可能取决于国家对这些自然资源产业的依赖程度（兰吉尔，2009 年，第 47—82 页）。

相关人士在不断开展的实证研究中对这些截然不同的观点进行了探讨。在这点上，从实证证据中得出主要结论是劳动和社会保障制度的效果关键取决于政策的制定及实施的方式（经济合作与发展组织，2013 年；世界银行，2013 年；伯格，即将出版；李和麦肯，2013 年）。一些证据表明取舍概念只是一个错误的对立概念，对于政策响应或分析毫无帮助（专栏 6.1）。

本报告采纳的观点认为有效的劳动和社会保障制度是实现效率和平等目标以及广泛发展的必要条件。但是应该注意重点应放在“有效”上。制度的运行可能不同于预测或预期的情况。其中有三个非常重要的因素（李和麦肯，2013 年）：

- 设计：制度，尤其是法律的制定往往并不健全，其原因包括缺乏针对性、缺乏必要的制度细节、与政策制定不一致或政治经济限制；
- 实施：即便是设计合理的制度和政策也需要有适当的实施机制。这一点对于实施结构薄弱（例如缺乏人力资源和财力资源）或存在腐败问题的国家来说尤为重要；
- 制度的一致性：必须考虑不同制度间的相互作用。例如，农村就业计划或有条件的现金转移可能需要不同层级的制度支持；现有基础设施可能会阻碍提供相关服务。

第二节　劳动制度

劳动制度的目的是直接对工作场所施加影响，尤其是通过对企业行为、工作和就业环境的塑造施加的影响。本节对近年来受到争议的几项重要的劳动制度进行了分析：最低工资、工作时间、集体谈判和就业保护。

最低工资

最低工资制度为收入结构设定了一个底线，以实现为工资分配底层的工作者提供保护的目的（国际劳工组织，2008 年，第 34 页）。这是一种直接干预劳动力市场的制度。可以说这是一个全球性的制度，全世界超过 90% 的国家均设有不同的最低工资机制（国际劳工组织，2013b；另见图 6.2）。

近年来，最低工资受到的关注和支持与日俱增（国际劳工组织，2013a），其原因有二。首先，许多国家的工资不平等问题不断加剧，大多数国家的就业贫困人口（即生活贫困的在职工作者）呈现上升趋势。其次，近期，越来越多的实证证据表明，从总体上看，最低工资对就业的影响并无任何倾向，与此前的理论预测和一些声称最低工资会给就业带来负面影响的研究结果相抵触。这些研究结果引发了许多分析家和政策制定者对制定或提高最低工资的措施的支持（经济合作与发展组织，2013 年；国际劳工组织，2010 年；世界银行，2013 年；贝特切曼，2014 年）。

各国的最低工资水平各不相同，这在很大程度上取决于经济发展的水平。图 6.2 显示，截至 2012 年，最低工资范围从每月不足 50 美元（接近每天 1.25 美元的全球极端贫困水平）到 1000 美元或以上（有些情况下是为此数额的数倍，如法国）不等。总体上说，非洲国家的最低工资水平最低，欧洲国家享有最高的最低工资水平。

除基本水平外，对最低工资水平与平均工资和中位工资的比率进行估量也非常重要。图 6.3 显示了不同国家的最低工资与平均工资的比率（通

图 6.2　最低月工资，2012 年（各地区的分配%，美元）

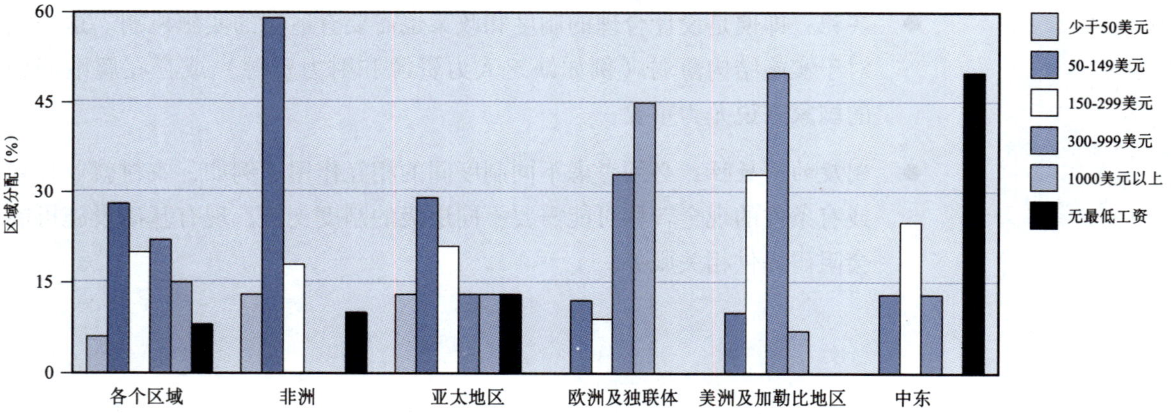

资料来源：国际劳工组织，2013b。

图 6.3　最低工资，2011 年或最近一年（占平均工资的百分比）

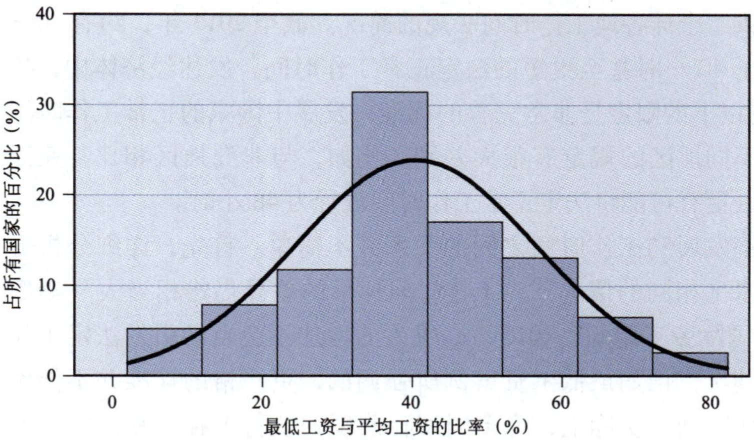

资料来源：国际劳工组织全球工资数据库（含 77 个国家的数据）。

常被称为凯茨指数）[1]。重要的问题出现了。首先，并不存在普遍适用的“最佳”最低工资水平。最低工资的“最佳性”取决于各国的国情，更重要的是，取决于社会对话（国际劳工组织，2008 年；国际劳工组织，2014 年；李，2010 年；贝尔塞和索贝克，2012 年）。但大多数国家的最低工资均达到其平均工资的 40%—60%。这里的另一个疑问就是最低工资是否存在“过低”或“过高”的问题。只有极少数国家的最低工资与平均工资的比率很低，且在少数案例中，最低工资不足平均工资的 20%。在两者比率如此之低的情况下，最低工资并不能提高工资分配的公平性，也不太可能预防就业贫困。相反，如最低工资水平接近平均工资，则可能难以落实，所以作为目标群体的低薪工作者仍然可能无法从中受益。证据显示，过高和过低这两个极端均与较高的低工资发生率有关（李和索贝克，2012 年）。以上每个问题都显示了完善的制度设计和设置最低工资水平的协商过程的重要性。

实施是影响最低工资有效性的另一个重要因素。即使设定了合理的最低工资水平，也会出现未充分实施或执行不力的情况。对于发展中国家最低工资实施情况的近期研究显示了大量的违规行为并且提出了仅通过更有效的实施（无需提高最低工资水平）即可大幅改善工资条件的可能性（拉尼等人，2013 年）。第三节将对这一问题进行详细阐述。

工作时间

劳动法对于超时工作的限制是保护工作者健康的历史最悠久的制度之一。其中包括对正常工作时间、加班和非正常工作时间（如夜间和周末工作）的规定。工作时间的减少还被视为分享经济发展的一个主要途径[2]。工

1　中位工资更适用于此类分析，但因数据限制此处以平均工资替代。

2　由于此类目标的重要性，工作时间规定一直被认为不受纯经济考量的影响（如欧盟工作时间指令）。但近年来，工作时间制度的范围已开始放宽，以便工作者有足够的时间用于无偿工作和休闲生活，特别是让工作者实现工作和家庭生活的平衡。同时，企业对工作时间配置方式的灵活性的要求日益提高。而且，一些工作时间政策（如兼职工作）的制定旨在提高代表人数不足的群体（尤其是女性）的就业人数（国际劳工组织，梅辛杰，2011 年；费根等，2013 年）。

作时间已成为发展中国家政策辩论的焦点（李和麦肯，2011 年）。

图 6.4 提供了全球各地工作时间法规的简况。截至 2013 年，约有 40% 的国家已设置了 40 小时甚至更短的法定正常工作时间。发达经济体中，40 小时或 40 小时以下的限定是非常完善的标准，发展中国家的正常工作时间通常更长，且不同地区的规定有很大差别。比如，与非洲地区相比，亚洲和拉丁美洲地区更有可能将法定正常工作时间设置为 48 小时。

但是，经济发展和工作时间之间的关系并不简单。首先，详细分析显示即便在收入水平相同的情况下，工作时间标准的差异仍然相当大（李等人，2007 年；国际劳工组织，2013b）。收入的增加不会自动引发法定工作时间的缩短。其次，正如最低工资案例所强调的，更严格的标准并不能保证缩短实际工作时间。实际上，许多国家在制度的执行上存在相当大的差距，因此无法明确法定工作时间和实际工作时间的关系。

为了分析两者的关系，我们对“过度”工作时间（定义为每周工作时间超过 48 小时）[1] 发生率进行了计算，其发生率与人均国民收入相关。如上所述，几乎所有国家都将其法定正常工作时间设定为 48 小时或更低，且人们通常认为高收入意味着过度工作时间发生率的降低。图 6.5 显示这两个变量间存在着负相关关系。但从统计学上来看，两者的相关性并不显著。事实上，目前明确的是，在类似的收入分组（如位于图 6.5 中间部分分组中的国家）中，过度工作时间发生率有相当大的差别（从不足 5% 到 40% 以上不等）。这些结果表明经济增长和工作时间之间不存在一对一的关系，而是存在着多种能决定工作时间的制度设计和实施方案。因此，正如最近一项实证证据所提出的，工作时间长可能会降低生产率和企业绩效（戈尔登，2012 年），这一点必须特别注意。换句话说，就生产率而言，额外的工作时间带来的回报往往更低，这意味着企业的生产率几乎得不到增长。[2]

图 6.4　每周工作时间的法定限制（正常时间）

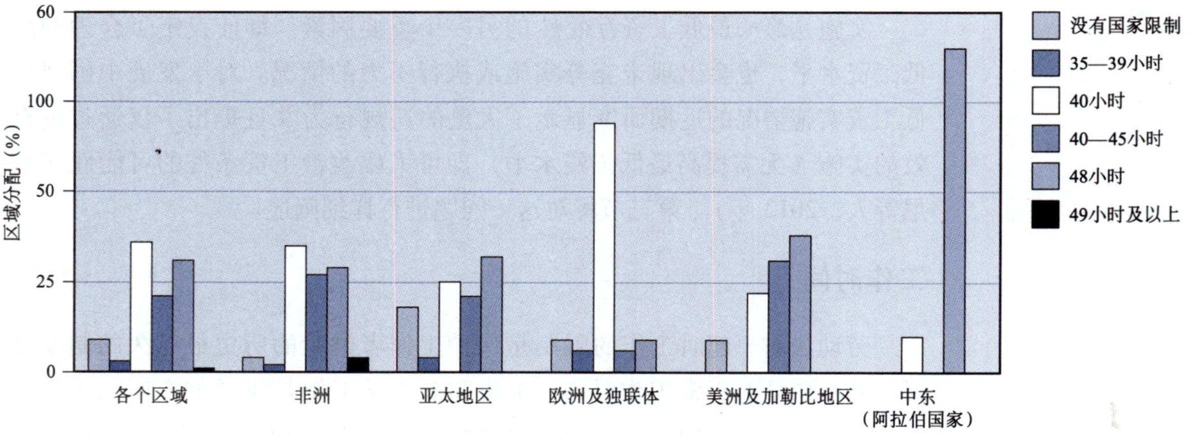

资料来源：国际劳工组织，2013b。

1　每周工作时间超过 48 小时（实际工作时间）的工作者所占比例是依据国家统计资料对约 60 个国家进行计算得出的（参见表 3.4，李等人，2007 年）。

2　依据 2011 年塞特等人的研究成果，如果平均工作时间已经很长（如每年超过 2000 个小时），那么工作时间每增加 1% 可导致生产率下降近 1%。

图 6.5　经济发展与每周超出 48 小时的"过度"工作时间发生率，2012 年或最近一年（占总就业人数的比重）

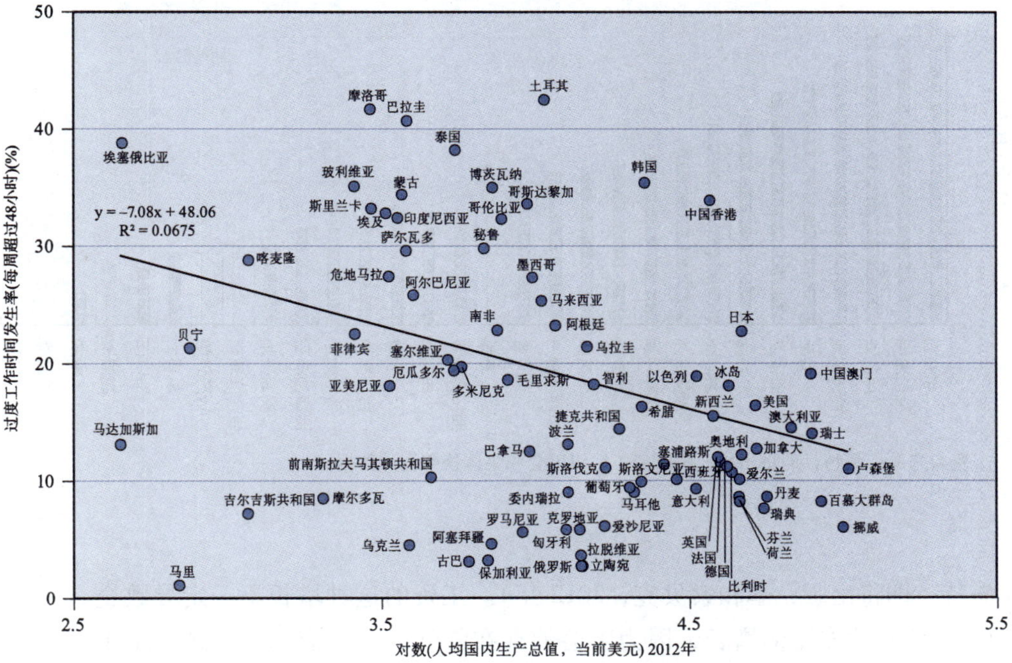

资料来源：国际劳工组织 STAT 数据库工作时间数据（2014 年 4 月 4 日检索）；世界银行数据库收入数据。

简言之，制度对于工作时间的制定具有重要意义，但制度的影响取决于相关法律的制定、在工作场所的实施办法以及为制度调整和实施所进行的谈判和对话（国际劳工组织，2011 年；李和麦肯，2011 年）。此外，本领域的制度失灵并不少见。就制度设计方面，较短的正常工作时间标准有时与松懈的监管并存，或者根本不存在加班时数监管（部分非洲国家存在这种情况），这种情况可能会延长加班时数，进而使工作时间延长。如果将针对部分工作者（如未注册中小型企业工作者）的例外情况考虑在内，那么类似的状况也会出现，这部分工作者可能在总就业人数占据相当大的份额。在政府落实制度的能力及资源有限且雇主和工作者组织发展不充分的情况下，合规性也是一个问题。

集体谈判

集体谈判是一种使雇主和工作者共同影响劳动力市场运行的特殊而强大的机制。组织权被视为人权的重要组成部分。虽然如此，关于组织权的经济影响仍然存在争议，在发展中国家也是如此。有人认为工会在追求特定群体的利益时可能会牺牲其他群体（如无组织的工作者）的利益。还有人认为集体谈判能够解决市场不完善的问题，比如单向雇佣权和信息不足。另外，工会能够提高劳动力市场的效率，为工作者提供表达其偏好的机会，而不是作出代价高昂的"退出"劳动力市场的选择（如辞职）。

不同国家的工会和用人单位结构错综复杂并且制度不一，因此从这方面看来，对集体谈判的影响进行分析并非易事。最近的实证证据显示，工会往往能够在提高平均工资的同时缓解工资不平等状况，这与预期情况相同

图 6.6　部分国家的工会密度，2010 年或最近年份（%）

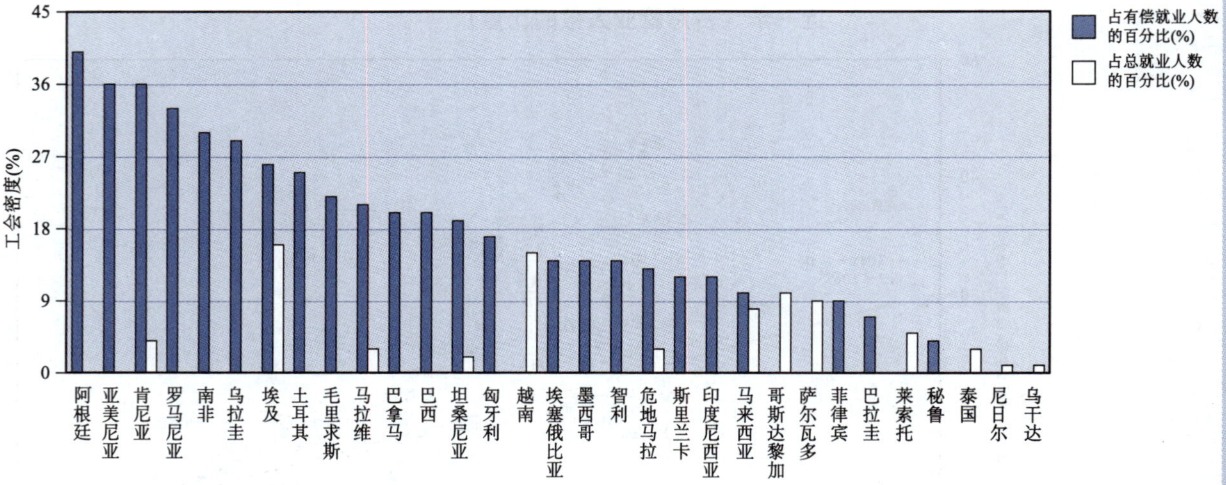

资料来源：海特，即将出版；国际劳工组织工会和集体谈判统计数据。

（海特，即将出版；李和索贝克，2012 年）。工资的这种增长不一定导致企业劳动成本的成比例增长，因为工会的存在降低了人员流动率，延长了工作年限，相应地增强了培训激励机制，有可能带来生产率的增长（埃特和赞纳托斯，2002 年；贝特切曼，2014 年；国际劳工组织，2008 年）。最后，关于工会对就业的影响，目前尚不具备决定性的证据，这种影响可能取决于任何特定劳动力市场的集体谈判结构（经济合作与发展组织，2006 年；弗里曼，2007 年）和所经历的经济冲击类型（贝特切曼，2014 年）。

图 6.6 显示了工会成员最新统计数据，这些数据的采集以两个指标为依据：工会成员占雇员总数的百分比和工会成员占总就业人数的百分比。就工会密度的第一个指标而言，国家间存在着很大的差异。部分国家（如尼日尔和乌干达）的工会数量相对稀少，但阿根廷、肯尼亚和南非的工会密度很大（约 30% 或更高）。但是这一指标可能高估了工会对劳动力整体的实际影响力，因为其中部分国家的很大一部分工作者为自营工作者或就业于非正规经济部门。第二个指标体现了工会成员占总就业人数的百分比，该指标显示，依据此标准，部分国家的总就业人口中仅有少数为工会成员。从发展趋势上看，近年来工会密度呈持续下降趋势，虽然目前尚无可靠数据，但雇主组织似乎也出现了类似的变化（参见海特和斯托艾维斯卡，2011 年；维瑟，2006 年）。

这些变化给我们带来了很多启示。首先，雇主组织和工作者组织的薄弱和发展不充分可能会从总体上降低劳动和社会制度的有效性。对劳动法而言尤其如此，劳动法的有效落实需要雇主与工作者提升意识并进行监督和其他类型的参与。在许多发展中国家，劳动监察部门是一个重要的执法机构，但许多发展中国家资源不足限制了这类机构的职能。其次，如果集体谈判仅涉及一小部分工作者，且并不存在适用于大多数工作者的工资谈判与限定的替代办法，那么设定最低工资就是影响工资收入的唯一方法。最低工资的预期值会增长，最低工资制度面向的目标群组将从获得最低工资的工作者转向获得平均工资的工作者（李和麦肯，2013 年）。这一转变可能会造成最低工资负担过重，给平均工资带来持续的向上压力。因此，在增强雇主组织及工作者组织的问题上，我们应从其对整个劳动制度和社会保障制度的复杂而广泛的影响方面进行理解。

就业保护

就业保护立法（EPL）旨在为雇员提供失业保护。它对劳动合同的签订以及企业终止个人或集体合同关系的能力作出了规定。它还对临时合同的使用作出了规定。完善的就业保护立法应能够平衡两种需要——为工作者提供公平待遇和收入保障的需要以及企业在总需求波动情况下进行就业调整的需要。同时，就业保护立法也是一个国家应对经济萎缩的能力的重要决定因素（国际劳工组织，2012 年，第二章；卡泽斯等人，2012 年）。

就业保护立法一般包含下列三个主要部分：

（1）个人正规就业的终止；

（2）集体解雇；

（3）临时工作者的雇用。

第一个要素提供了有关终止雇佣关系的正当理由（实质性要求）、遵循的程序和工作者应得的失业补偿方式和补偿途径一系列规定。第二个要素提供了终止工作者集体雇佣关系的规定（不同国家对集体解雇构成的界定各不相同）。由于集体解雇会带来更为广泛的经济和社会影响，所以其规定应能够在集体解雇的社会经济成本（个体、企业和整个社会）和雇主调整雇员人数的需要之间保持平衡。

就业保护已经成为劳动力市场制度的一个颇有争议的方面。经济学理论认为，就业保护的结果是它提高了雇主调整劳动力规模及其构成的成本（斯凯迪格，2010 年）。如果这一结果变成现实，就业保护立法可能会给以无固定期限合同为基础的雇佣造成阻碍，从而影响总就业人数，给社会福利和平等带来重要影响。但是，这种评价受到了广泛的质疑，原因是就业保护立法同时也给雇佣关系带来了更大稳定性，降低了筛选和培训新员工的成本（卡泽斯和纳斯波洛娃，2007 年），为企业投资岗位培训提供了激励机制（卡泽斯和阿特里多，2008 年）。另一项考量是就业保护立法对“内部人士”和“外部人士”——就业保护立法规定的覆盖范围之内和之外的工作者——的不同影响。

就业保护立法对劳动力市场的影响归根到底是一个实证问题，并非理论问题。最新分析（博埃里，2011 年；经济合作与发展组织，2013 年；贝特切曼，2014 年）表明，就业保护立法对就业和失业水平的影响不大，其影响可能是正面的也可能是负面的。最近研究还显示，监管过度和监管不足都会造成问题（国际劳工组织，2012 年；世界银行，2013 年）。

随着全球经济危机的爆发，围绕就业保护立法的争论也愈加激烈。许多国家都对就业保护立法作出了调整，其中大部分调整都导致了工作者保护的减少（黑山、格鲁吉亚和尼日尔属例外情况）。近年来，就业保护立法对劳动力市场二元性的影响也引发了争论，劳动力市场二元性是指无固定期限合同的工作者与面对更大的就业不稳定性与受保护水平更低的临时合同工作者并存的情况，标准合同终止规范和其他形式保护规范也适用于此处的无固定期限合同工作者。大多数观察员认为临时就业人数有所增加，原因是许多国家放宽了这种临时合同的使用资格限制，同时维持对永久合同工作者的保护水平不变，或者说原因就是所谓的“边际自由化”（博埃

专栏 6.2　国际劳工组织就业保护立法情况数据库

临时工作者雇佣方面的就业保护立法分析的主要数据来源于国际劳工组织的就业保护立法情况数据库（EPLex）。此数据包含了 105 个国家 2009 年至 2013 年间的详细信息。

就业保护立法情况数据库涉及就业保护法规的所有主要方面，具体包括：

（1）法规的出处和范围，排除在法规外的工作者和企业类别；

（2）雇佣合同，涉及试用期期限和固定期限合同的条件和限制；

（3）解雇的实质性要求；

（4）个体解雇程序，包含提供理由的义务和解雇通知形式；

（5）因经济原因进行的集体解雇，包括定义和程序保障；

（6）遣散费；

（7）补偿途径。

此数据库允许对就业保护立法的变动进行跟踪，同时可对不同国家的当前情况进行比照分析。就业保护立法情况数据库网址：http：//www. ilo. org/dyn/eplex/termmain. home［2014 年 5 月 10 日］。

里，2011 年；博埃里和加里波第，2007 年）。

为了进一步阐述这一问题，我们分析了固定期限合同（FTC）法规的影响，表 6.1 为固定期限合同监管方式的总体情况，数据来源于国际劳工组织就业保护立法情况数据库（参见专栏 6.2 的概述）。

绝大多数国家对固定期限合同作出了明确规定。无固定期限合同的法定规制的国家为普通法国家（如加拿大、孟加拉、加纳、新加坡、南非、斯里兰卡、赞比亚和美国）。在这些国家中，固定期限合同与永久合同间不存在法律上的差别，雇佣合同的持续时间仅取决于各方的意愿。因此，固定期限雇佣类型可能仅在法理上得到认可。值得注意的是，中低收入国家、新兴经济体和高收入国家在固定期限合同监管发生率方面并无太大差别（58%—63%），但在最不发达国家中其发生率却明显更高（84%）。

在多数情况下，固定期限合同可能仅用于应对短期需要，如休假员工的替换、季节性工作或不在雇主正常业务范围内的临时任务和守时任务的执行。在部分国家中（如阿尔及利亚、秘鲁和突尼斯），在工作量异常增加或市场需求短暂增长的情况下也可采用固定期限合同，因此以完成任务（为雇主正常业务的一部分）为目的采用固定期限合同属于正当理由。举例说明，在秘鲁，面临市场需求增长的公司可采用固定期限合同，最长合同期限为 5 年（哈拉米约，2014 年）。部分国家向特定类别的工作者或特定类型的工作完全放开了固定期限合同的使用。在印度尼西亚，开发新业务或处于试验阶段的附加产品的公司可以使用固定期限合同。

国际劳工组织就业保护立法情况数据库中的大部分国家（54%）并未对固定期限合同签订的理由设置任何限制。

约有 26% 的最不发达国家（19 个国家中的 5 个国家）和 16% 的中低收入国家（19 个国家中的 3 个国家）规定了连续固定期限合同的最大数量。

表 6.1　固定期限合同法规：全面概述

	固定期限合同是否受法律监管？（是，%）	采用固定期合同是否需要正当理由？（是，%）	是否规定了连续固定期限合同的最大数量？（是，%）	最大数量的平均值	是否规定了连续固定期限合同的累计期限的限制？（是，%）	最大期限的平均值（月）
收入分组						
最不发达国家	84.2	36.8	26.3	2.0	42.1	33.0
中低收入国家	57.9	47.4	15.8	2.04	7.4	49.3
新兴经济体	59.3	55.6	25.9	2.0	66.7	42.0
高收入国家	63.3	43.3	40.0	2.9	60.0	38.0
地区						
非洲	76.9	38.5	26.9	2.0	46.2	37.0
美洲	30.8	53.8	23.1	2.0	46.2	32.0
阿拉伯国家	80.0	0.0	20.0	2.0	40.0	48.0
亚洲	58.8	29.4	17.6	2.03	5.3	50.0
欧盟 15 国	71.4	64.3	64.3	3.0	78.6	30.5
其他欧洲国家	70.0	65.0	20.0	2.5	80.0	48.8
所有国家	**65.3**	**46.3**	**28.4**		**55.8**	**40.5**

注：其中，43 个国家的最新可用数据来自 2013 年，30 个国家的最新可用数据来自 2012 年，12 个国家的最新可用数据来自 2011 年，10 个国家的最新可用数据来自 2010 年。LDCs—最不发达国家；LDC—中低收入国家；EE—新兴经济体；Hi—高收入国家。

资料来源：国际劳工组织就业保护立法情况数据库。

固定期限合同的最大累计期限的规定情况与之相似。在设置了此类限制的国家中，最不发达国家的固定期限合同期限比新兴经济体和发达国家更短。低收入国家的固定期限合同法规较为普及，但其法规往往缺乏必要的细节，这些细节对于在工作场所中将法律转化成现实而言可能是至关重要的。

自全球金融危机爆发以来，发达经济体在采用更具弹性的合约安排方面临着越来越大的压力（国际劳工组织，2012 年）。发展中国家则呈现出相反的趋势。事实上，2012 年，最不发达国家的固定期限合同法规与过往年份相比更加严格，这种现象在新兴经济体中更为显著。表 6.3 显示了 2009—2012 年间按收入类别划分的固定期限合同法规的演变情况，样本仅限可提供此四年完整数据的国家，在观测期间，全部 69 个国家中仅有 9 个国家（13%）对固定期限合同法规进行了修正。其中 5 个国家提高了固定期限合同工作者的就业保护水平，具体做法是推出固定期限合同的法律定义（加蓬、马拉维、斯洛文尼亚和摩洛哥）或采用固定期限合同的最大期限，并对达成固定期限合约的理由进行了限定（黑山）。3 个国家降低了保护水平（安提瓜和巴布达、罗马尼亚、乌干达），仅有 1 个国家（尼日尔）对固定期限合同续期作出了限定，同时延长了合同的最大期限。

专栏 6.3　固定期限合同法规不同组成部分间的相互作用

固定期限合同的使用以两种方式进行限定：即规定使用此类合同的正当目的或限制连续固定期限合同的最大期限。人们可能认为对使用合同的正当目的限定较严格的国家不需要对连续固定期限合同的最大期限进行监管。

事实上，这也正是关联分析的观点（表 6.2）。如果限定样本国家必须为具备相关法规的国家，则“需要使用固定期限合同的正当理由”和“固定期限合同的最大期限”之间为负相关关系。“连续合同的最大数量”和“合同的最大期限”之间也存在正相关关系。

表 6.2　固定期限合同法规范围的相关系数

	使用固定期限合同的正当理由	连续固定期限合同的最大数量	连续固定期限合同最大累计期限
第一组　所有设有固定期限合同法规的国家的关联系数			
使用固定期限合同的正当理由	1.00		
连续固定期限合同的最大数量	0.04	1.00	
连续固定期限合同最大累计期限	-0.23 年*	0.33***	1.00
第二组　设有固定期限合同法规的最不发达国家和中低收入国家间的关联系数			
使用固定期限合同的正当理由	1.00		
连续固定期限合同的最大数量	0.09	1.00	
连续固定期限合同最大累计期限	-0.50**	0.40**	1.00

注：* =统计重要性为 0.10；** =统计重要性为 0.05；*** =统计重要性为 0.01。如欲了解详情，请参见沙普和库汗（2014 年）。

资料来源：国际劳工组织预估数据。

这些结果表明执法机制较为薄弱的较低收入国家可能倾向于选择从更易于监督的方面对固定期限合同作出规定。因此，他们更有可能对连续性合同的最大数量或最大总期限作出规定，而不是对使用固定期限合同的正当理由作出规定，后者的合规性较难追踪。

表 6.3　固定期限合同法规的变化，2009 年至 2012 年

收入分组	国家数量，百分比	实施某种修改的国家所占的百分比	提高固定期限合同法规严格度的国家的百分比
最不发达国家	19	15.8	66.7
中低收入国家	14	7.1	100.0
新兴经济体	17	23.5	50.0
高收入国家	19	5.3	100.0
总数	69	13.0	66.7

资料来源：国际劳工组织预估数据；仅包含可提供四年（2009—2012 年）完整数据的国家。

第三节　劳动和社会制度与非正规就业

在通过劳动和社会保障制度实现广泛发展的过程中，非正规就业是一个重大挑战。非正规就业在很大程度上仍被排除在劳动和社会保障制度之外，近期政策重点放在将这些非正规工作者纳入现有的管理体系中（又称“正规化”），目前已取得进展。实际上，经验表明国家可以通过政策的制定和实施有效应对部分主要非正规因素。

本报告第三章强调了非正规就业的广泛存在，在低收入国家中甚为突出。非正规就业人口在非农业就业总人口中所占比例非常大，南非此比例达33%，撒哈拉以南非洲的马里高达82%；在南亚和东亚大部分国家（不含中国）中，此比例占总就业人口的60%以上，其范围从泰国的42%到印度的84%不等，中国仅可提供六个城市地区的有限数据，非正规就业率约达33%；在拉丁美洲和加勒比国家中，其范围从乌拉圭的40%到玻利维亚的75%不等，在北非和中东地区，其范围从巴勒斯坦占领区的58%左右到土耳其的31%不等。农业部门的非正规就业比例明显更高。在东欧和独立国家联合体（独联体），非农业部门总就业人口中的非正规就业人口的份额从塞尔维亚的6%到亚美尼亚的20%不等（国际劳工组织，2013c）。从全球范围来看，非正规就业最突出的特点可能就是其形式的多样化，包括自给型农场经营、生存型废品收集或街头商贩、在正规部门就业和/或为正规部门提供劳动的未申报工资的劳动力或家庭工作者[1]。大部分发展中国家的非正规有酬雇员的比例呈上升趋势，最新估计数据显示，不同地区的非正规工作者比例在20%—55%之间不等（表6.4）。

长期以来，发展理论认为“非正规就业人口”是剩余劳动力的一部分，随着正规就业带来的经济增长，非正规就业人口会逐渐消失。然而，虽然许多发展中国家出现了高水平的经济增长，但正规部门就业的发展速度仍不足以吸收来自非正规劳动力市场的工作者。关于劳动力从非正规部门向正规部门流动的有限的可用实证证据给出了不同的结果。21世纪前十年，拉丁美洲国家研究显示非正规自营就业和非正规工薪就业间的流动性非常高。研究还发现阿根廷、巴西和墨西哥非正规工薪就业工作者向正规工薪就业的流动性非常高（伯士和马洛尼，2010年）。贝特拉诺和卡萨诺瓦（2013年）还发现非正规工薪就业和非经济活动之间的劳动力流动性很高，主要流动群体为技能水平低下的女性群体。他们还发现正规和非正规部门年轻人口的流动率非常高。土耳其有证据显示非正规工薪工作者的流动性更大，自营工作者的流动性非常有限，这说明自营就业仍处于低级阶段（坦塞尔和坎，2012年）。此证据在其他发展中国家中也得到了证实，如加纳，该国男性劳动力从占主导地位的自负盈亏工作或家庭工作流向正规受薪就业的流动率极低，女性工作者的流动率更低，其原因是市场提供的（正规）受薪就业机会有限。总的来说，在所有三个市场细分中，自负盈亏

1　若要完整描述这一状况，还要将通过外包和其他多种形式的非典型就业来进行的对劳动法的故意回避行为考虑进来——这一过程被称为“非正规化”，因为它正逐渐剥夺发达国家传统就业带来的保障、权利和福利保证。

表 6.4　依据就业状况划分的非正规部门就业人数（%）

国家	就业情况				
	雇主、自负盈亏工作者和生产合作社成员	无酬家属工作者	雇员	总数	年份
阿根廷	68.3	2.2	29.5	100.0	2009 年（第四季度）
亚美尼亚	48.2	3.3	48.5	100.0	2009
玻利维亚	62.2	12.7	25.1	100.0	2006
巴西	71.4	2.3	26.3	100.0	2009
中国	68.0	6.7	25.4	100.0	2010
哥伦比亚	72.6	7.3	20.1	100.0	2010 年（第二季度）
哥斯达黎加	62.9	3.3	33.9	100.0	2009 年 7 月
科特迪瓦	66.9	14.5	18.7	100.0	2008
多米尼加共和国	89.6	2.7	7.7	100.0	2009
厄瓜多尔	60.8	8.6	30.6	100.0	2009 年（第四季度）
萨尔瓦多	62.7	8.7	28.7	100.0	2009
埃塞俄比亚（城镇）	81.9	10.1	8.0	100.0	2004
洪都拉斯	62.8	13.3	23.9	100.0	2009
印度	47.0	11.2	41.9	100.0	2009—2010
印度尼西亚（万丹和日惹）	47.2	11.6	48.8	100.0	2009
吉尔吉斯共和国	35.2	0.0	64.7	100.0	2009
莱索托	5.4	1.3	93.4	100.0	2008
利比里亚	85.9	8.8	4.9	100.0	2010
前南斯拉夫马其顿共和国	51.3	5.1	43.6	100.0	2010
马达加斯加	51.7	30.3	18.0	100.0	2005
马里	81.9	5.9	12.2	100.0	2004
毛里求斯	69.2	8.6	22.1	100.0	2009
墨西哥	56.0	8.8	35.2	100.0	2009 年（第二季度）
摩尔多瓦	91.0	1.4	7.7	100.0	2009
尼加拉瓜	61.1	8.5	30.4	100.0	2008
巴勒斯坦	47.9	14.3	37.9	100.0	2010
巴基斯坦	45.0	10.5	44.1	100.0	2009—2010
巴拿马	90.6	1.3	8.1	100.0	2009 年 8 月
巴拉圭	62.8	11.2	26.0	100.0	2009
秘鲁	71.0	11.0	18.0	100.0	2009
菲律宾	36.9	7.6	55.5	100.0	2008
俄罗斯	30.7	2.2	67.1	100.0	2010
塞尔维亚	65.0	2.4	32.6	100.0	2010
南非	61.0	2.7	36.3		2010（第四季度）
斯里兰卡（除了北部省）	40.8	7.2	52.0		2009
坦桑尼亚	80.3	3.7	16.0		2005—2006
乌干达	61.7	9.8	28.5		2010
乌克兰	9.9	1.9	88.2		2009
乌拉圭	70.5	3.5	26.0		2009
委内瑞拉	84.2	1.2	14.6		2009（第一季度）
越南	60.7	9.7	29.6		2009
赞比亚	53.6	14.5	31.9		2008

注：MPC＝生产合作社成员；如使用季度数据，在括号中注明季度名称。

资料来源：国际劳工组织编制（2013c）。

工作者的流动性最低，无酬家属工作者的流动性最高，受薪雇员流动性居中。由于资本市场失灵，向自负盈亏工作的转移在很大程度上受到家庭资产总额（和培训）的影响，而从事受薪工作与自营就业机会较少有关（塔依沃，2013 年）。

从两方面应对非正规就业……

由于在大部分情况下，非正规就业水平高与普遍存在的极度贫困有关，在没有实质性政策努力的情况下期待短期内实现正规化是不现实的。等待经济增长逐步惠及当前处于非正规条件下的工作者和家庭也是行不通的[1]。

相反地，发展需要两个方面的努力。首先，政府应制定计划和政策为有可能长期停留在非正规状态下的工作者提供更好的收入和保障。在这种情况下，必须制订能够给自营工作者和依附性工作者提供更好的保障和社会保护的计划。其次，与此同时综合采用多种措施将这些工作者纳入正规就业范围。

……第一，提高非正规工作者的收入和保障……

可以制定政策和计划，通过直接为非正规工作者及其家庭提供基本的社会服务、收入支持和社会保障，提高他们的保障“起点”，而不是将这种重要的辅助的获得建立在谋生方式的正规化的基础上（详细论述参见迪莱泽和森，2013 年）。

自 20 世纪 90 年代至今，已有多国政府启动大规模计划改善贫困人口的收入保障或福利，这些贫困人口中的大部分均就业于非正规部门。大规模非缴费型社会保障计划主要以贫困家庭为保护对象，包括就业保证计划、其他公共就业计划以及现金转移计划。后者通常将收入资助与受影响家庭中成人的技能发展和就业及创业机会结合起来，同时要求（附加条件）这些成人确保子女接受教育和一定的医疗检查。另外，推出了非缴费型养老金计划以确保将未被纳入缴费型计划的在非正规经济部门工作的退休工作者享有固定收入。第七章对这些计划作出了详细阐述。

……包括自营工作者……

自营就业者，包括自负盈亏工作者和无酬家属工作者，属于异构类就业，包括街头商贩、家庭工作者、农业工作者及多种其他形式。不同的形式分组需要不同的劳动和社会保障措施。适用于街头商贩的劳动保护包括：拥有指定的工作地点；身份证明；保护其不受敲诈、商品没收、任意驱逐的伤害；享受基本的基础设施和信贷津贴等。农业部门工作者需要享受投资和保险服务、基础设施和信贷津贴以及产品的最低支持价格。提供社会保障的机制是多样化的，包括非缴费型和不同程度的缴费型计划。近期实

1　以印度为例，估计该国 90% 以上的工作人口处于非正规就业状态。但是 2009 年至 2010 年间，虽然该国经济增长速度令人瞩目和新中产阶级崛起，但临时工作者的日均收入范围从农村女性的 1 美元左右到城市男性的 2 美元不等；约有 30% 的工作人口，尤其是非正规受薪就业和自负盈亏就业人口（超过 3.5 亿）的生活水平处于官方贫困线（城市地区每人每日约 0.5 美元）以下，此水平远远低于农村地区水平（迪莱泽和森，2013 年，表 A.3，第 15 部分，第 190—191 页）。

验将社会保障补贴的扩大作为就业正规化的刺激机制，似乎得出了不同的结果，如乌拉圭和巴西所示，此类计划的定向工作仍在进行当中（阿马兰特和佩拉索，2013 年；长峰等人，2013 年）。但这些计划的背景和成果为我们提供了有用的见解。

2010 年，乌拉圭自营就业人数占总就业人数的 21%，“有条件的”的自营工作者份额占 18%，无条件自营工作者份额为 3%。但是这两类工作者的收入低于私营部门受薪雇员，2009 年有条件自营工作者与私营部门受薪雇员的工资差距约达 25%，无条件自营工作者与私营部门受薪雇员的工资差距将近 40%。从国家层面看，乌拉圭缴费型社会保障计划覆盖的劳动力人数比例与其他国家相比相对较高。依据法律规定，雇员和自营工作者均在养老金计划覆盖范围之内。例如，由于信息来源的不同（行政数据与家庭调查数据），2011 年其覆盖人数占劳动力总人数的 68%—82%。

为提高这些工作者的注册率和社会保障覆盖率，2001 年，乌拉圭在单向降低成员费用（包括税和缴费）的基础上，制订了一项专门计划，随后于 2007 年通过了这项计划的修订案，进一步削减了费用。但是这种“单一税计划”的效果有限，因为许多自营工作者甚至负担不起注册费用。总体说来，2001 年至 2010 年间社会保障覆盖率实际出现了下降，“有条件”工作者的社会保障覆盖率从 35% 下降到 30%，“无条件”工作者的覆盖率从 8% 下降到 3%；截至 2010 年，仅有 23% 的保障计划内的自营工作者注册了单一税计划。相比之下，同时期，私营部门受薪雇员的覆盖率从 70% 增长到了 77%。

2011 年 12 月，政府为收入在贫困线以下的家庭启动了另一项针对自营微型创业者和家庭企业的单一税计划。这项计划的主要特点在于累进缴费率（加入时缴纳总缴费额的 25%，36 个月后缴纳缴费额的 100%）和对儿童在校出勤率、定期体检和参加免费培训课程的条件限制。虽然这项计划显然大有可为，但因目前实施时间不长，尚无法进行有意义的评估（阿马兰特和佩拉索，2013 年）。

2009 年，巴西约有 1900 万自营工作者，约占劳动力总数的 20% 以上，但其中正式注册并进行社会保障缴费的工作者仅占 17%。依据当年生效的法律[1]，支付缴费额达到最低工资的 11%（原为 20%，2011 年又进一步降低至 5%）并且单一税率制达到约 2.5 美元的“自营微型创业者”有资格简化注册并符合享受社会保障、医疗保险和产假的资格。作为附加激励机制，此类工作者还可获得有利于他们进入市场并取得低成本贷款的证明（鉴于发展中国家自营就业的严格信贷限制，这是一个重要特征）。截至 2012 年年末，约有 270 万工作者注册加入了这个计划，其中 150 万工作者至少进行了一次当年的社会保障缴费。巴西计划的成果明显优于乌拉圭，但也引发了一个问题，即长期的财政可持续性问题。事实上，这两个计划面临的挑

1　重要的是，“微型企业”要在“Registro de Empresas Mercantis”（公司登记处）或“Registro Civil de Pessoas Jurídicas”（法人民事登记处）注册。要取得“微型企业”资格，年总收入不超过 36 万雷亚尔，小型企业年总收入介于 36 万—360 万雷亚尔之间。有关此计划更多详情请登陆 http://www.planalto.gov.br/ccivil_03/Leis/LCP/Lcp128.htmhttp://www.planalto.gov.br/ccivil_03/Leis/LCP/Lcp123.htm#art25p。

战在于实现可持续性、支付能力和有效目标之间的恰当平衡，同时最大限度地降低了对此前包含在其他计划中的变向受薪就业和自营就业的替代效应（长峰等人，2013 年）。

……第二，推动面向正规就业的转型

向正规就业的转型必然会带来福利，如书面合同及符合最低工资规定的工资水平，这就给工作带来了一定的稳定性和收入保障。在过去十年中，许多拉丁美洲国家为将非正规工作者纳入保护范围进行了大量工作。巴西和阿根廷采取了多项机制，其中包括加强劳动监察、简化非正规企业的注册程序、降低小微企业的税收并增加享有社会保障的机会（毛里齐奥，2014 年；贝特拉诺等人，2013 年）。

同样，许多国家扩大了正规和非正规部门工作者的最低工资覆盖范围。即便是在非正规按时计酬工作者不能享有最低工资的国家，也有证据显示出一部分积极的溢出效应，这种效应已经促进了非正规部门工资的增长[1]。其对非正规部门的影响似乎与最低工资和平均工资的比率相关。如果这一比率很低，则工资有可能低于市场工资，因此对非正规部门无影响。如果比率较高，也不会给非正规部门带来限制[2]。

在实现各种配套政策完美结合的国家中（这些配套政策包括通过个人投诉程序和积极的工会参与进行的非正规工作者和雇主能力建设、劳动监察的加强、更严格的惩罚和工作者赋权），最低工资政策已经给非正规部门的工资带来了令人瞩目的影响（克雷恩和曼扎诺，2014 年）。特别是巴西，该国设有适用于所有按时计酬工作者的联邦最低工资制度（即 100% 覆盖率）并且其合规率保持在相对稳定的 80% 左右，尽管 21 世纪前十年，巴西最低工资水平与平均工资的比率已从 63% 提高到 76%。有详细记录显示了劳动监察对巴西平衡的合规政策渠道的重要作用（皮雷斯，2008 年）。非正规就业工作者、女性、技能低下雇员和农业雇员的合规性仍然低得多。

智利一项有关最低工资制度及其他劳动法规的合规性的研究也指出，女性、少数民族工作者、未受教育工作者和就职于小型企业或农村地区的工作者为极其脆弱的群体，这些群体通常在非正规就业部门中比例很高（坎博尔等人，2013 年）。此项研究表明 1990 年至 2009 年间，受保护工作者中违反最低工资制度的发生率平均为 20%。但自 2006 年起，制度实施力度的加强和最低工资相对水平的降低造成不合规率急剧下降，2006 年至 2009 年间从 29% 下降到 15%。值得注意的是，此项研究还显示，劳动监察次数增长了 25%，显著逆转了其他劳动法违反行为（即书面合同的缔结、养老金权利和工作时间限制）的上升趋势。

---

1 在文献和探讨这种效应的研究中，其被称为“灯塔效应”，此类研究包括法兹玻，2001 年；卡内罗和亨利，2001 年；莱莫斯，2009 年，巴西研究；马洛尼和奈兹，2011 年，哥伦比亚研究；金德林和特雷尔，2004 年，哥斯达黎加研究；春和霍尔，2010 年，印度尼西亚研究。

2 最近比较研究提供了有关发展中国家最低工资政策及合规率的最新证据（拉尼等人，2013 年）。本研究显示最低工资制度的合规率范围从印度尼西亚的 49% 到越南的 95% 不等。但这些比率在很大程度上反映了最低工资设定的相对水平（拉尼等人，2013 年），在除马里、墨西哥和越南外的所有国家中，最低工资的设定均超过平均工资的 60%（即与大多数发达国家相比水平较高）。

图 6.7　非正式经济中各就业组成部分占非农业就业的百分比（最新数据）

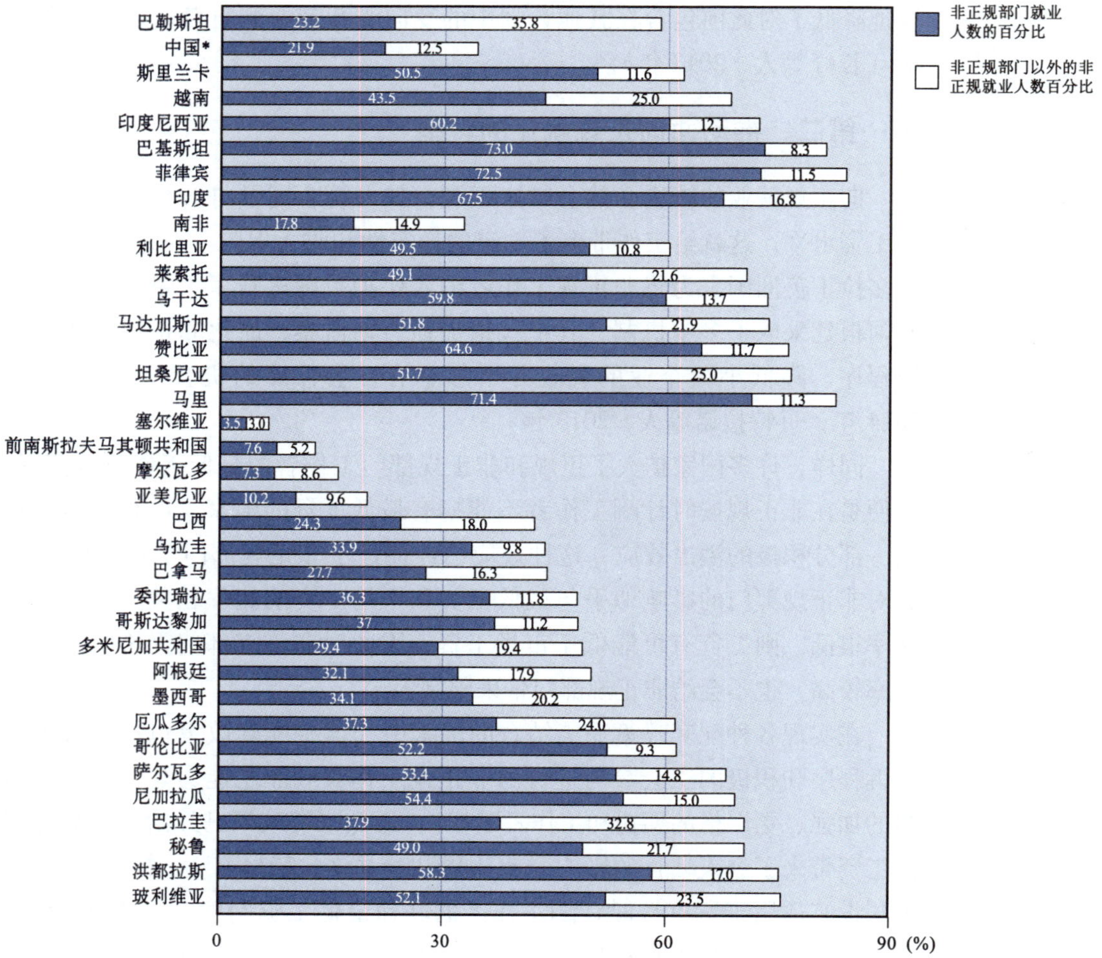

注：水平线代表不同的地理区域。各地理区域内的国家顺序依据其非正式经济部门的就业人数按升序排列。

* 中国的数据覆盖六个城市：福州、广州、上海、沈阳、武汉和西安。

资料来源：国际劳工组织（2013c）。

因此，设计合理的最低工资政策有助于提高被正规劳动力市场排除在外的工作者的收入，虽然这些政策最初的关注重点是正规受薪就业。来自巴西的证据表明——劳动监察和工会参与能够提高最低工资的合规率。近期有证据表明巴西一半以上的非正规小型城市创业者为机会驱动型，从而为劳动监察和实施的改善提供了支持（威廉姆斯和尤塞夫，2014 年）。

劳动和社会保障制度成功改善非正规工作者的工作条件和/或促进正规化转型的程度取决于谨慎的政策设计与实施。近期实验事例说明，如果政策制定与环境不相适应，会产生造成意外后果的风险。在乌克兰，许多工作者选择在收入相对较低的公共或私有化企业中就业，因为这些企业提供了多种多样的非货币性福利，同时他们将收入较高的非正规就业作为副业（科曼德等人，2013 年）。一方面是正规就业与非正规就业的相对工资水平间的取舍，另一方面是部分正规雇员享有的福利范围和补助，这是沿袭了以就业为基础的社会保障制度的部分转型经济体的特点。因此，社会福利发挥了“附接”作用，进而影响了非正规和正规就业的相对份额[1]。

还有大量详细案例显示部分企业维持小规模运营，从而规避了一系列监管。一项有关南非的研究发现中小型企业需要广泛遵守各类法定劳动标准（如安全和卫生标准），但它们不需要依据国家谈判委员会制度遵守通过集体协议设定的约束性规定（比肖夫和伍德，2013 年）。这些约束性规定包括最低工资、加班和谈判委员会管理福利基金的缴费。为了不引起工会监察人员的注意，小型企业会控制其正式注册雇员的数量，避免其超过某一阈值；这些企业通过使用未注册工作者满足它们对额外劳动力的需求，从而限制了其自身的增长，同时也向非正规化更近一步。多家接受采访的公司表示如果他们被抓到并收到守法令，他们会遵守谈判委员会的协议。这说明与降低劳动标准相比，只有加大实施力度才会有所作为。

第四节　结论

近年来，劳动制度的发展呈现出混合趋势。各发展中国家加强了与最低工资、社会保障相关的制度建设，但集体谈判表现出下降的趋势。就业保护也呈现出多种不同趋势混合的局面，固定期限合同的监管呈现出更加严格的迹象。

劳动制度非常重要，因为有效的制度能够推动发展，从这个层面上来看，就业质量也是一个发展问题，在 2015 年后的研究中应当认真对待。即便是低收入国家也存在提高就业质量的空间，就业质量的改善将会在收入、体面工作和经济发展之间创造一个良性的循环。

还有证据显示，在就业数量与质量之间权衡的传统观念是不正确的，或者说严重夸大了事实。这与世界银行的《2013 年世界发展报告》的调查结果相一致（贾伯斯和贝特切曼，2014 年），但与基于程式化国际可比性指标（比如世界银行的经商指标）的研究结果相抵触，最新证据和前期研究的多元分析对此提出了质疑。

发展中国家劳动制度的正面潜能未能完全发挥出来，原因有很多，具体包括设计不完善、贯彻不力、执行能力有限以及与宏观经济和其他政策不协调。

最后要说的是，存在大规模非正规就业的国家面临着极其艰巨的挑战。近期各国的经验表明，虽然我们的预期目标是总结出实现正规化的原则，但是能够应对非正规就业中部分最不利因素的务实创新举措才能够在短期内实现真正的进步。

1　2003 年至 2004 年间，乌克兰研究样本中 6% 的正规雇员转型为身兼多职工作者，4% 的正规雇员进入纯非正规就业部门；身兼多职的雇员中 45% 转入纯正规就业部门，20% 转入纯非正规就业部。与此同时，同时期，非正规就业人数在非农业就业总人数中的占比从 13% 上升到 17%，占包括农业部门（不包含自给型农业）就业人口在内的总就业人数的比重从 19% 增长到了 24%。

参考文献

Aidt, T.; Tzannatos, Z. 2002. *Unions and collective bargaining: Economic effects in a global environment* (Washington, DC, World Bank).

Almeida, R.K.; Aterido, R. 2008. *The incentives to invest in job training: Do strict labor codes influence this decision?*, Social Protection Discussion Papers No. 46189 (Washington, DC, World Bank).

Amarante, V.; Perazzo, I. 2013. "Uruguay's 'single tax' social protection scheme for the self-employed", in *International Labour Review*, Vol. 152, No. 3–4, pp. 559–575.

Asiedu, E. and Lien, D. 2011. "Democracy, foreign direct investment and natural resources", in *Journal of International Economics*, Vol. 84, No. 1, pp. 99–111.

Belser, P.; Sobeck, K. 2012. "At what level should countries set their minimum wages?", in *International Journal of Labour Research*, Vol. 4, No. 1, pp. 105–27.

Berg, J.; Kucera, D. (eds). 2008. *In defence of labour market institutions: Cultivating justice in the developing world* (Basingstoke and Geneva, Palgrave Macmillan and ILO).

—. (ed.). Forthcoming. *Labour markets, institutions and inequality: Building just societies in the 21st century* (Cheltenham and Geneva, Edward Elgar and ILO).

Bertranou, F.; Casanova, L. 2013. *Informalidad Laboral en Argentina. Segmentos Críticos y Políticas para la Formalización*, ILO Working Paper (Buenos Aires, ILO).

Bertranou, F.; Casanova, L.; Sarabia, M. 2013, *Dónde, cómo y por qué se redujo la informalidad laboral en Argentina durante el período 2003-2012*, ILO Working Paper (Buenos Aires, ILO).

Betcherman, G. 2014. *Labor market regulations: What do we know about their impacts in developing countries?* Policy Research Working Paper No. 6819 (Washington, DC, World Bank).

Bischoff, C.; Wood, G. 2013. "Selective informality: The self-limiting growth choices of small businesses in South Africa", in *International Labour Review*, Vol. 152, No. 3–4, pp. 493–505.

Boeri, T. 2011. "Institutional reforms and dualism in European labor markets", in *Handbook of Labor Economics*, Vol. 4, Part B, pp. 1173–1236.

Boeri, T., Garibaldi, P. 2007. "Two-tier reforms of employment protection: A honeymoon effect?", in *The Economic Journal*, Vol. 117, No. 521, pp. 357–385.

Bosch, M., Maloney, W.F. 2010. "Comparative analysis of labor market dynamics using Markov processes: An application to informality", in *Labour Economics*, Vol. 17, No. 4, pp. 621–631.

Carneiro, F.G.; Henley, A. 2001. "Modelling formal versus informal employment and earnings: Micro econometric evidence for Brazil", Working Paper No. 2001-15 (Aberystwyth, School of Management and Business, Aberystwyth University).

Cazes, S.; Nesporova, A. 2007. *Flexicurity: A relevant approach in Central and Eastern Europe* (ILO, Geneva).

Cazes, S.; Khatiwada, S.; Malo, M. 2012. *Employment protection and collective bargaining: Beyond the deregulation agenda*, Employment Sector Working Paper No. 133 (ILO, Geneva).

Cette, G.; Chang, S.; Konte, M. 2011. "The decreasing returns on working time: An empirical analysis on panel country data", in *Applied Economics Letters*, No. 18, pp. 1677–1682.

Chun, N.; Khor, N. 2010. *Minimum wages and changing wage inequality in Indonesia*, ADB Economics Working Paper series No. 196 (Manila, Asian Development Bank).

Commander, S.; Isachenkova, N.; Rodionova, Y. 2013. "Informal employment dynamics in Ukraine: An analytical model of informality in transition economies", in *International Labour Review*, Vol. 152, No. 3–4, pp. 445–467.

Deakin, S. 2011. "The evidence-based case for labour regulation", in S. Lee and D. McCann (eds): *Regulating for decent work: New directions in labour market regulation* (Basingstoke and Geneva, Palgrave Macmillan and ILO), pp. 31–57.

Dreze, J.; Sen, A. 2013. *An Uncertain glory: India and its contradictions* (Princeton, Princeton University Press).

Fagan, C.; Lyonette, C.; Smith, M.; Saldana-Tejeda, A. 2013. *The influence of working time arrangements on work–life integration or 'balance': A review of the international evidence*, Conditions of Work and Employment Research Series No. 32 (Geneva, ILO).

Fajnzylber, P. 2001. "Minimum wage effects throughout the wage distribution: Evidence from Brazil's formal and informal sectors", in *Anais do XXIX Encontro Nacional de Economia* [Proceedings of the 29th Brazilian Economics Meeting] (Inga Niteroi, RJ, ANPEC).

Freeman, R.B. 2007. *Labor institutions around the world*, NBER Working Paper No. 13242 (Cambridge, MA, National Bureau of Economic Research (NBER)).

—. 2009. "Labor regulations, unions, and social protection in developing countries: Market distortions or efficient institutions?", NBER Working Papers No. 14789 (Cambridge, MA, National Bureau of Economic Research (NBER)).

Gindling, T.H.; Terrell, K. 2004. "Legal minimum wages and the wages of formal and informal sector workers in Costa Rica", IZA Discussion Paper No. 1018 (Bonn, IZA).

Golden, L. 2012. "Effects of working time on productivity and firm performance: A research synthesis report", Conditions of Work and Employment Research Series No. 33 (Geneva, ILO).

Hayter, S. (ed.) 2011. *The role of collective bargaining in the global economy* (Cheltenham and Geneva, Edward Elgar and ILO).

—; Stoevska, V. 2011, "Social dialogue indicators: International statistical inquiry 2008–09", Technical Brief (Geneva, ILO).

—. Forthcoming. "Unions and collective bargaining", in J. Berg (ed.): *Labour markets, institutions and inequality: Building just societies in the 21st century* (Cheltenham and Geneva, Edward Elgar and ILO).

International Labour Office (ILO). 2008. *Global Wage Report: Minimum wages and collective bargaining – Towards policy coherence* (Geneva).

—. 2010. *Global Wage Report: Wage policies in times of crisis* (Geneva).

—. 2011. *Working time in the twenty-first century*, Report for discussion at the Tripartite Meeting of Experts on Working-Time Arrangements, Geneva, 17–21 Oct.

—. 2012. *World of Work Report 2012: Better jobs for a better economy* (Geneva).

—. 2013a. *Global Wage Report: Wages and equitable growth* (Geneva).

—. 2013b. *Working Conditions Laws Report 2012: A global review* (Geneva).

—. 2013c. *Women and men in the informal economy: A Statistical picture (second edition)* (Geneva,ILO).

—. 2014. Employment protection legislation database – EPLex. Available at: www.ilo.org/dyn/eplex/termmain.home [10 May 2014].

Jaramillo, M. 2013. *Employment growth and segmentation in Peru 2001–2011*, Employment Working Paper No. 151 (Geneva, ILO).

Kanbur, R.; Ronconi, L.; Wedenoja, L. 2013. "Labour law violations in Chile", in *International Labour Review*, Vol. 152, No. 3–4, pp. 431–444.

Krien, J. D.; Manzano, M. 2014. *Análise da OIT de boas práticas na redução do emprego informal na América Latina e no Caribe*. FORLAC Working Paper (Lima, ILO).

Kucera, D.; Principi, M. 2014. "Democracy and foreign direct investment at the industry level: evidence for US multinationals", in *Review of World Economics*, 150, pp. 1–23.

Langille, B. 2009. "What is international labor law?", in *Law & Ethics of Human Rights*, Vol. 3, No. 1, pp. 47–82.

Lee, S. 2012. "'Varieties of minimum wage system' through the dubious lens of indicator-based rankings", in *International Labour Review*, Vol. 151, No. 3, pp. 261–275.

—; McCann, D. (ed.). 2011. *Regulating for decent work: New directions in labour market regulation* (Basingstoke and Geneva, Palgrave Macmillan and ILO).

—; McCann, D. 2013. "Regulatory indeterminacy and protection in contemporary labour markets: Innovation in research and policy", in D. McCann et al. (eds.): *Creative labour regulation: Indeterminacy and protection in an uncertain world* (Basingstoke and Geneva, Palgrave Macmillan and ILO).

—; McCann, D.; Messenger, J. 2007. *Working time around the world: Trends in working hours, laws, and policies in a global comparative perspective* (London and Geneva, Routledge and ILO).

—; Sobeck, K. 2012. "Low-wage work: A global perspective", in *International Labour Review*, Vol. 151, No. 3, pp. 141–155.

Lemos, S. 2009. "Minimum wage effects in a developing country", in *Labour Economics*, Vol. 16. No. 2, pp. 224–237.

Macis, M.; Monti, P. 2014. *Fixed term contracts regulations in developing countries: Indicators and patterns*, unpublished paper (Geneva, ILO).

Maloney, W.F.; Nunez, J. 2001. *Measuring the impact of minimum wages: Evidence from Latin America*, Policy Research Working Paper No. 2597 (Washington DC, The World Bank).

Maurizio, R. 2014. *Labour formalization and declining inequality in Argentina and Brazil.* ILO Research Paper No.9, Geneva.

Messenger, J.C. 2011. "Working time trends and developments in Europe", in *Cambridge Journal of Economics*, Vol. 35, No. 2, pp. 295–316.

Nagamine Costanzi, R.; Duarte Barbosa, E.; Da Silva Bichara, J. 2013. "Extending social security coverage to self-employed workers in Brazil", in *International Labour Review*, Vol. 152, No. 3–4, pp. 549–557.

Organisation for Economic Co-operation and Development (OECD). 2006. *OECD Employment Outlook: Boosting jobs and incomes* (Paris).

—. 2013. "Protecting jobs, enhancing flexibility: A new look at employment protection legislation", in *OECD Employment Outlook 2013* (Paris).

Pires, R. 2008. "Promoting sustainable compliance: Styles of labour inspection and compliance outcomes in Brazil", in *International Labour Review*, Vol. 147, No. 2–3, pp. 199–229.

Rani, U.; Belser, P.; Oeltz, M.; Ranjbar, S. 2013. "Minimum wage coverage and compliance in developing countries", in *International Labour Review*, Vol. 152, No. 3–4, pp. 381–410.

Sen, A. 1999. *Development As Freedom* (Oxford, Oxford University Press)

—. 2000. "Work and rights", in *International Labour Review*, Vol. 139, No. 2, pp. 119–128.

Skedinger, P. (ed.). 2010. *Employment protection legislation: Evolution, effects, winners and losers* (Northampton, MA, Edward Elgar).

Taiwo, O. 2013. "Employment choice and mobility in multi-sector labour markets: Theoretical model and evidence from Ghana", in *International Labour Review*, Vol. 152, No. 3–4, pp. 469–492.

Tansel, A; Kan, E.O. 2012. *The formal/informal employment earnings gap: Evidence from Turkey*, IZA Discussion Paper No. 6556 (Bonn).

Visser, J. 2006. "Union membership statistics in 24 countries", in *Monthly Labour Review* (Washington, DC, United States Bureau of Labour Statistics).

Williams, C.C.; Youssef, A.Y. 2014. "Is informal sector entrepreneurship necessity or opportunity-driven? Some lessons from urban Brazil", in *Research Journal of Business Management*, Vol. 3, No. 1, pp. 41–53.

World Bank. 2013. *World Development Report 2013: Jobs* (Washington, DC).

第七章
社会保障、生活水平与经济发展

趋势概述和政策评估

引言

本章将从经济发展的角度探究社会保障的作用。[1] 与第六章类似，本章将探究社会保障分别与生活水平和经济增长（发展的各关键维度）之间存在的潜在关联。此外，下一章研究了劳动力市场内部的收入分配，而本章将分析社会保障作为二次分配的关键维度的作用。

第一节阐述了众多发展中国家如何通过各种计划和制度来落实社会保障系统的某些要素。第二节叙述了“现行政策”，着重于主要年龄组（儿童、劳动适龄人口和老年人）的收入保障和医疗保险的普及状况。值得关注的是，本节提供多个示例，阐明社会保障覆盖范围如何在有限的财政空间内扩大。

第三节探究了贯穿本报告始终的关键问题，即社会保障和经济发展之间的潜在相互作用。首先，重点探究社会保障与生活水平及其各维度（尤其是贫困、健康、教育和就业）之间的关联。分析明确地将短期和长期影响纳入考量。其次，本章将分析社会保障的宏观经济影响，尤其是生产力、总需求和可持续经济增长方面的影响。该部分还重点探究了妥善设计和实施社会保障机制的重要性。最后，第四部分对从分析中得出的政策启示进行了探讨。

1　本报告中的社会保障定义见第六章。

第一节　发展中国家的社会保障：支出和覆盖范围方面的新趋势

除其他因素外，社会保障对发展的贡献程度取决于社会保障系统的范围[1]和覆盖面。该部分旨在展现这一方面的新兴趋势。

20 世纪初，仅有少数国家（主要是欧洲国家）提供社会保障福利，主要为养老金、医疗和工伤福利。而如今，全球所有国家都制订了社会保障计划，并且国际劳工组织第 102 号公约中规定的突发事件中至少有一项（共 9 项）被纳入国家立法。2012 年，在可获得数据的 125 个发展中国家中，28 个国家制定了完善的社会保障体系。其余的 97 个国家确实也提供保障，但其民众所面临的一些主要风险或突发事件可能未完全被包含在保障体系内（参见图 7.1）。

在最不发达国家[2]和中低收入国家，法律条文覆盖的突发事件数量有限，且只有很小的一部分人能够从中受益。与之相比，新兴经济体则建立了更加全面的体系。在最不发达国家，社会保障通常集中覆盖工伤、老年人、残疾人和遗属[3]。而这些国家均未提供失业保障。此外，仅有少数国家覆盖疾病风险，或确保儿童或育有孩子的家庭享受基本的收入保障。中低收入国家的最常见情形可归为介于新兴经济体和最不发达国家之间，通常不提供就业或家庭福利（有时也不提供疾病补助费）。然而，有四个中低收入国家（阿尔巴尼亚、亚美尼亚、摩尔多瓦和蒙古）建立了相对健全的社会保障体系。

多数发展中国家的社会保障支出明显呈上升趋势……

图 7.2 显示，处于各发展阶段的国家的实际社会保障支出[4]均呈现上升趋势。[5] 在 2011/2012 年，发展中国家的平均社会保障支出占 GDP 的 6.2%[6]，1995 年该百分比为 3.8%。[7] 在此期间内，最不发达国家社会保障支出 GDP 占比从 1995 年 1.9% 增加至 2011 年/2012 年的 3.6%；中低收入

1　社会保障范围的衡量标准是社会保障政策区域或突发事件的数量，针对这些区域或紧急事件，国家制定了强制执行的相关法律。尽管这一指标本身没有提供有关人口覆盖比例或福利质量和水平改善方面的信息，但它概括地表明了“我们当前所处的状态”。突发事件的框架见国际劳工组织相关国际劳动标准（尤其是第 102 号决议——1952 年签署的《社会保障（最低标准）公约》，和第 202 号决议——2012 年《关于国家社会保护底线的建议书》）。详情请参见国际劳工组织，2014a 附录 I 和 II。

2　国家组别详情请参见第一章附录 A。

3　各突发事件定义请参见国际劳工组织 2014a 附录 1。

4　在本章中，社会保障支出指政府社会保障支出。

5　此处趋势指人均实际公共社会保障支出（以定值美元计算）的指数值（1990 = 100）。

6　6.2% 的数值是根据 2012 年总人口（基于联合国人口展望 2012 年修正版）加权计算的全球估算值。若按人均 GDP 加权计算，全球估算值会显著提高，发展中国家达到 9.5%（最不发达国家为 4.3%，中低收入国家为 8.0%，新兴经济体为 10.7%）。

7　1990 年的可靠数据有限，尤其是最不发达国家和中低收入国家的数据。

图 7.1　过去 100 年间发展中国家社会保障体系的出现

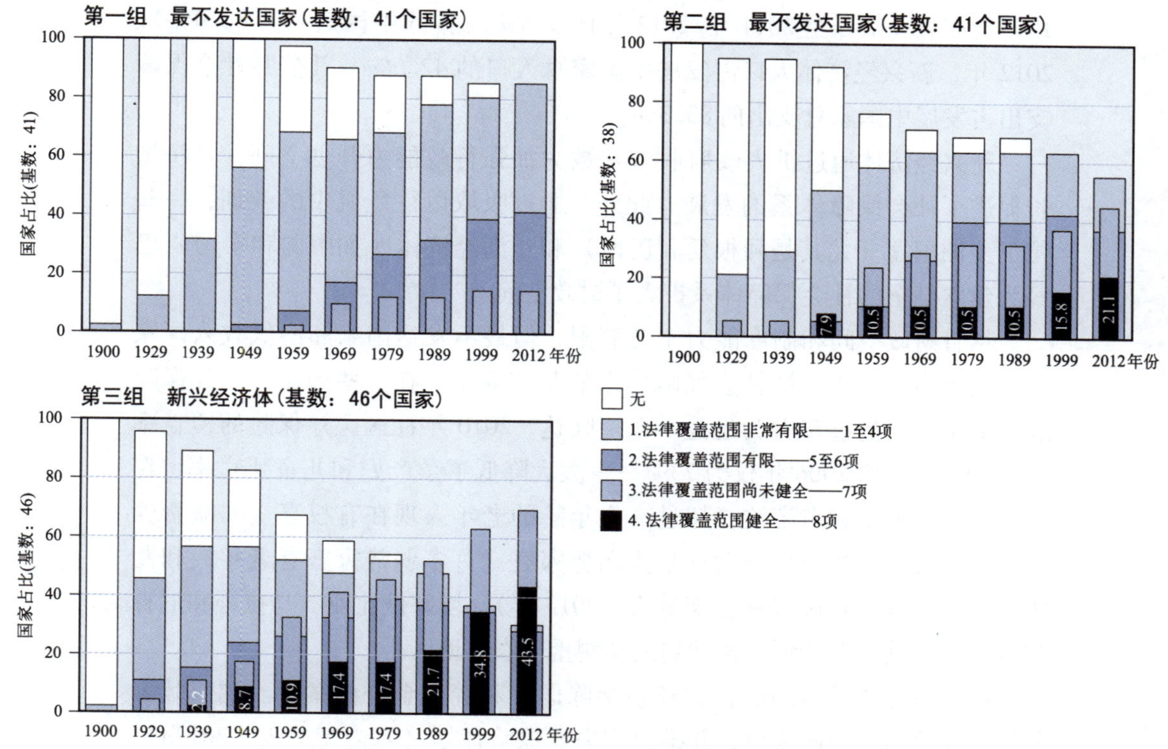

注：国家根据社会政策区域或突发事件数量划分，其中某些社会保障计划（已纳入国家立法）针对政策区域或突发事件覆盖至少一组人口。就覆盖范围而言，如果一个国家制定了有关本节所考虑的所有 8 项社会政策区域或突发事件的法律，那么该国家被认定建立了健全的社会保障法规。

资料来源：国际劳工组织基于社会保障总署/国际社会保障协会 2012 年、2013a、2013b、2013c 和 2014 年报告的计算；国际劳工组织 2014d、2014e；各国立法。

图 7.2　1990 年至 2011—2012 年期间政府社会保障支出趋势

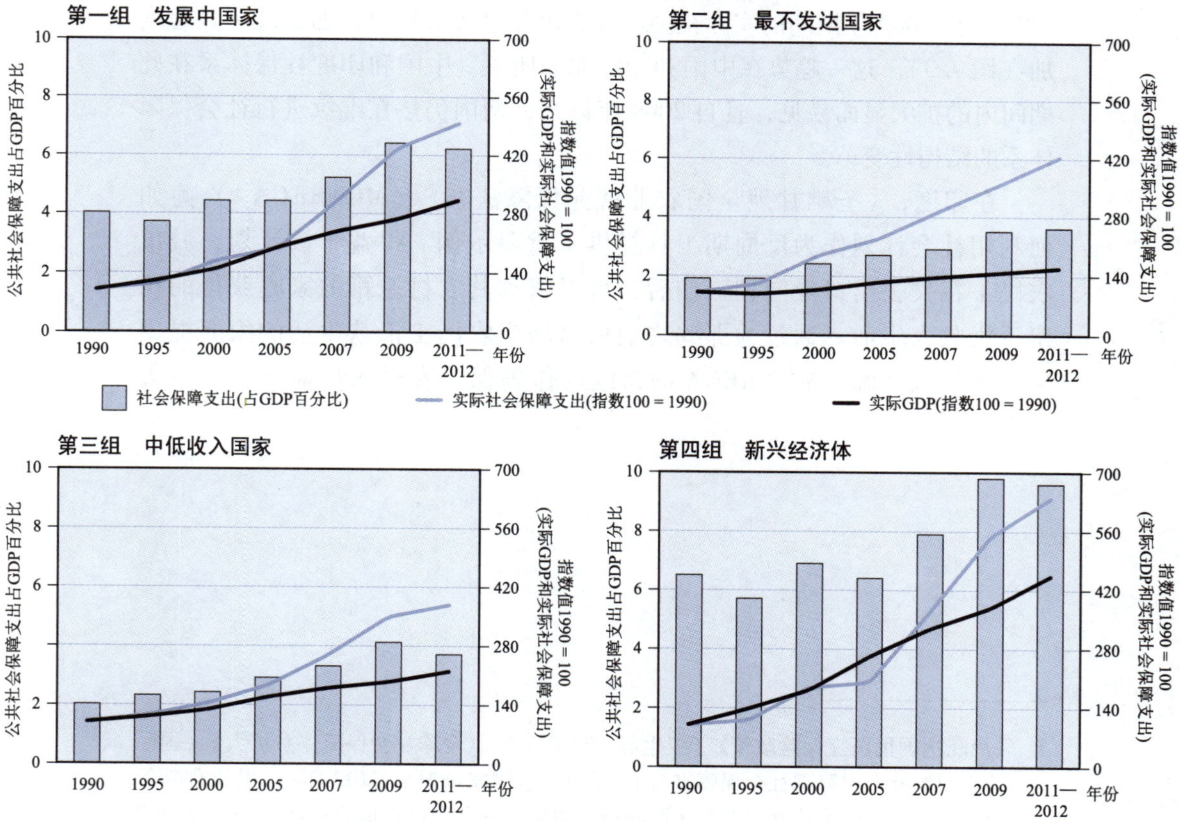

资料来源：国际劳工组织研究部基于国际劳工组织 2014b 得出的结果；国际货币基金组织 2013a、2013b；联合国拉丁美洲和加勒比经济委员会，2014a；亚洲开发银行 2014 年报告；各国数据。

国家从1995年的2.3%增加至2011年/2012年的3.7%；而新兴经济体从1995年的5.7%升至2011年/2012年的9.6%（排除中国后，为12.9%）。2012年，新兴经济体人口占发展中国家总人口的42.6%，其公共社会保障支出占发展中国家总支出的83.3%。

新兴经济体通过扩大政府收入基数为加强行政能力开创空间，经济增长促进了社会保障体系的发展。此外，通过吸取以往危机中的教训，一些拉丁美洲国家（尤其是阿根廷和巴西）和亚洲经济体（如中国和泰国）已经为建立健全的社会保障体系扩大了财政空间。

尽管财政空间和制度能力十分有限，但最不发达国家和中低收入国家已开始致力于逐步发展社会保障体系的某些要素。在一些国家，医疗保险和养老金方面的进步尤为迅速。在卢旺达，2010年社区医疗保险的覆盖率达到91%，[1] 而2006年仅为73%——大大降低了孕产妇和儿童死亡率。在莱索托、尼泊尔和东帝汶，超过一定年龄的老年人现在有权享受非缴费养老金。莫桑比克的粮食补贴计划为弱势家庭（许多弱势家庭有老年人和儿童）提供了收入保障（库尼亚等人，2013年）。埃塞俄比亚、马拉维和尼日尔制订了公共就业计划，该计划尤其侧重于农村地区。

社会保障体系范围的扩大还包括除医疗和养老金外的案例。越南计划使医疗保险覆盖全国人口，并推出了失业保险计划（邦内特等人，2012a）。佛得角政府承诺实现社会保障的全民覆盖，采取了逐步扩大缴费型社会保险覆盖面与提供基本非缴费型福利相结合的措施。

……全球金融危机爆发后，发展中国家仍然持续该种趋势

在128个可获得相关数据的发展中国家中，几乎四分之三的国家在2007年至2009年期间的实际社会保障支出和总政府支出方面出现了显著增加（图7.3）。这一趋势在中国和印度尤为明显。中国和印度社保体系在此期间内的扩大显而易见，且自2009年以来，两国仍然在继续进行社会保障体系的结构性变革。

在印度，《圣雄甘地全国农业就业保障法案》（MGNREGA[2]）为如何利用社会计划作为反周期工具提供了重要示例。得益于该计划，城市农民工在失去出口导向型工作后，可以依靠其农村原籍的家庭获得的稳定工资收入生活。通过为那些之前依靠城市农民工汇款生活的家庭提供额外的收入来源，MGNREGA的持续运作确保了农村人口能够生存下去（图7.4）。

---

1 《卢旺达国民医疗保险政策》（卫生部，2010年）；《全球社会保障体系扩大》（国际劳工组织社会保障部社会保障平台）；《卢旺达国家概况》，2013年；《共享创新经验：最低社会保障成功经验》（国际劳工组织——联合国南南合作特设局（联合国开发计划署）——各国专家，2011年）。

2 于2005年根据相应法案（《全国农村就业保障法》：NREGA）制定。

图 7.3　人均一般政府支出和人均公共社会保障支出，按 2005 年定值美元价格计算

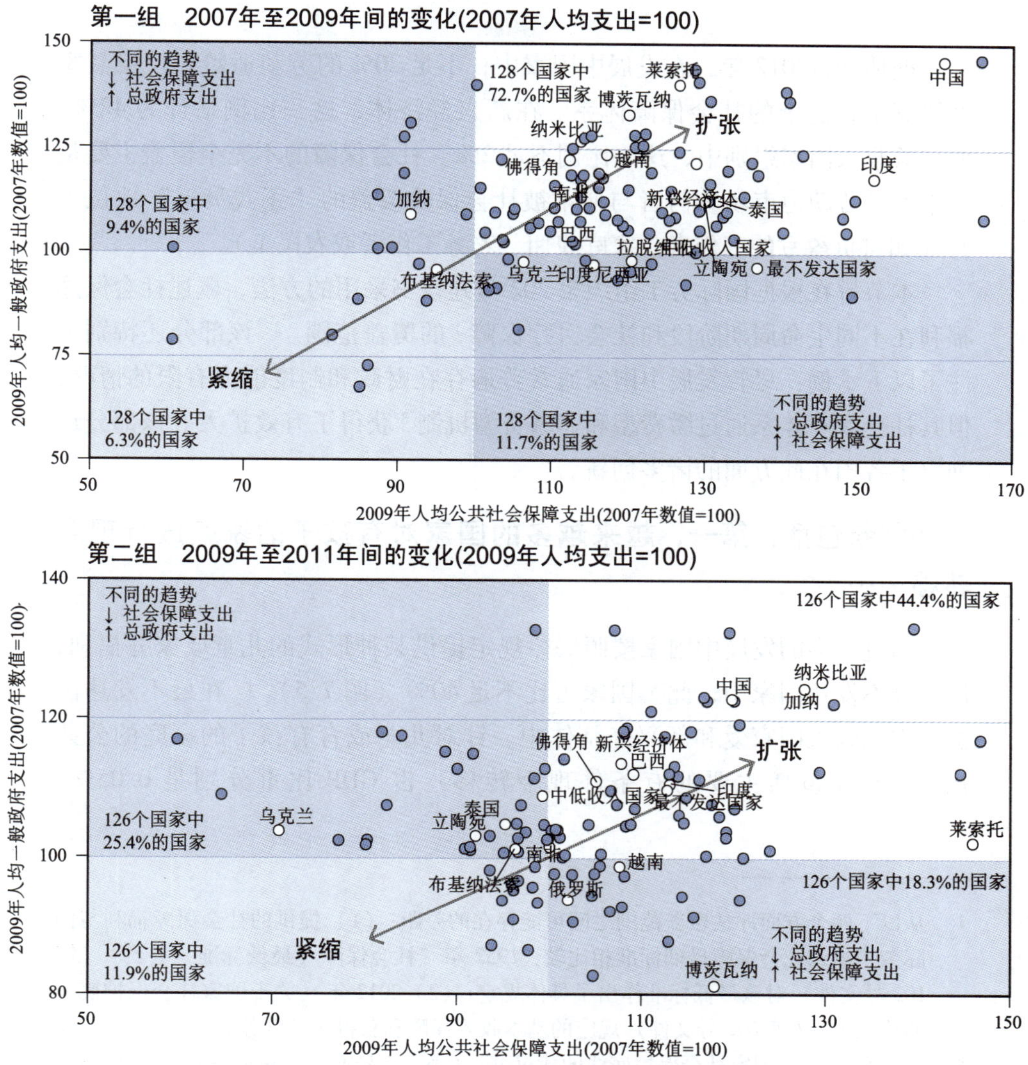

资料来源：国际劳工组织 2014a、2014b；国际劳工组织；国际货币基金组织，2013b；联合国拉丁美洲和加勒比经济委员会，2014a；亚洲开发银行，2014 年；各国数据。

图 7.4　接受 MGNREGA 支持的家庭和就业岗位数量（单位：百万）

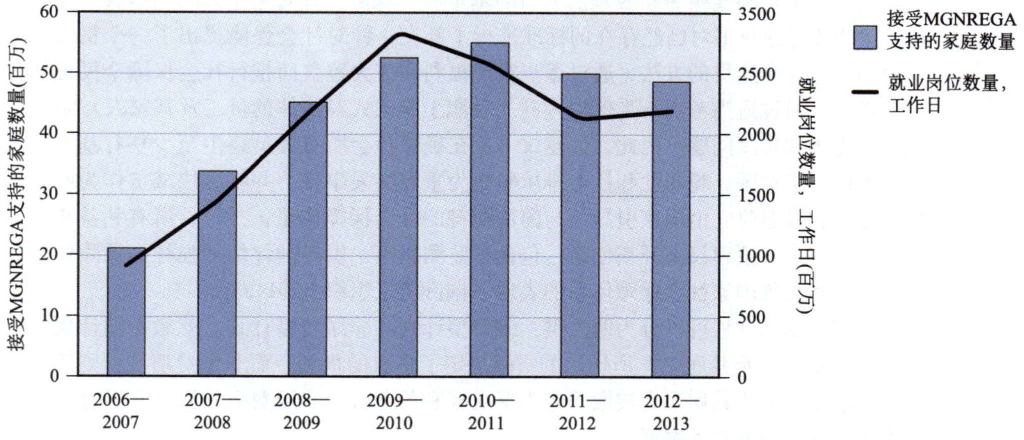

资料来源：国际劳工组织研究部基于 www. nrega. nic. in（2014 年 5 月 13 日）。

第二节　现行社会保障政策：创新和差距

据估计，2012 年，在发展中国家中，不足 20% 的劳动适龄人口及其家庭能够享有健全的社会保障体系。在新兴经济体，这一比例估计为 42%，而在低收入国家组别中，这一比例不足 2%。社会保障的不完全覆盖主要是由于大量劳动力市场参与者与通常被社会保险覆盖的“正式员工”地位不符（如自负盈亏的工作者、家庭雇佣、家务工作者或农民工）。

本节旨在根据国际劳工组织第 202 号建议书采用的方法，概述社会保障福利在不同生命周期阶段和社会医疗保障[1]的覆盖范围。[2] 该部分还特别关注了以下示例：尽管发展中国家通常普遍存在财政和制度能力有限的情况，但其社会保障体系通过缴费型和非缴费型机制[3]获得了有效扩大。该部分还列出了各国在此方面的诸多创新。

这些创新包括：第一，越来越多的国家对有孩子的家庭进行现金转移……

超过一半的发展中国家按照法律规定提供某种形式的儿童或家庭福利，但在最不发达国家中，此类国家占比不足 40%（图 7.5）。[4] 在最不发达国家、中低收入国家爱和新兴经济体中，针对儿童或育有孩子的家庭的公共福利支出（包括主要的有条件现金转移）占 GDP 比重分别是 0.05%、

1　从以下两个方面评估覆盖范围之间可能存在的差距：（1）提供的社会保障福利与国际劳工组织社会保障最低标准相比较，1952 年《社会保障（最低标准）公约》（第 102 号文件）对该最低标准作出了具体规定；（2）2012 年《关于国家社会保护底线的建议书》（第 202 号文件）规定的基本收入保障和获得医疗服务的机会。

2　2012 年《关于国家社会保护底线的建议书》（第 202 号文件）呼吁各国：（1）通过落实社会保护底线，至少实现最低水平社会保障的全民覆盖；（2）逐步确保高水平的社会保障覆盖。国家社会保护底线应针对整个生命周期，提供基本社会保障，确保有效地获得基本医疗服务；基本收入保障，以维护生命尊严。这些社会保障应包括获得基本医疗服务，包括孕产妇保健；儿童基本收入保障，提供获取营养、教育、保健以及其他必要物品和服务的保障；针对无法赚取足够收入（尤其是出于疾病、失业、生育和残疾等原因）的人口的基本收入保障；针对老年人的基本收入保障。第 202 号建议书对已经存在的标准进行了补充，针对社会保障提出了一个贯穿生命周期、综合连贯的方法，通过逐步实现福利和扩大覆盖面推行社会保障全民覆盖原则，并通过适当考虑不受保护人群（就职于非正式经济体的员工及其家人）解决了优先级和排序问题。因此，该建议书旨在确保社会所有成员终生至少享有基本社会保障，将贫困、脆弱性和社会排斥确立为重点突发事件，并将尽快减贫作为明确目标。它号召建立由国家引导、与国情相符的社会保障体系，并号召所有利益相关者参与其中。该建议书开拓创新，包含了监测指南，供各国评估加强社会保障体系的进展和完善国家社会保障体系的表现（国际劳工组织，2014a）。

3　根据融资机制，计划可以分为两大类：缴费型计划和非缴费型计划。就缴费型计划而言，受益人（及其雇主）所作出的贡献决定了享有的福利。而非缴费型计划则通常不要求受益人或其雇主直接缴费作为享受权利的条件。非缴费型计划通常通过一般税收或其他国家收入融资。

4　此处有以下几种理解方式：定期支付现金，以确保一定程度的收入保障，从而帮助儿童获得营养、医疗、教育和其他基本服务；或为儿童提供食物、衣物、住房、假期或家庭帮助；或两者结合——但无论何种情况，这些都是由法律规定的权利。

图 7.5　2012 年至 2013 年期间，开展儿童现金福利计划的国家占比

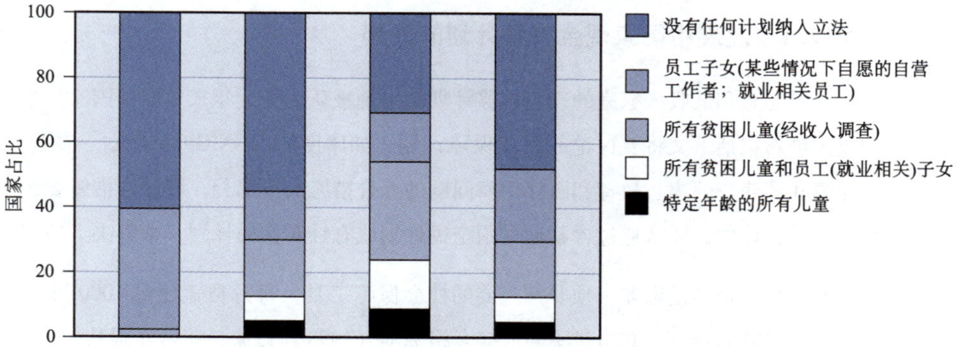

注：有法可依的计划。

资料来源：国际劳工组织研究部基于社会保障总署/国际社会保障协会 2012 年、2013a、2013b、2013c 和 2014a 得出的结果；国家劳工组织，2014e；各国数据。

图 7.6　每名儿童的公共社会保障支出（不包括医疗和教育）

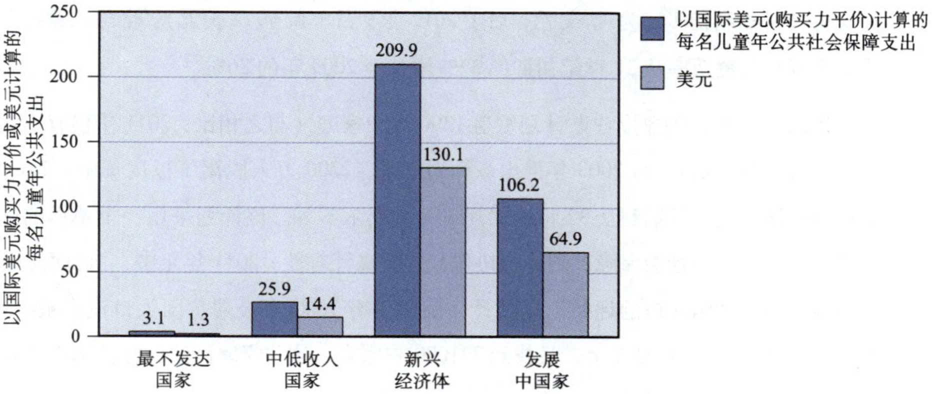

资料来源：国际劳工组织，2014b；联合国拉丁美洲和加勒比经济委员会，2014a；亚洲开发银行，2014；各国数据。

0.15% 和 0.4%。[1] 拉脱维亚、立陶宛、罗马尼亚和塞尔维亚等东欧国家已经实现了儿童的全民福利。近年来，多数拉丁美洲和加勒比国家已经实施了覆盖大部分儿童和家庭的计划，这些计划多数情况下结合了由法律规定的就业相关福利和非缴费型福利（包括有条件现金转移）。最不发达国家和中低收入国家（主要是非洲和亚洲，图 7.6）的低水平支出反映当缴费计划存在时，它仅限于少数人口。此外，非缴费型计划往往不存在，或仅处于试行阶段。

有条件现金转移的目的旨在帮助受益人脱贫、支持和提高其获得医疗服务和教育的机会，维护和促进人类发展，并提高劳动市场运作，以便为长期减贫创造条件。其中一些计划包括提高成年人就业机会的措施（例如智利团结计划）。在巴西和洪都拉斯等国，此类计划覆盖了超过四分之一的人口（图 7.7 和专栏 7.1）。[2]

1　从绝对数字来看（参见图 7.6），发展中国家每个儿童的年支出不足 110 $PPP（按购买力平价计算的国际美元，即 65 美元）。平均而言，最不发达国家的支出水平（3.1 $PPP）远低于新兴经济体（210 $PPP）。

2　2013 年，巴西约有 29% 的人口受益于家庭津贴计划。2011 年，洪都拉斯超过 35% 的人口受益于家庭分配计划或教育、健康和营养代金券 10000 计划（联合国拉丁美洲和加勒比经济委员会，2014b）。

专栏 7.1 发展中国家现金转移计划的兴起

针对儿童和低收入家庭的现金转移计划的出现被认为是近年来发展中国家一个主要的政策创新。其他重大创新包括下文将要讨论的就业保障计划，如印度的 MGNREGA 计划。多数这些计划都是解决收入保障和营养、健康、教育和医疗保障问题的综合措施的一部分，该综合措施要么通过明确地实施有条件现金转移计划，要么通过含蓄地采用全民计划或有针对性的计划，来解决上述问题。

儿童抚养补贴是南非一项非常重要的社会保障工具，每月覆盖超过 1000 万名儿童。[1]这是一个逐步扩大社会保障的示例，其通过不断改变合格标准（1998 年以来，年龄界限从 7 岁上调至 18 岁）和调整收入门槛，将居民消费价格上涨考虑在内，并提高公平性。

在阿根廷，2003 年后，正规就业人数增加，这使得更多家庭能够被纳入社会保障体系（萨尔维亚，2011 年）。为应对全球经济危机造成的经济衰退，阿根廷政府决定启动一个儿童全民社会救助计划——全国儿童补助计划。该计划为育有不满 18 岁儿童的家庭（被排除在缴费型体系外的家庭）提供收入转移支付（月福利初步定为 47 美元，后于 2012 年 9 月上调至 72 美元）。[2]全国儿童补助计划和其他计划的儿童和青年人覆盖率从 21 世纪初期的 37% 增长至 2009 年的 86% 。[3]

2012 年，巴西的家庭津贴计划覆盖 1390 万户家庭（与之相比，2011 年仅有不足 500 万户家庭受益于早期的补助计划）。自 2003 年推出该计划以来，2200 万人脱离了极度贫困。2013 年，根据每个家庭的社会经济状况，月福利从 32 雷亚尔到 306 雷亚尔不等。该计划采用一个单一的国家级数据注册表[4]，如此有助于同其他社会保障计划进行协作，并提高针对性。2011 年年中，“巴西无痛苦计划”启动，以期提高对极端贫困人口的评估。据估计，确实仍有 1600 万极端贫困人口没有被现有计划覆盖。[5]因此，社会发展部 2011 年 6 月表示，又找到 791000 户家庭，这些家庭已注册并被纳入了家庭津贴计划。

2008 年，乌拉圭出台了家庭津贴计划，作为 20 世纪 40 年代制定的缴费津贴的延伸。该新出台的计划属于非缴费型，能够覆盖更多的弱势群体。乌拉圭社会保障体系的一个重要特征是缴费型和非缴费型现金转移是一个整体，两者均由统一的机构——社会福利银行提供（菲尔盖拉和埃尔南德斯，2012 年）。阿根廷的贫困率从 2006 年的超过 34% 降低至 2011 年的 13.7%，这一事实证实了家庭津贴计划的有效性（卡利斯托，2012 年）。

……第二，尽最大努力为失业和不充分就业人士提供收入保障，尤其是通过就业保障计划……

2011 年，最不发达国家、中低收入国家和新兴经济体针对劳动适龄人口[1]的社会保障福利公共支出占 GDP 比例分别为 0.4、0.9 和 2.9（包括一般社会救助）。[2] 其中，许多面向劳动适龄人口的计划都属于缴费型计划。

---

1 针对劳动适龄人口的社会保障福利包括失业、工伤、残疾或疾病和生育福利，以及各种更具一般性的制度安排，从一般社会救助到有条件或无条件现金转移。

2 一般社会救助占最不发达国家社会保障支出的近一半，中低收入国家的 40% 和新兴经济体的 38%。失业救济金支出在 GDP 中的占比不足 0.1%（新兴经济体为 0.16%）。

图 7.7　拉丁美洲主要的有条件现金转移计划的成本和覆盖率

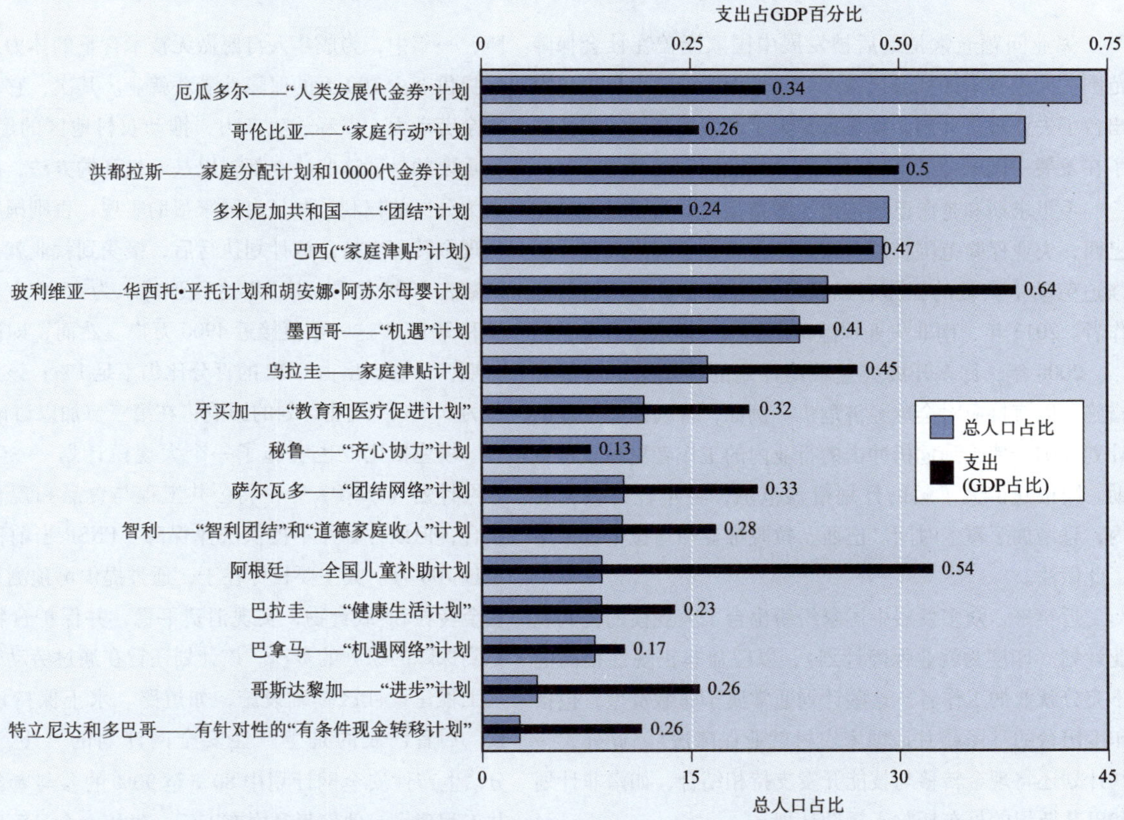

资料来源：联合国拉丁美洲和加勒比经济委员会，2014a。

[1]1998 出台的儿童抚养补贴（CSG）是南非结束种族隔离后，规模最大、发展最快的社会救助计划（社会发展部、南非社会保障局和联合国儿童基金会，2012 年）。2012 年，就所有社会救助计划而言（老年、儿童和残疾补助金），受益人数量接近南非总人口的 30%——新兴国家和发展中国家出现的最高值之一（南非社会保障局，2014 年；国际社会保障协会，2013 年）。[2]全国儿童补助计划将"家长计划"和家庭计划的受益人涵盖其中，将福利覆盖范围扩展至保障失业人员或非正式经济部门的工作者、家庭工作者和收入低于最低工资水平的弱势工作人员的未满 18 岁的子女。[3]2010 年至 2011 年，除有 430 万名儿童已经被其他计划（缴费型津贴和所得税退税）覆盖外，全国儿童补助计划覆盖了 360 万名儿童（国家社会保障局，2011 年；国际劳工组织，2012a；波特兰诺和毛里西奥，2012a）。[4]市政当局提供社会服务，并起到识别潜在受益者的重要作用。该计划还针对市政当局提供财务奖励，以使其时刻更新数据库。[5]尽管近年来社会保障计划的实施取得了很大进展，但 2010 年人口普查显示，仍有 1600 万人生活在极度贫困之中。

多数情况下，这些计划通过社会保障金得到资金，且往往仅覆盖少数工作者。但是，非缴费型计划的数量也日渐增加，并通过一般政府税收和其他收入得到资金。例如印度的就业保障计划（MGNREGA）和埃塞俄比亚的生产性安全网计划。

近期发展特点是，出现了多种社会保障形式，以便为失业和不充分就业人口提供收入保障，保障人力资本。其中包括失业保险的推广以及社会救助计划和就业保障计划的发展（专栏 7.2）。

专栏 7.2 发展中国家就失业和不充分就业问题的应对情况

失业问题通常是最后被发展中国家涵盖在社会保障范围扩大进程中的社会风险之一。然而，许多发展中国家出台了失业救济计划，或显著扩大了其覆盖范围，或实施了在发展中国家背景下应对不充分就业问题的计划。

毛里求斯和越南已经推出了缴费型失业救济计划。[1]在巴西，失业保险范围扩展至家庭工作者、小规模渔民、从强迫劳动中获救的工作者以及参与培训奖学金计划的工作者。2013 年，南非失业保险范围扩大至家庭工作者。

2008 年，许多开展失业救助计划的国家采取了额外措施，以直接应对全球经济危机。例如，智利调整了救助计划规则，使受到危机冲击的行业内的工作者更易获得救助。阿根廷扩大了救助计划覆盖范围，将年轻人包含在内，且增加了覆盖时间。巴西、拉脱维亚和乌拉圭也采用了此做法。

近年来，众多发展中国家纷纷出台了大规模的公共就业计划（印度为就业保障计划），以覆盖非正规性很高的不充分就业的工作者。这些计划通常属于非缴费型，包括印度出台的《圣雄甘地国家农村就业保障法》。此外，一些计划还将现金转移与技能开发支持相结合，如南非计划和巴基斯坦的贝布托收入援助计划。

出台于 2005 年的 MGNREGA 不同于其他公共就业计划，它提供的权利受法律保护。MGNREGA 是印度独立后出台的众多具有重大历史意义的法律之一。其基于两个相互关联的概念。首先，它确保农村居民能够享受生活保障，一年中，为成年人自愿做无技术含量的体力工作的家庭提供至少 100 天的保障性受薪就业。其次，它动员农村剩余劳动力，以释放生产力，推动农村地区的经济增长。更重要的是，这些特点都辅以基于权利的方法，即就业被视为公民的权利，并且由国家帮助实现，否则国家必须提供现金转移支持。该计划执行后，接受到就业就会的家庭户数在 2009 年和 2010 年达到顶峰，为 5500 万户，2012 年和 2013 年这一数值接近 4900 万户。然而，即便在顶峰时期，计划支出占 GDP 的百分比仍不足 1%；该比例目前约为 0.3%。就业计划的影响将在第三节加以讨论。

埃塞俄比亚也实施了一个大规模计划——生产性安全网计划（PSNP）——将公共工程与食品和现金福利相结合，但该计划并不提供法律保障。PNSP 当前覆盖人数超过 700 万。其主要目标在于，通过提供可预测且足够的现金转移和/或食物，实现消费平稳，并保护食物长期得不到保障的家庭的资产。该计划还旨在通过劳动密集型公共工程建设社区基础设施，如道路、水土保持设施和学校。后者代表的是生产性安全网计划的“生产性”部分。[2]生产性安全网计划中 80% 至 90% 的参与者参与了公共工程建设。他们每月中有五天、每年六个月可以获得工资。每户家庭在五年期间所获得的工资中位数约为 200 美元，约相当于年基本粮食需求的 10% 至 40%，其中年基本粮食需求根据埃塞俄比亚国家贫困线定义（世界银行，2013 年）。

[1]于全球危机前规划，其实施在应对危机方面十分有益（邦内特等人，2012b）。

[2]直接（无条件）现金转移除面向食物长期得不到保障的人口外，还面向暂时或永久不能工作人群（残疾人、孤儿和病人、老年人、孕妇或哺乳期妇女）。

图 7.8 提供失业救济金的国家占比，按计划类型分类

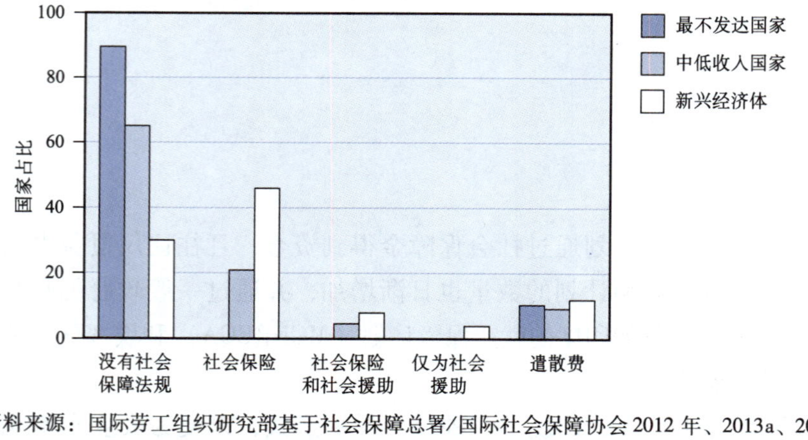

资料来源：国际劳工组织研究部基于社会保障总署/国际社会保障协会 2012 年、2013a、2013b、2013c、2014a 得出的结果；国际劳工组织，2014d、2014e；各国数据。

……第三，解决生育保障差距……

生育保障包括提供现金福利，以防止产假期间的收入损失和提供医疗保健。图7.9和图7.10仅反映了生育保障的现金福利部分。但各国近期的发展将为我们提供解决生育保障的两个部分——医疗保健和收入——的计划示例。

就收入保障而言，发展中国家26%的职业女性依法享有受到法律的强制性保护的现金生育津贴（图7.9）。多数国家提供自愿保险，主要面向自营工作者，但通常不会真正地付诸实践。如果将自愿保险覆盖的群体纳入计算，那么受法律覆盖的职业女性总占比为53%。而实际上，仅有超过21%的职业女性能够在怀孕期间有效享受福利（主要是那些向现有计划缴费的女性，或在极少数情况下也包括有资格获得非缴费型福利的女性）。

生育保障覆盖率和孕产妇死亡率之间存在关联性（图7.10）。据观测，孕产妇医疗保健服务可得性的其他指标也存在类似相关性（如由熟练医护人员助产的活产比例和孕产妇死亡率或产前死亡率之间也存在相关性）。[1]

近期出现的一些创新举措说明可采取多种方案提高产假期间的保障。2011年，约旦建立了新的生育津贴部门，覆盖了私营部门的员工，通过雇主缴费集资。最近，许多国家纷纷实施了非缴费型计划，为未享有传统生育保障的女性提供收入和生育医疗保障。在阿根廷，新实施的通用生育津贴将现有的通用儿童津贴覆盖范围扩展至失业女性和其他弱势女性。2011年，阿根廷22%的生育女性被扩展后的津贴政策覆盖[2]（埃里克辛斯卡等

图7.9　生育保障：依法享有生育现金补贴的职业女性比例

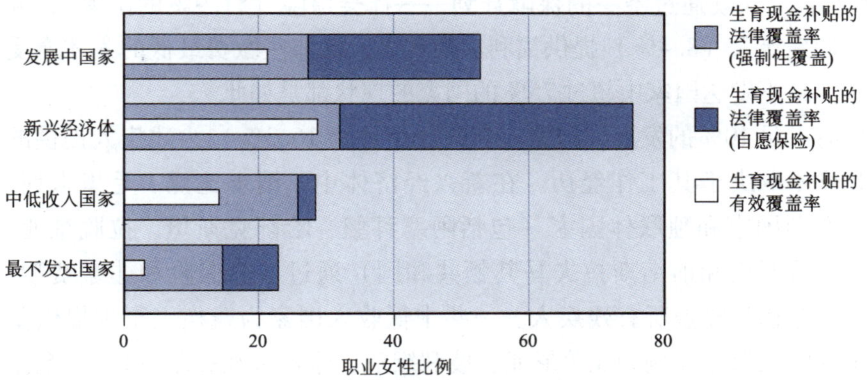

资料来源：国际劳工组织基于立法的法律覆盖率估算；国际劳工组织，2014c、2014e、2014f和2014g；各国数据。有效覆盖率：国际劳工组织，2014b、2014f和2014g。

1　详情参见顾慕白和佩（2009年）关于适当生育保障福利的实证证据。基于对17个经济合作与发展组织成员国的分析，温内加登和布雷西（1995年）发现，“带薪产假计划福利似乎与降低婴儿死亡率呈绝对正相关，且与提高女性劳动力参与率呈正相关”。田中（2005年）对18个经济合作与发展组织成员国的儿童健康结果进行了分析，发现“带薪产假大大降低了婴儿死亡率，但其他休假却没有显著效果”。

2　数据来源：国家经济规划局、社会保障政策司、《2012年社会保障公告》社会保障部国家社会保障局数据库、《社会保障统计公报》（第二期（共三期））（请访问http：//www.trabajo.gov.ar/left/estadisticas/bess/informe.asp［2013年5月24日］）。

图 7.10　生育保障覆盖的职业女性比例与孕产妇死亡率之间的相关性

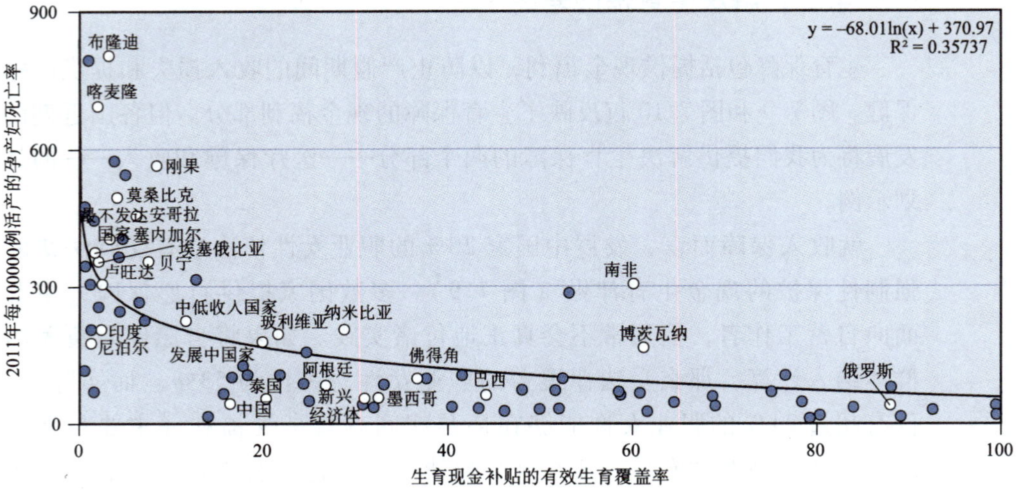

资料来源：国际劳工组织有效覆盖率估算：国际劳工组织，2014b、2014f 和 2014g。新生儿死亡率数据：世界卫生组织，2014 年。

人，2013 年）。在印度，新实施的有条件生育福利，由妇女部全额资助，在 53 个区试行。其主要目的是通过提供现金福利和医疗，提高怀孕妇女、哺乳期母亲和婴儿健康水平。试行期间，该计划预计将覆盖 138 万怀孕和哺乳期妇女。同样的，2008 年，孟加拉国实施了哺乳期母亲生育津贴计划，主要目标群体为弱势的农村低收入孕妇。

……第四，解决残疾人保障差距……

在多数发展中国家（尤其是最不发达国家和中低收入国家），现行残疾人[1]社会保障法规通过唯一的保障计划——社会保险（51.9% 的国家），或通过雇佣残疾人（8.4%）提供福利。换言之，仅那些缴费最低的人才会受到保护。最不发达国家中超过 75% 的国家的现状都是如此。

仅有不足 10% 的发展中国家（新兴经济体为 16.3%）为残疾人提供的保障程度不取决于其工作经历。在新兴经济体中，纳米比亚、毛里求斯、大多数欧洲国家和独联体国家（包括阿塞拜疆、哈萨克斯坦、拉脱维亚、立陶宛、俄罗斯和前南斯拉夫马其顿共和国）通过社会保险和非缴费型、免入息审查福利覆盖所有残疾人。一些中低收入国家为残疾人至少提供基本水平的收入保障（例如亚美尼亚、玻利维亚、摩尔多瓦和蒙古）。多数拉丁美洲国家（如阿根廷、巴西、哥斯达黎加、厄瓜多尔和乌拉圭）制订了覆盖贫困残疾人的计划，在某些情况下作为有条件现金转移的一部分；此外，还有一部分人受缴费型社会保险覆盖。

近期，南非通过提高入息审查门槛，扩大了伤残补助覆盖范围。2013 年 12 月，该计划覆盖了超过 100 万名残疾人（南非社会保障局，2014 年）。

1　根据全球估计，全球超过 10 亿人口在生活上存在着某种形式的残疾（占全球总人口的 15%），其中有 2 亿人行走存在相当大的困难。其中，7.85 亿至 9.75 亿残疾人处于工作年龄（15 岁或以上），且多数生活在发展中国家（世界卫生组织和世界银行，2011 年）。

多个国家采取的扩大养老金覆盖范围至更多社会群体（如自营工作者和家庭工作者）的措施将残疾人纳入其中。近期，巴拉圭将养老保险覆盖范围（包括残疾人、社会养老保险[1]）扩大至自由工作者——但只建立在自愿的基础上。

……第五，为老年人提供收入支持的新途径……

老年人福利平均占 GDP 比例为 2%，最不发达国家[2]为 0.7%，新兴经济体为 3.9%（图 7.11）。在最不发达国家和中低收入国家，福利仅集中于少数受益者。在许多新兴经济体，多数老年人都享有老年福利（例如巴西和中国，如下文所述）。

图 7.11　最近一年发展中国家老年福利支出

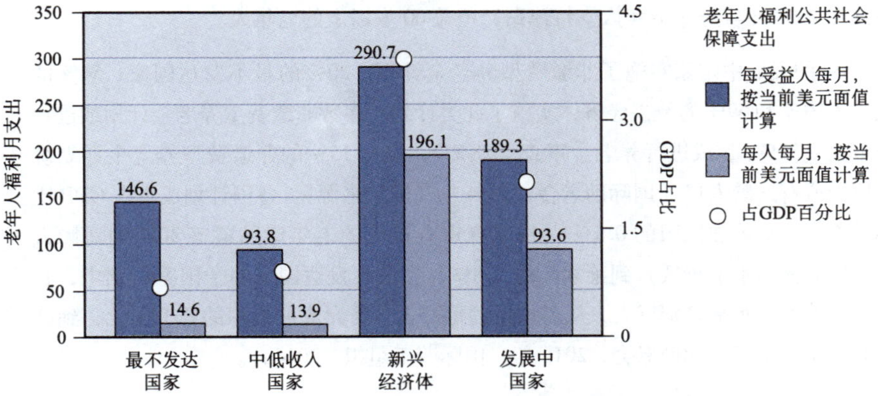

资料来源：国际劳工组织研究部基于国际劳工组织社会保障部数据库和各国数据。

老年人接受养老金的比重从 2000 年的 22.7% 增加至 2010 年的 44.2%。但国家间差异显著：最不发达国家接受养老金的老年人占总人口比例为 16%，与之相比，中低收入国家为 26%，新兴经济体为 70%。[3] 尽管出资人占比有限，但一些发展中国家享受养老金的老年人占比却相当高——非缴费型养老金计划的发展可以解释这一现象（专栏 7.3）。

养老金覆盖率与老年人劳动力参与率之间存在相关性。另一个重要的维度是所提供的福利水平。在一些国家，福利水平低于 1.25 美元/天（按购买力平价计算），例如斯威士兰和泰国。此等程度的福利水平导致较高的老年人劳动力参与率，尽管养老金覆盖率水平很高（图 7.12）。

1　养老、遗属和伤残保险。

2　主要指正规就业员工退休后的养老金。

3　非正式经济的规模在很大程度上决定了缴费型计划的覆盖范围。发展中国家不足四分之一的成年人或 22% 的劳动适龄人口缴纳养老金（最不发达国家低于 4%，中低收入国家接近 10%，新兴经济体接近 40%）。

专栏 7.3　非缴费型养老金的作用

一般而言，新兴经济体建立了相对较全面的养老金体系。这些体系结合了缴费型计划（在某些情况下提供部分补贴，或适用于覆盖非正式工作者）和非缴费型计划——在发达经济体十分常见。以中国为例。作为社会保障覆盖范围扩大战略的一部分，中国政府于2012年决定，将2009年试行的新农村养老金计划和2011年试行的城镇居民社会养老保险的覆盖范围扩大至全国。2013年年底，8.5亿人，近75%的15岁及以上人群，被四个已实施的养老金计划覆盖，其中4.98亿人被两个新计划覆盖，占总覆盖人数的59%（国际劳工组织，2014a）[1]。

在低收入国家组别，在没有完善的缴费型养老金计划的情况下，非缴费型养老金计划往往是当前主要的或唯一的养老金计划。[1]例如，莱索托在2004年推出了养老金计划，向70岁及以上和没收到其他形式养老金的所有人每月提供300洛蒂（30美元）（国际助老会，2014年）。尼泊尔的养老金计划于20世纪90年代末推出，并通过降低年龄标准，逐步覆盖了更多老年人——目前70岁以上的人都被纳入该计划内。东帝汶在2008年实施了老年人支持津贴，覆盖60岁以上的老年人。

[1]48%的发展中国家实施了非缴费型养老金计划：20%的最不发达国家、54%的中低收入国家和69%的新兴经济体实施了此类计划。多数非缴费型养老金计划或进行入息审查（52%），或进行养老金审查（28%）。仅有15%的非缴费型养老金计划统一适用于所有适龄人口（国际助老会，2014年和国家来源）。各国计划成本占GDP比重不尽相同，从孟加拉国的0.1%（按入息审查计算的老年津贴覆盖30%的适龄人口，提供的福利水平较低）到莱索托的1.8%。在最不发达国家的子国家组别中，各国提供的养老金水平差别巨大，从孟加拉的每月3.9美元或尼泊尔的8.1美元，到萨摩亚的130美元（国际助老会，2014年；国际劳工组织，2014a）。

图 7.12　接受养老金的老年人占比和65岁及以上人群的劳动力参与率之间的相关性

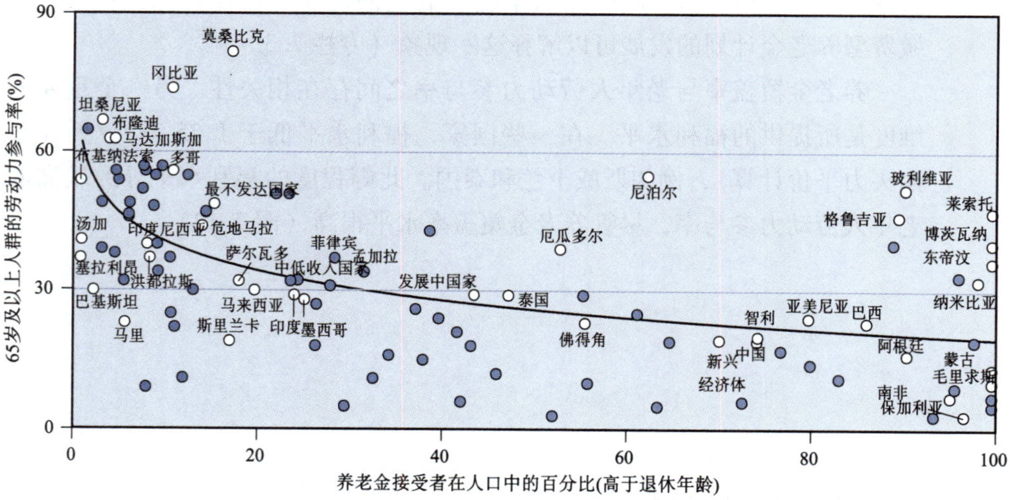

资料来源：国际劳工组织研究部基于国际劳工组织社会保障部数据库和国际劳工组织统计数据（经济活动人口估算）。

以玻利维亚为例，尽管已实施全民养老金制度，但仍有超过 50% 的 65 岁及以上的人群在工作。这提供了一些间接证据，表明养老金支付水平较低（每月低于 30 美元）。因此，在莱索托、尼泊尔和斯威士兰，非缴费型养老金计划成功扩大至大多数老年人口。低水平福利或许有助于减少贫困，但并不足以使老年人彻底退出劳动力市场。

……最后，近期值得关注的医疗保障范围扩展。

在发展中国家，平均而言，现行医疗体系覆盖范围占总人口[1]的比例为 55%，但是最不发达国家的覆盖率低于 10%，中低收入国家为 30%。最显著的覆盖率差距存在于贫困程度最高的国家（图 7.13）。2011 年，发展中国家年人均医疗公共支出为 229 美元，最不发达国家为 46 美元（低于世界卫生组织建议的最低标准[2]），中低收入国家为 81 美元，新兴经济体为 436 美元（世界卫生组织，2014 年）。

三年多以来，中国成功地扩大了基本医疗保险的覆盖范围，覆盖了超过 95% 的人口（国际劳工组织，2012b）。这一改革耗资 1335 亿美元，旨在到 2020 年实现医疗保险全民覆盖。中国的医疗保险范围扩大需要在多个社会医疗保障维度上采取行动：人力资源、基础设施、医药（可得性和经济性）和立法。21 世纪初期，享受医疗保险的主要群体是城镇地区拥有正式的雇主—雇员关系的工作者。2003 年和 2007 年，中国政府陆续推出了两项计划，以扩大覆盖范围至农村人口和城镇非工作居民。2008 年至 2011 年的医疗预算年增长率为 30%。这些资源的很大一部分投资于员工培训和改善

图 7.13　社会医疗保障覆盖水平和贫困水平

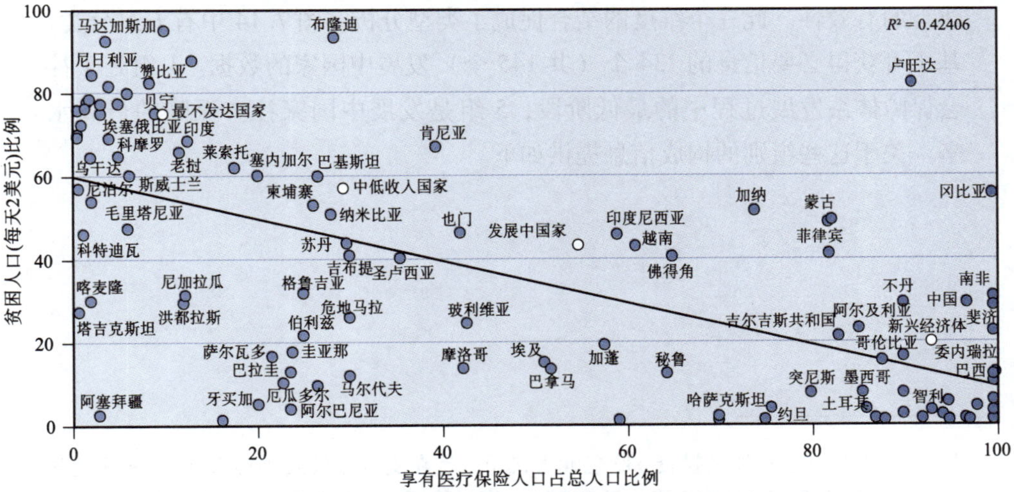

资料来源：贫困：世界银行，2014a；国际劳工组织劳动力市场关键指标。社会医疗保障：国际劳工组织，2014a 和 2014b。

1　包括社会保险以及提供免费或收取较低成本费的医疗服务的公共医疗体系。

2　据估算，为向低收入国家提供基本的医疗服务，世界卫生组织建议的公共医疗支出 2012 年为年人均 51 美元，2015 年为年人均 60 美元。

当地医疗服务。中国政府还斥巨资建设基础设施。[1] 目前，基本药物已实现全国统一售价。新的医疗体系主要针对无生活来源、无劳动能力和无抚养人（在中国，这些人被称为“三无”人群）。目前，当地政府已全面覆盖了这一人群的个人医疗保险费。中国医疗保险的快速发展也应归因于2010年《社会保险法》的出台。

印度尼西亚政府计划到2019年[2]，通过名为全国健康保险（JKN）的最新计划，实现医疗保险的全民覆盖。这项计划于2014年刚刚开始实施，此前印尼政府还于2004年和2011年分别颁布了《全国社会保障体系法案》和《社会保障提供法案》。2014年，政府分配了近16亿美元用于为贫困人口支付保险费。全国2.4亿人中约有65%（包括8600万名贫困人口）被某种形式的地区或全国医疗计划覆盖，并自动受到JKN的全面覆盖。印度尼西亚全面医疗覆盖的推广引起了质疑和担忧，尤其是关于资金不足可能降低医疗服务质量的问题更是引起了关注。

在土耳其，医疗保险覆盖人群占总人口比例为95%，有76%的土耳其公民对其国家的医疗服务表示满意（世界银行，2014b）。这得益于2003年实施的全面医疗转型计划。之前存在的四个医疗保险计划合并为一个通用计划。参与该计划的贫困人口可以享有全额补贴，接近贫困人口可享有部分补贴。平均寿命和儿童与孕产妇死亡率等主要健康指标获得了改善。土耳其的公共医疗卫生支出（GDP占比为5.1%）可与同等发展水平的其他国家相媲美。

各国社会保障战略类型分析

不同国家采用的整体社会保障体系和战略的分析方法是从以下三个相关维度进行考虑的（详细定义参见附录A）：(1) 国家将社会保障认定为权利的法定承诺[3]；(2) 为落实法定承诺，向社会保障投入的国家资源；(3) 就覆盖范围和提供的福利水平（取决于资源的高效和有效利用）而言，执行的有效性。此三个维度的结合促成了类型分析。图7.14中有五组分类，基于可获得必要信息的134个（共145个）发展中国家的数据。1组处于社会保障体系发展过程中的最低阶段，5组是发展中国家社会保障的最高水平。关于这些组别的构成信息提供如下。

---

1 中国政府在农村地区投资630亿元人民币，旨在支持建设或改善2200多家县级医院、约6200家乡镇中心卫生院和25000家村诊所。另外投资41.5亿元人民币，支持城镇建设或改善近2400家社区卫生中心。

2 综合区域信息网（IRIN）（请点击http://www.irinnews.org/访问［2014年1月14日］）。

3 国家认定社会保障作为权利的承诺需要通过国际社会保障体系立法基础的发展阶段进行衡量，或在某种程度上，通过与1952年《社会保障（最低标准）公约》（第102号文件）规定的最低值或近期发布的2012年《关于国家社会保护底线的建议书》（第202号文件）的终极目标进行比较衡量。

图 7.14　各国家社会保障战略类型分析：按收入组别分类

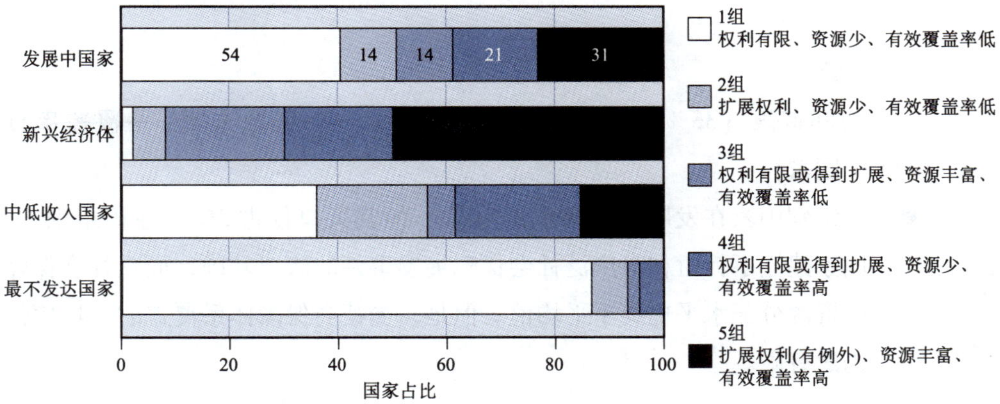

资料来源：国际劳工组织研究部。具体来源为本章第一节、第二节的相关数字。

1 组

非常有限或有限的权利——资源少——覆盖率低（54 个国家）

- 在该组别内，法定承诺有限，且往往局限于少数人群（通常是那些正规就业群体）。对社会保障较低的资源投入水平表明这些国家还存在着显著的覆盖范围差距（无论是覆盖广度还是福利水平）。
- 约 40% 的发展中国家（28% 的人口）属于这一组别。近 90% 的最不发达国家都在该第一组别，主要是非洲（72% 的非洲国家）和亚洲国家（40% 的亚洲国家）。在这些国家，多数人口生活在农村地区（55%），60% 的人口依靠农业维持生计。农业部门对 GDP 的贡献相对有限（22%）。近 64% 的人口生活在贫困线以下，就业贫困和/或弱势就业人口所占比例与之类似（62%）。
- 工业就业比例不足 10%（附加价值贡献为 27%；制造业贡献为 11%）。该组别的投资水平是五个组别中最低的，占 GDP 的 23.7%，与之相比，5 组（代表社会保障体系的更高发展阶段）的投资水平占 GDP 的近 30%。
- 总政府支出 GDP 占比有限（平均值为 30%），可能会限制社会保障获得的资源分配。

2 组

扩展权利——资源少——覆盖率低（14 个国家）

- 该组别人口在总人口中占 26%。相当大范围的法定承诺不能转化为高水平的有效覆盖，这主要是因为较低的资源分配。该组别中的许多国家都已经建立了相对坚实的法律基础，或延续了过去的法律基础（例如，多哥和刚果民主共和国）。然而，经济下滑、结构调整和/或政策变化削弱了社会保障的资源基础。
- 贫困现象普遍（平均而言，65% 的人口和 47% 的工作者生活费不足 2 美元/天）。农业部门对 GDP 的贡献仍然相对较高，而工业部门仍然欠发达。

3 组

权利有限（35%）或得到扩展（65%）——资源丰富——覆盖率低（14 个国家）

- 该组别国家在发展中国家中占 10%，但其人口仅占 3%。在该组别中，国家建立了针对相对广泛社会保障突发事件的法律基础，而且社会保障的资源分配水平也高于平均值。但是，受社会保障体系覆盖的人口比例仍然有限。

- 该组别包括许多新兴经济体，如哥伦比亚、加蓬、巴拿马和秘鲁，在这些地区，其非正式经济规模十分庞大。就所有发展中国家而言，该组别国家的贫困率是最低的，但不平等现象却十分严峻：现金转移后的基尼系数在 0.45 以上[1]，而发展中国家平均基尼系数为 0.40。尽管正规就业人口享受广泛的、相对较优厚的福利，但仍有大部分人口没有被社会保障计划覆盖。

- 对覆盖非正式经济从业人口的医疗保障存在强烈需求，有可能通过改进缴费型计划和制订非缴费型计划来实现。

4 组

权利有限（28%）或得到扩展（72%）——资源少——覆盖率高（21 个国家）

- 就部分区域的覆盖率而言，那些法定承诺有限且社会保障资源分配较低的国家仍然能够取得有效成果。这通常是因为这些国家存在福利备用金。这一福利尽管为基本水平，却不是全面覆盖就是通过其他方式有效覆盖大部分人口。

- 该组别中近 95% 的国家为新兴经济体或中低收入国家。例如，格鲁吉亚、塞舌尔、塔吉克斯坦和乌兹别克斯坦都建立了健全的非缴费型福利（和再分配措施），为多数人口提供基本水平支持。与其他组别相比，其贫困发生率相对较低（16% 的人口生活费不足 2 美元/天，但就业贫困人口比例较高，为 18%），不平等程度最低（基尼系数为 0.37），但政府社会保障支出相对较高（GDP 占比为 39%）。

- 这些国家所面临的挑战是提高福利水平，而非扩大覆盖范围。

5 组

扩展权利（有例外）——资源丰富——覆盖率高（31 个国家）

- 该组别国家在 134 个发展中国家中占 25%，其人口占 39%，主要由新兴经济体（80%）构成，其余六个国家为中低收入国家。该组别包括

1　将社会保障支付纳入考量后。

来自中欧和东欧（例如保加利亚、拉脱维亚、立陶宛和俄罗斯）、亚洲（例如中国、蒙古和泰国）、拉丁美洲（例如阿根廷、玻利维亚、巴西和墨西哥）以及非洲（例如阿尔及利亚、毛里求斯、纳米比亚、南非和突尼斯）的国家。

- 就整体而言，该组别拥有较高的投资水平（占 GDP 的近 30%），其工业对总附加值的贡献（33.5%）也较高，并且农业占总产出比重较小（占 GDP 的 7.6%）。
  - 贫困率相对较低（低于 13%），就业比例高，约为 75%。
  - 在这些国家，最主要的挑战是效率和有效性。需要针对资源投入是否取得了预期效果进行谨慎的监控。

这种方法将国家按照其社会保障体系的不同发展阶段进行分类。本方法从其他几个重要维度（贫困、就业和生产率）对处于同一社会保障体系发展阶段的国家进行比较，详情见下一节内容。

第三节　社会保障与发展

该部分旨在评估社会保障对发展的潜在影响。首先，如果符合必要条件，社会保障将有利于取得更好的医疗和教育成果，从而提高个人能力。这是社会保障的长期影响。其次，社会保障还提供一个有用的短期工具。现金转移（或创造就业计划中的劳动收入）代表着新需求的注入，这可能是面临经济冲击时不可缺少的部分。有一点是非常明显的：这两种效果能实现到何种程度取决于具体的资金安排和社会保障体系的设计特征，如落实制度的有效性，从而应对福利依赖风险和确保充分公平。

证据表明，精心设计的社会保障体系首先能够帮助解决贫困和不平等问题……

发展中国家社会转移的一个主要目标就是减少贫困和弱势程度。这将直接影响最贫困人口的消费水平和弱势程度，同时也有助于改善健康状况和促进技能发展。大量文献对这些计划的减贫有效性进行了评估（国家劳工组织，2010b，2010c）。这些研究结果表明，多数计划通过确保受益人享有最低收入保障，为减少贫困和弱势程度作出了巨大贡献。这类计划提供的货币现金转移通常数额很小，以至于本身并不能产生显著影响。[1] 非货币性福利（如就业服务、住房和对行使基本权利的支持）与货币性现金转移双管齐下十分必要。

1　本部分所介绍的部分计划代表着一些健全的机制。被广泛作为许多研究文献主题和部分说明的非缴费型计划，仅代表一部分社会保障总投资比例，尤其是与缴费型计划代表的资源相比的时候。

图 7.15　人均社会保障支出和贫困率的相关性

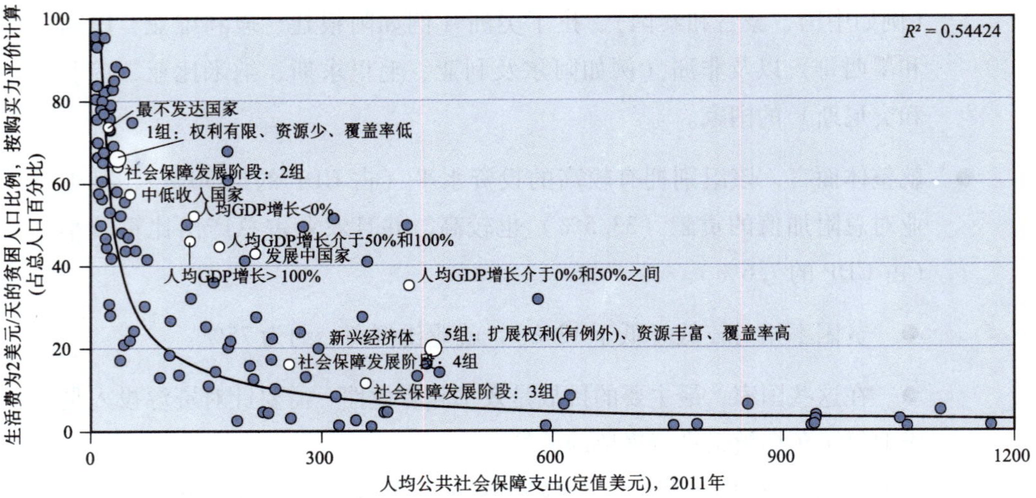

注：由总人口确定权重。

资料来源：世界银行，2014a；国家劳工组织劳动力市场关键指标。社会保障：国家劳工组织，2014a 和 2014b。

图 7.16　5 个国家组别的贫困和不平等指标（类型分析法）

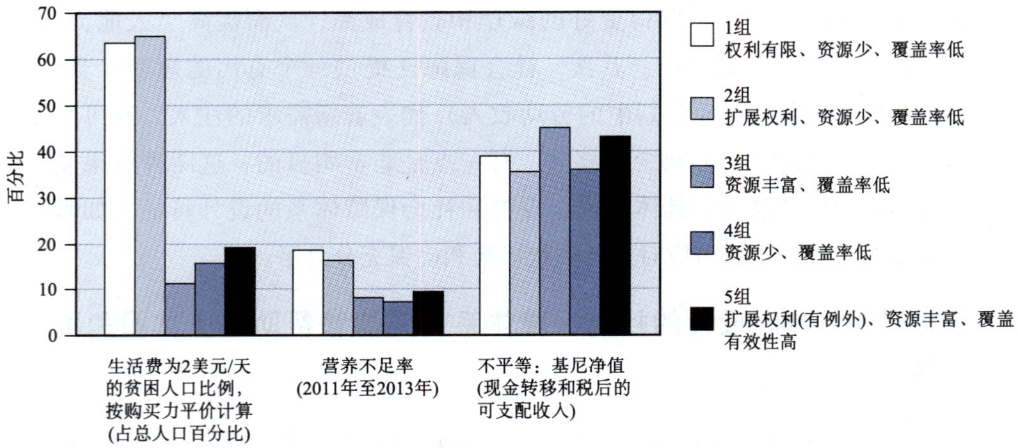

注：由总人口确定权重。

资料来源：贫困：世界银行，2014a；国际劳工组织劳动力市场关键指标。社会保障：国家劳工组织，2014a 和 2014b。就业：国家劳工组织《趋势计量经济学模型》，2014 年 1 月。

图 7.15 显示，较高的公共社会保障支出和减贫之间存在相关性。图 7.16 进一步说明了这一点，即社会保障体系较发达的国家往往比社会保障有限国家的贫困和就业贫困水平低（如前一部分所述类型分析法中的定义）。1 组（最低社会保障水平）中约 64% 的人口生活费不足 2 美元/天，而 5 组（最高社会保障水平）的该比例不足 20%。

专栏 7.4　现行社会保障和减贫示例

阿根廷全国儿童补助计划的实施有助于减少极度贫困的有孩子的家庭数量，2010 年减少了 3.4 个百分点，2012 年进一步减少了 3.5 个百分点（ODSA，2013 年）。全国儿童补助计划虽然解决了最严重的育有未满 18 岁儿童的家庭的贫困问题，却没有对劳动力市场存在的劳动力或就业人口/总人口比率减少问题产生重大影响（波特兰诺和毛里西奥，2012b）。

在巴西，生活费不足 70 雷亚尔[1]的巴西人口比例从 2001 年的 9.8% 降至 2012 年的 3.6%（图 7.17）。据估计，2012 年，家庭津贴计划帮助实现减贫 36%（内里等人，2013a）。该计划奏效的主要原因在于高效利用支出、针对性强和获得主要基本服务三者相结合（应用经济研究所，2012 年；索尔斯等人，2010 年）。受益人可优先获得许多服务和支持——除教育和医疗外——如住房和最近的职业培训和就业中介服务。

在墨西哥，如果没有实施人类发展计划——“机遇”计划，粮食贫困水平估计将比 2008 年所报告的水平高 9.6%。若没有所有主要社会福利计划（“机遇计划”、“乡村直接支持计划”、“老年营养计划”和“贝卡斯（Becas）计划”）的综合贡献，墨西哥的贫困水平将比目前水平高出 13.5%（国家社会发展政策评价委员会，2009 年）。尽管提供的福利水平较低，但“机遇”计划有效地实现了减贫。[2]社会发展部负责协调该计划，并成功通过完善的映射和选择流程支持，促进了计划的跨部门和政府间实施。[3]

在印度，对 1064 户农村家庭的纵向调查显示，由于 MGNREGA 计划的实施，12% 的家庭实现了收入上涨，因为多数家庭成员能够获得按时计酬工作（恩格勒和拉维，2013 年）。另一项研究[4]表明，该计划为贫困农村家庭带来了可观的货币收入增长；估计称“MGNREGA 计划可能使农村贫困人口 2009 年至 2010 年的总工资收入增长了约 20%，因此仅在这一年内应该能够将农村贫困发生率降低 12 至 16 个百分点。”由于 MGNREGA 计划在稳定农村最低工资标准、缩小性别工资差距（波多罗伊，2011 年）和为农村人口提供更好的议价情境方面发挥了巨大作用，印度农村地区（和印度城市地区）的临时工作实际工资在近期内大幅上涨，且性别工资差距出现下降（图 7.18）。[5]

图 7.17　家庭津贴计划对极度贫困的影响预估（2001 年至 2012 年，%）

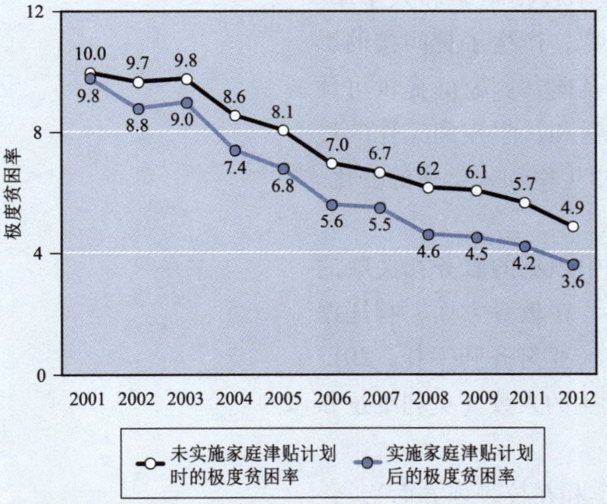

资料来源：内里等人，2013a。

注：贫困线为 70 雷亚尔，按 2011 年恒定价格计算。

图 7.18　农村临时工作的实际工资（1999 年至 2012 年）

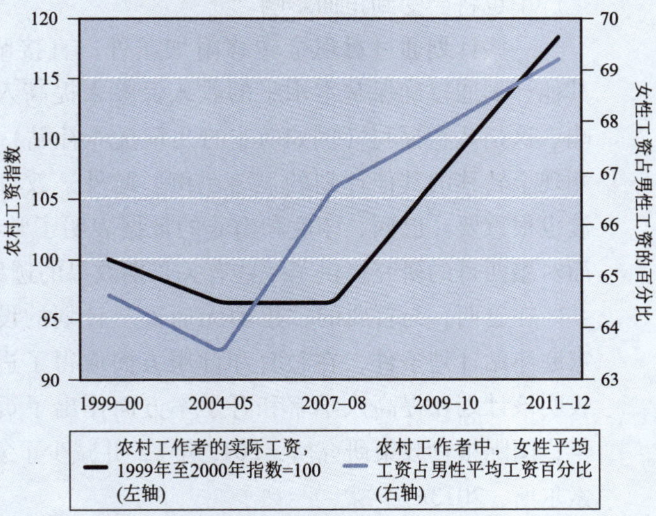

资料来源：国际劳工组织基于全国抽样调查组织开展的工资数据调查以及农业工作者消费价格指数，计算平减物价指数。

注：数字包括农村临时工作，不包括与公共工程相关的工作。

[1] 极度贫困的官方标准。以 2011 年价格计算的数据，根据整个系列的通货膨胀率进行调整。

[2] 若该国家某些地区的可持续发展的企业没有面临不利环境，其效果将更加惊人。

[3] 映射和入选流程分三个阶段：（1）根据经济和社会边缘化指数，将地区划分为 5 类；（2）通过统计方法，确定每个市的家庭数量；（3）与社区共同检查选定名单列表是否反映了当地的真实情况（索尔斯等人，2007 年；巴斯塔利，2009 年）。

[4] 基于在三个国家中六个地区的小样本调查。

[5] 1999 年至 2005 年期间，即前 MGNREGA 时期，农村经济名义工资年均增长率为 2.7%。后 MGNREGA 时期（2006 年至 2009 年期间），平均工资增长率几乎翻了两番，为 9.7%。2010 年 1 月至 2011 年 5 月期间，年均名义工资增长率几乎达到 18.8%（农村发展部，2012 年）。

值得注意的是，图 7.15 和图 7.16 以及特定国家的插图表明，就社会保障对贫困的遏制程度而言，各国家之间存在巨大差异。专栏 7.4 提供了关于社会保障如何帮助减少贫困的示例，突出强调了完善的政策设计和实施机制的关键作用。此外，图 7.16 表明，社会保障本身可能并不总是足以解决收入不平等问题。因此，需要实施辅助性政策，这些辅助性政策将在第 8 章中进行详细探究。

……其次，促进人类发展和个人能力的提升……

社会保障在提升就业能力和生产率以及获得体面工作方面作出了积极贡献，尤其通过：（1）更多获得食物的机会以及改善健康和营养状况，（2）提高入学率来发挥作用。

各种研究表明社会保障分别与健康和教育之间存在关联性。在巴西，相关证据表明，参与家庭津贴计划的家庭低体重儿发生率比情况类似的非受益家庭低近一个百分点（桑托斯等人，2013 年）。据观察，类似结果还存在于多数实施有条件现金福利的国家以及大规模创造就业计划（如埃塞俄比亚的生产安全网计划或孟加拉的挑战减贫前沿/瞄准极端贫困计划）的受益人。

从长期来看，更好的营养及更好的住房条件与预防疾病直接相关，这会对死亡率和平均寿命等关键指标产生积极影响（马佐拉，2012 年；若塞拉，D. 等人，2013 年）。其他调查结果表明，从中长期来看，就业能力和生产率也将会受到正面影响。

一些计划通过对现金转移附加条件，直接瞄准学校招生率和入学率。其他计划通过确保基本水平的收入保障来提高入学率，产生了更间接的影响。这是儿童福利（例如南非的儿童抚养补贴）以及向贫困家庭提供可预测现金转移的其他计划的显著示例。此外，教育质量和从学校到工作的过渡也很重要。巴西、印度和南非的证据表明了学校招生率和入学率的变化。而对墨西哥的研究提供了一些有关长期效果的迹象。

在巴西，与首要的“巴西无痛苦”计划的设计中预见的服务相关联的家庭津贴计划条件，在教育和健康方面取得了进展。在教育方面，有证据表明该计划在提高入学率和升学率方面作出了贡献（亚努齐和平托，2013 年；国际粮食政策研究所，2012 年），并减少了复读生的人数（奥利维拉和索尔斯，2013a）。

墨西哥“机遇计划”也显示出了直接影响（入学和在校表现方面），并就长期内提高体面工作就业人数方面确定了预期结果（参见下文第三点所述）。1990 年至 2012 年期间，6 岁至 15 岁青少年的教育落后程度出现大幅下降，从 26.6% 降至 19.2%（社会发展政策全国评估委员会，2012 年）。在校表现方面也实现了相应的改进，其中，1998 年至 2003 年，奖学金获得者的数学能力增加了 10 个百分点（社会发展部，2012 年）。

尽管缺乏与健康和教育目标相关的明确条件，无条件计划也为推动人类发展作出了贡献。在印度，MGNREGA 的证据表明，由于收入得到保障，送子女（尤其是女儿）去上学的工作者呈增加趋势。在奥利萨邦和安得拉邦，年轻人接受了 MGNREGA 的工作安排，以支付他们的学费和接受高等教育期间的其他费用（消除种族歧视委员会，2010 年）。同样，南非的儿童抚养补贴计划也取得了良好的成果，具体表现为入学率得以提高，减轻贫困对儿童早年时期造成不利影响的长期福利开始显现[1]（雷波兰特等人，2010 年；哈尔和莱特，2011 年）。

此外，对教育的积极影响还能够从其他一些计划中观察到，在这些计划中，儿童虽然不是主要的目标群体，但却确实从定期的和可预测的现金转移中获益。据报道，在纳米比亚和南非，计划受益人利用他们的社会养老金为孙辈支付学费（国际劳工组织，2010c）。

……再次，支持生产性就业……

通过给求职者一定时间找到匹配其技能的工作，失业保障体系能够使劳动力市场更加有效。图 7. 19 表明，与社会保障体系发展阶段存在正相关的这些因素与经济增长、就业和社会保障存在相互关系。农业就业人数占总就业人数比重的减少和工业就业人数占比的相对增加往往和较多的受薪就业机会相关，从而增加了缴费基数，进而扩大了社会保障范围。最近一段时期内，社会保障政策还制定了解决职业覆盖率低的方法，例如，巴西的农村养老金计划、中国近期扩大农村养老金和医疗保险覆盖范围计划以及将家庭工作者纳入失业、生育和养老金缴费型计划。

图 7. 19 还表明，随着社会保障体系的发展，就业贫困和弱势就业的工作者平均占比呈现大幅下降。对“机遇计划”的研究发现，与非受益人相比，受益于该计划的 15 岁至 25 岁的年轻人的就业水平更高，工作收入也较高（社会发展部，2012 年）。此外，与非受益人相比，参与该计划至少六年和完成小学或中学教育的年轻人的工资分别增长了 12% 和 14%（社会发展部，2012 年）。

社会转移对生产能力利用率的影响引发了公众对市场扭曲和一些不利于就业的因素的担忧。近期探究收入转移激励效果的研究发现，总体而言，意想不到的负面影响较少。相反地，证据表明，社会转移有助于改善贫困

图 7. 19　2013 年按就业指标划分的社会保障的近期变化、资源和覆盖范围（百分比）

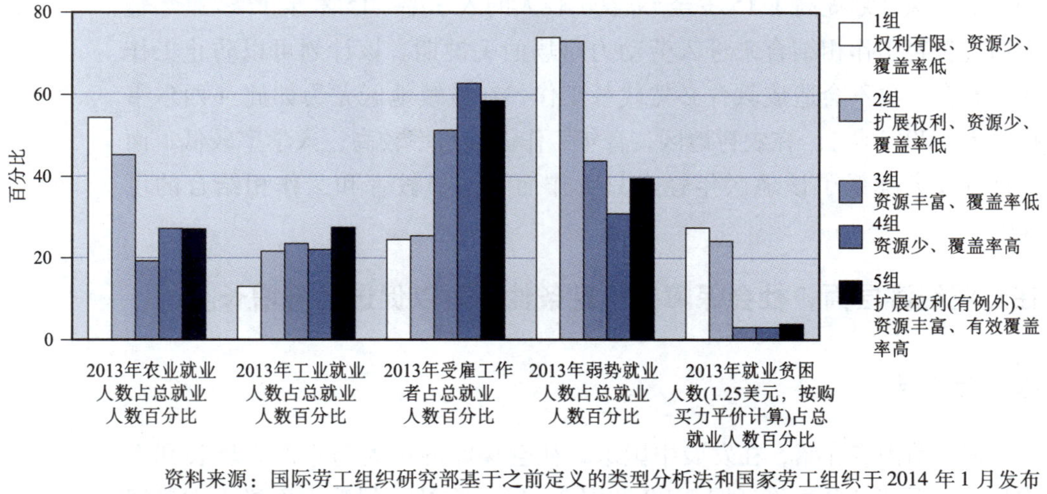

资料来源：国际劳工组织研究部基于之前定义的类型分析法和国家劳工组织于 2014 年 1 月发布的《趋势计量经济学模型》得出的结果。

1　帕特尔等人，2013 年。

家庭的资源分配，支持更加高效的决策，而非不良的应对策略，而且，在实施就业创造计划的情况下，社会转移有可能提高生产率和扩大生产（国际劳工组织，2010c）。这就是说，创建和扩大可持续发展企业的障碍、管理不善和腐败，以及技能不匹配问题都可能大大降低社会保障计划的有效性。

……日益与培训和技能开发活动相结合……

失业福利避免了工作者必须接受摆在自己面前的第一个就业机会的情况，从而保持了人力资本，改善了求职策略。有证据表明，接受定期现金转移就其本身而言，甚至在缺乏培训或互补干预的情况下，会对劳动力市场参与率产生影响。在南非，研究发现，通过覆盖对求职的投资成本（和风险），接受家庭层面的社会保障转移对求职过程具有显著影响（麦克德，2011 年）。提供社会保障能够刺激对技能培养的投资，从而带来有关技能开发方面的各种影响，这取决于所提供的社会保障福利的水平和类型（如养老金和失业救济金）。

越来越多的社会保障计划将培训/技能开发或资产积累纳入它们的目标和设计。这可能激励工作者参与培训。考虑到公共就业计划，此类计划对女性产生的影响最大，促进女性劳动力参与率的提高，而非大幅提高失业人员的就业率（专栏 7.5）。

……最后，减少童工。

童工背后的经济动机已经扩展到非收入因素，并且它的出现常常是为了应对贫困家庭的弱势性。面向有孩子的家庭或年轻人的收入转移可能并不足以实现更大的社会政策目标，如消除童工和辍学现象。为实现这一目标，有必要更大规模地整合与协调各种计划和政策，并根据家庭构成，将所有家庭所面临的风险和弱势性考虑在内。

然而，有证据表明，收入转移计划在减少童工和未就业、未接受教育或培训的年轻人数量方面体现了有效性（奥里韦拉和索尔斯，2013b）。家庭津贴计划在降低既不工作也不学习的年轻人数量方面的积极影响已经得到证实。该计划提高了 15 岁至 17 岁年轻人的入学率，15 岁至 17 岁是年轻人通过教育工作相结合来进入劳动力市场的关键期。该计划可以防止工作代替教育，也不会造成教育必然代替工作，在城镇地区尤为如此（西尔韦拉等人，2013 年）。在农村地区，青年工作者参与率较高，入学率较低，而该计划大大降低了该地区年轻人只工作而不选择教育和工作相结合的可能性。

在宏观经济层面，社会保障在一定条件下可以促进经济增长。

提高生产率

据之前内容介绍，在发展中国家，社会保障的扩大与生产率增长和人均收入的提高息息相关（图 7.20 和图 7.21）。在社会保障方面投入大量资源的国家（本章和附录 A 中所述的类型分析法中定义的第 5 组），其经济表现明显强于提供低水平社会保障的国家（类型分析法中的第 1 组）。

专栏 7.5　将技能开发活动纳入其中的社会保障计划示例

研究表明，社会保障有助于缓和经济危机对劳动力市场造成的冲击，同时帮助经济复苏。在阿根廷，“家长计划”——当前为全国儿童补助计划的一部分——在 2002 年经济危机期间提供社会保障和技能开发。该计划将公共工程与培训相结合，总成本占 GDP 的 1%（全国预算的 4%）。将培训计划的所有受益人包括在内，受益人总数达到 240 万（科斯特，2008 年）。研究表明，在始于 2003 年的复苏阶段，“家长计划”帮助实现失业率降低 2.5 个百分点（加拉索和莱文尼，2003 年）。

相比之下，马拉维的中部地区基础设施维护计划解决当地需求和企业信贷约束，因此影响了其有效性。资金转移的价值以及技能水平不足以显著改变生产率，而且由于缺乏需求和干旱，这些活动没能成功开展下去（麦克德，2011 年；英国国际发展部，2004 年）。同样，相关评估表明，乌拉圭塔波乔布（Trabajopor）计划的效果有限，这可能是由于所提供的技能类型并不能响应劳动力市场需求（鲁宾等人，2008 年）。

在足够的时间框架内评估计划的有效性至关重要。智利的“团结计划”将社会保障与参与活动的限制条件相结合，以促进就业和技能发展。对计划实施前两年期间的评估发现，并没有证据能够表明参加就业计划能够提高就业率（加拉索，2011 年）。然而，随着时间的推移，发现了一些积极的就业效应（侯斯·德·拉·盖地等人，2011 年）。2011 年，“道德家庭收入”计划大幅增加了从智利“团结计划”转移的数量，鼓励受益人融入劳动力市场。[1]

自 2008 年以来，劳动力市场措施和社会保障之间的关联性得以加强，这也是对最近一次金融和经济危机作出响应的一部分（邦内特等人，2012b；埃里克辛思佳等人，2013 年）。社会福利与参与培训计划相挂钩是巴西采用的方法，其中，额外的职业培训提供给收入转移计划的受益者。“全国技术教育和就业计划”（PRONATEC）于 2011 年至 2014 年期间实施，旨在到 2014 年创造 800 万个额外的职业培训机会，目标群体是接受收入转移的年轻人和受益者。到 2014 年 4 月，已经有 630 万人从 PRONATEC 计划中获益（巴西政府，2014 年 4 月）。

[1]初步结果显示，女性参与率增长了 9%，而且受益于该计划的家庭中成年工作者占比也有所提高（亨诺氏和特龙科索，2013 年）。

当然，图 7.21 和图 7.22 中呈现的统计关联性并不一定意味着社会保障是经济表现改善的原因。原因可以是多种多样的。另外，当社会保障水平近似时，各国的经济表现也存在着一些显著的差异（即这种相关性并不是总能得到证实）。

然而，事实上，据发展中国家记录，社会保障的扩大通常并不会损害经济表现。而且它对提高经济表现的贡献有以下几点原因：

第一，如上文所述，社会保障与技能提高相结合将对经济产生明显的积极影响。

第二，更重要的是，社会保障为更多“生产性决策”创造了空间。确保收入保障和平稳家庭消费能够帮助人们摆脱贫困，并避免为了维持生计而被迫诉诸有害的应对策略。基本的收入保障是工作者有能力承担经济和创业风险的重要的先决条件，从而促进生产性投资。转移的规律性、可预测性和充足性能够在受信贷和资金流动性约束的条件下从事劳动的家庭重

图 7.20　1991 年至 2011 年社会保障支出转变和生产率增长之间的关联性（%）

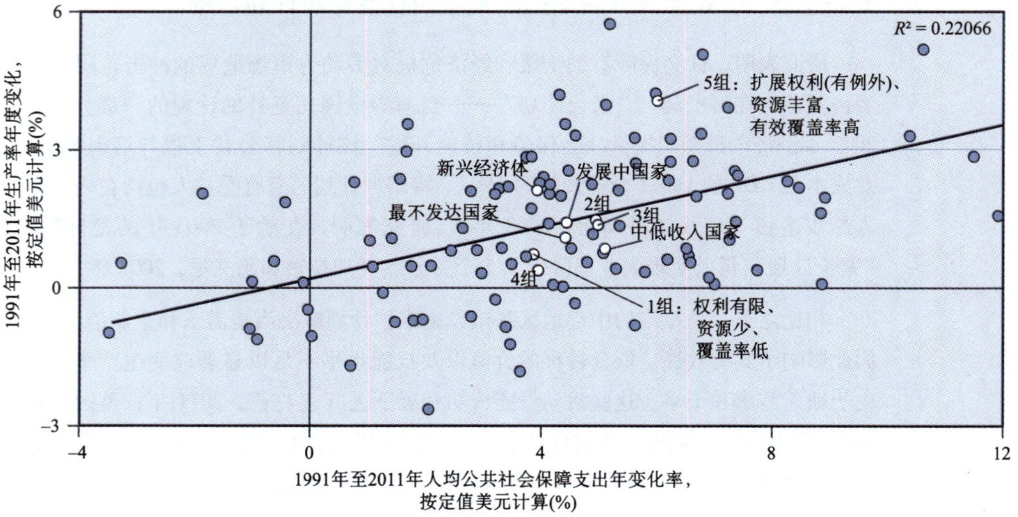

资料来源：国际劳工组织研究部基于国际劳工组织 2014b 得出的结果；国际劳工组织劳动力市场关键指标；世界银行 2014a。

图 7.21　1990 年至 2011 年社会保障支出转变和人均经济增长之间的关联性（%）

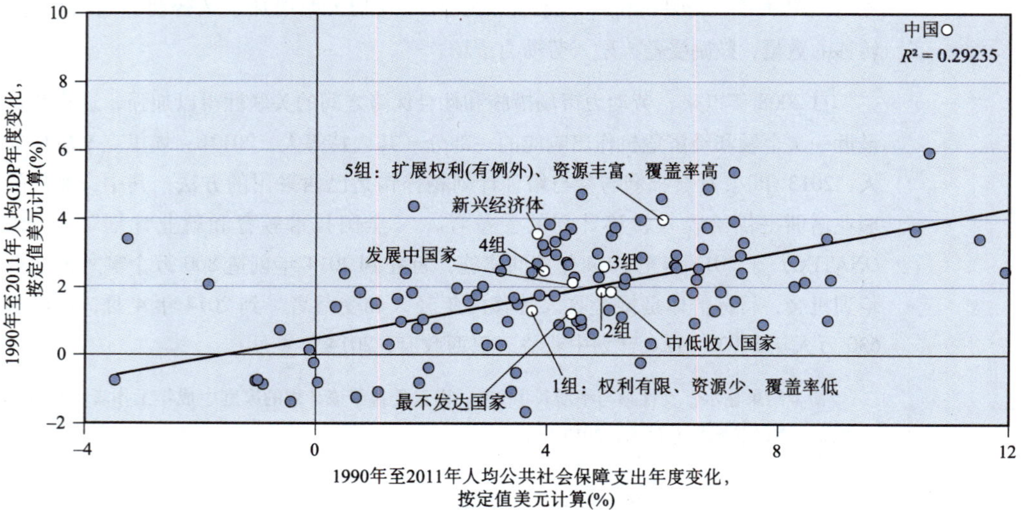

资料来源：国际劳工组织研究部基于国际劳工组织 2014b 得出的结果，世界银行 2014a。

新分配其生产性资源，从而最终积累并保护其资产。在玻利维亚，波诺·迪哥尼德（Bono Dignidad）（现为伦塔迪哥尼德，Renta Dignidad）社会养老金的农村受益者消费增加量为福利的两倍。墨西哥、巴西农村养老金和纳米比亚社会养老金也呈现类似结果（国际劳工组织，2010c）。

第三，公共就业计划对生产率可能存在直接影响。如果实施得当，农村耐用资产的创造、水资源管理和流域开发可能提高农业生产率。多数对印度的研究证实，社会保障对农业生产率具有积极的直接影响，尽管这些影响不一定完全归因于 MGNREGA 计划（IDYWC，2010 年）。近期的一项大型实证研究对社会经济、环境条件不同的 40 个样本村庄进行了调查，研究表明，MGNREGA 计划产生了多重环境和社会经济效益，改善了水资源供应和土壤肥力，进而增加了粮食产量和就业机会，并减缓了农村人口流动（埃斯特维斯等人，2013 年）。

支持内需

社会保障可以对家庭消费、生产性投资、当地市场的复兴[1]和农村经济产生巨大的影响。除其他因素外，这一影响程度取决于社会保障体系的范围和程度，以及各种计划的特定设计特征，尤其是计划与就业、劳动力市场参与率和培训的关联程度。

对巴西家庭津贴计划和印度 MGNREGA 计划产生的需求影响的分析说明了这一点。一些研究显示，家庭津贴计划支出占 GDP 比重每增加 1%，就会相应地使产出和家庭消费分别增加 1.8% 和 2.4%（内里等人，2013b）。

就 MGNREGA 而言，2010 年至 2011 年在卡纳塔克邦开展的一项研究表明，该计划的乘数效应因地区而异，介于 3.1 至 3.6 之间（转引自农村发展部，2012 年）。古吉拉特邦的一项详细研究发现，该地区的乘数为 2（即计划支出增加 1% 将使产出增长 2%。海尔威等人，2009 年）。

社会保障使经济增长和就业机会创造前景更加令人看好，反之亦然。体面就业机会的创造及积极经济表现将提高收入水平，扩大税基，以资助额外的社会保障、促进就业、基础设施建设和人力资本开发政策。

促进可持续的经济增长

除个别计划对地方需求和产出的具体影响外，评估社会保障对整体宏观经济影响至关重要。原则上，宏观经济影响是双向的。一方面，社会保障有助于扩大经济增长的国内来源。此外，它还起到反周期性作用，而且事实上，许多发展中国家加强了社会保障以应对全球危机。另一方面，社会保障通过社会缴费或一般纳税集资，这一点也应该纳入任何宏观经济评估的考量。

从某种程度上讲，这是一个实证问题。表 7.1 显示了简单的关联性，控制特定国家的固定效应。[2] 将发展中国家作为一个整体而言，结果表明，短期内社会保障投资（将投资水平考虑在内）和经济增长之间存在显著关联性。从表中可以发现，人均社会保障支出发生 1% 的变化将导致人均 GDP 变化 0.35%。当区分新兴经济体、中低收入国家和最不发达国家时，结果表明，人均社会保障支出方面的人均 GDP 弹性随着收入阶梯的上升而增加（从最不发达国家的 0.25 到新兴经济体的 0.5）。

---

1 通过维持总需求，当地市场间接地受到短期刺激，并且全球就业受到的预期积极影响预计来自于总需求（和相关生产水平）所受到的影响。据报道，小型自给自足的地方经济已经出现了社会转移的溢出效应。在纳米比亚和南非，甚至是最小的村庄都建立了很多杂货店，以响应社会养老金计划带来的需求增加（国际劳工组织，2010c）。

2 通过将人均 GDP 记录回归到人均社会保障支出获得该结果，允许将估计系数解释为弹性。

表 7.1　1990 年至 2012 年社会保障支出和经济增长之间的相关性

	人均 GDP 对数（按 2005 年定值美元计算）			
		（仅最不发达国家）	（仅中低收入国家）	（仅新兴经济体）
社会保障支出对数（人均）	0.353***	0.245***	0.353***	0.477***
	(0.027)	(0.038)	(0.039)	(0.047)
恒定值	5.741***	5.482***	5.678***	5.568***
	(0.113)	(0.102)	(0.158)	(0.274)
观测值	887	287	276	324
R^2	0.515	0.374	0.551	0.646
国家数量	136	45	41	50
总体 R^2	0.820	0.670	0.536	0.424
R^2（包括固定效应）	0.977	0.9508	0.9313	0.9008

注：稳健的标准差以括号的形式标注。*** 表示该系数显著水平低于 1%。

资料来源：国际劳工组织研究部的估算基于世界银行，2014a 和国际劳工组织，2014a。

这些结果证实，社会保障起到了作为应对危机的自动稳定器的作用。研究表明，社会保障有助于缓冲全球经济危机的影响，前提是：（1）危机期间已经建立了坚实的制度和执行能力；（2）社会保障的范围足够广泛，以对直接受益于社会保障计划的群体以外的人产生显著影响（国际劳工组织，2010a）。[1]

为了探究社会保障作为"自动稳定器"的作用，进一步的分析已经展开（表 7.2）。该分析将全球经济的起起伏伏（表 7.2 中的时期固定效应体现了这一方面）考虑在内。估计表明了在 5 年期间提高了社会保障水平的国家是否能够在接下来的 5 年内更加快速地增长。根据估算结果，新兴经济体存在这种情况（参见表 7.2 第一行）。与之相比，在社会保障范围有限的最不发达国家和中低收入国家，系数在统计学上并不显著——表明未检测到社会保障对经济增长有影响。如上一部分通过许多中低收入国家和最不发达国家示例的说明，尽管实证研究发现社会保障对这些群体没有积极的增长影响，但一些国家开始实施社会保障体系的某些要素后，发现其在减贫或维持收入方面对社会保障计划受益者产生了积极和显著影响。

更一般地说，社会保障制度和实施机制的质量十分重要。表 7.3 说明了这一点，它表明社会保障对经济增长的影响程度取决于：（1）政府机构能力的质量；（2）政治稳定和无重大暴力事件。该表显示了相对于其他国家而言，那些在这两个因素方面表现良好的国家其社会保障对经济增长的不同预估影响。对于新兴经济体和中低收入经济体而言，这两个因素都很重要。研究发现，社会保障支出增长对新兴经济体整体经济增长产生了积极影响，这似乎是受到治理良好的国家的推动。这些结果表明，社会保障体

1　本章的第一节和第二节表明，与最不发达国家相比，新兴经济体和中低收入国家的社会保障体系更加健全（就覆盖范围和相关支出水平而言）。此外，乘数效应从欠发达国家到比较发达国家的递增也是影响传播渠道更加有效的结果。

表 7.2　1995 年至 2012 年社会保障对经济增长的影响预估

	人均 GDP 增长（p）			
		（仅最不发达国家）	（仅中低收入国家）	（仅新兴经济体）
人均社会保障支出增长（$p-1$）	0.021 (0.022)	0.007 (0.030)	-0.002 (0.047)	0.080*** (0.027)
人均 GDP 增长（$p-1$）	0.319*** (0.084)	0.250* (0.135)	0.461*** (0.091)	0.286*** (0.099)
时期固定效应	是	是	是	是
恒定值	是	是	是	是
观测值	328	111	106	111
R^2	0.130	0.225	0.191	0.143
国家数量	116	39	37	40

注：稳健的标准差以括号的形式标注。人均社会保障支出增长对经济增长的影响基于以下方程的估算：$y_i, p = \beta_0 + \beta_1 y_i, p - 1 + \beta_2 sp_i, p - 1 + \varepsilon p + \varepsilon_i, p$，下标 i 表示国家，p 指时期。我们对以下四个时期的人均社会保障支出增长和人均 GDP 增长进行了回归（p）：1995 年至 2000 年，2000 年至 2005 年，2005 年至 2010 年和 2010 年至 2012 年。在回归过程中，引入了时间滞差，如此当前时期（y_i, p）的平均经济增长可以与前一个时期的平均社会保障支出增长（$sp_i, p-1$）相关联。此外，回归还控制过去增长表现（$y_i, p-1$）和时期固定效应（εp）。*** 表示该系数的统计显著水平低于 1%，**低于 5%，以及 * 低于 10%。

资料来源：国际劳工组织研究部基于国际货币基金组织，2013a；国际劳工组织，2014a 和 2014b 估算得出的结果。

表 7.3　1995 年至 2012 年社会保障支出对拥有高质量制度国家的经济增长的影响预估

制度质量指标	对制度质量排名前 50% 的国家的不同影响			对制度质量排名前 25% 的国家的不同影响			对制度质量排名前 10% 的国家的不同影响		
	最不发达国家	中低收入国家	新兴经济体	最不发达国家	中低收入国家	新兴经济体	最不发达国家	中低收入国家	新兴经济体
政府有效性		++	++			+			
政治稳定和无暴力					++			+++	+++

注：+，++，+++（-，--，---）表示对 β_2 的正（负）估算分别显著低于 10%、5% 和 1% 的水平，其中 β_2 的定义见下面详述的方程。因此，+、++和+++（-、--和---）表示，与其他国家相比，在制度质量高的国家，社会保障支出增长是否带来相对更积极（消极）的影响。空单元格表示无意义。

影响预估基于以下方程：

$y_i, p = \beta_0 + \beta_1 y_i, p - 1 + \beta_2 (sp\_ gd_{pi}, p - 1 \times g_i, p - 1) + \beta_2 sp\_ gd_{pi}, p - 1 + \beta_2 g_i, p - 1 + \varepsilon p + \varepsilon_i, p$ 其中，社会保障支出在时期 p（时期定义参照表 7.2 的标注）内占 GDP 比重的年均百分点变化被用作因变量。该方程引入了与虚拟变量（$g_i, p-1$）的交互效应，该虚拟变量表示一个国家是否分别在政府有效性或政治稳定和无暴力方面排名前 50%（25%、10%）。该变量建立在世界银行 2014c 规定的政府有效性和政治稳定指数之上，其被单独包含在内并与社会保障支出变量相互影响。系数预估 β_2 表示制度质量高的国家的社会保障支出增长对经济增长的影响是否显著大于其他国家。如此得到的结果将表明高制度质量有助于提升社会保障对经济增长的影响。

资料来源：国际劳工组织研究部估算，基于国际货币基金组织，2013a；国际劳工组织，2014a 和 2014b；世界银行 2014c。

系或这些体系的大部分要素可以对任何收入组别的国家产生潜在的积极影响，前提是该国遵循将良好的治理转化为运作良好的机构的原则，以支持发展流程。

第四节　结论

如本章所述，发展中国家在建立其社会保障体系方面已经取得了巨大进步。在过去的20年内，发展中国家在人均收入增长了两倍以上的同时，人均社会保障支出也增加了5倍。然而，社会保障支出却仍然处于较低水平，在2010年至2012年期间占GDP的6.2%；而且据估计，目前发展中国家仅有不足20%的劳动适龄人口及其家庭能够有效获得全面的社会保障。但这些人几乎全都生活在新兴经济体。虽然如此，较低收入的发展中国家也实施了一些令人关注的举措。事实上，非洲东部和南部以及亚洲的多数国家的传统社会保险都十分有限，然而他们已经主要通过非缴费型计划扩大了覆盖范围，如埃塞俄比亚、印度、纳米比亚、卢旺达、南非和泰国。

非缴费型计划，作为综合社会保障体系的一部分，在非正规性和贫困普遍存在的国家起到了至关重要的作用。然而，这些计划提供的福利通常低于缴费型计划。因此，随着经济的发展，实现缴费型福利和非缴费型福利之间的平衡，并通过由雇主和工作者缴费集资的计划覆盖更多人口至关重要。此类成功“组合”的发展基础是逐步纳入缴费型计划，尤其是社会保险。部委间的协调也对其发展起到了促进作用。拉丁美洲、东欧和独联体国家都通过将缴费型计划和非缴费型计划相结合扩大了社会保障的覆盖范围。

本章表明，如果设计合理并获得适当实施机制的支持，社会保障能够帮助实现减贫目标，并同时支撑经济发展进程，如第5章所述。就这方面而言，建立社会保障体系与那些为体面工作及企业创建和扩张提供有利条件的政策相结合尤为重要。这重点突出了社会保障与劳动力市场机制（在第六章进行了重点描述）以及创造就业措施互补的重要性。乌拉圭针对自营工作者的“单一税”社会保障计划，促进了正式创业，是一个令人关注的恰当示例。通过为福利接受者（包括求职者）接受培训和开展工作提供额外激励措施，加强劳动力市场措施和社会保障之间的关联性也十分重要。目前，巴西为收入转移计划受益者提供职业培训计划。

本章着重关注社会保障资金。这是一个关键问题，尤其是在非正规就业发生率较高的发展中国家，非正规就业限制了通过社会缴费为广泛的社会保障体系集资的能力。这也是发展中国家取得较大进展的领域，尤其是通过适当设计、一般税收以及从自然资源获得的政府收入。玻利维亚施行了全民非缴费型养老金计划，通过一般税收和石油天然气出口收入集资。同样，东帝汶近期扩大了社会保障，其资金来自外国开采公司缴纳的税收。

社会保障的扩大和促进向正规就业过渡的措施在扩大税基方面尤为有效，从而为刺激生产性投资和经济增长提供空间，而这又促进社会保障的进一步扩大以及正规就业机会的增加。因此，将社会保障作为体面工作议程的支柱之一纳入2015年以后的发展议程至关重要。

附录 A
国家社会保障战略类型分析法

该类型分析法根据社会保障体系的不同发展阶段对国家进行分类。该方法从其他几个重要维度（贫困、就业和生产率）对处于同一社会保障体系发展阶段的国家进行比较。

国家类型分析法建立在反映以下因素的三组指标上：

（1）国家将社会保障作为一种权利的承诺：通过观察国家社会保障体系法律基础的发展阶段进行衡量，以及在一定程度上，通过与第 102 号公约指明的一些最低值或近期公布的第 202 号建议规定的收入保障终极目标对比进行衡量；

（2）落实国家承诺的社会保障资源或投资；

（3）通过高效且有效地利用资源，有效落实这些权利（就覆盖范围和所提供的福利水平而言）。

可以通过以下三个指标考察对社会保障的法定承诺程度：

（1）现有社会保障体系覆盖的社会政策领域（突发事件）范围——如果一个国家覆盖超过五个政策领域，那么该国家被认定拥有相对较强的法定承诺；

（2）与第 102 号公约规定的最低覆盖水平（“受保障人口应包括……规定的经济活动人口不少于居民总数的 20%”）相比，老年人、残疾人和遗属福利的法律覆盖范围[1]；

（3）周期性失业救济金的存在。

图 7. A1 提供了基于该评估框架的比较性叙述。约 42% 的最不发达国家至少有 6 个选定政策区域（共 8 个）被法律覆盖，中低收入国家和新兴经济体这一比例更高，分别为 70% 和 90%。就老年人社会保障覆盖率而言，符合最低标准的发生率在最不发达国家相当低，为 17%，而在新兴经济体却很高，为 94%。如前文所述，失业救济金在最不发达国家并不存在，存在于少数中低收入国家（25%），但在新兴经济体却更加常见（60%）。

图 7. A1　不同收入组别的法定承诺水平（最近一年）

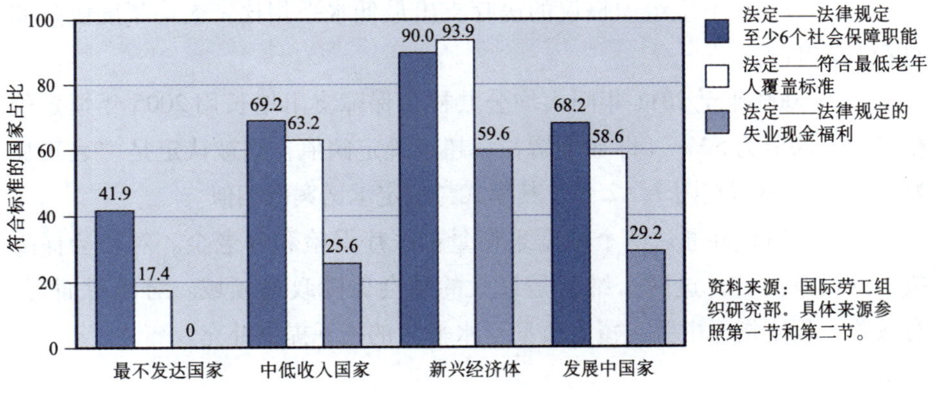

资料来源：国际劳工组织研究部。具体来源参照第一节和第二节。

1　对法律覆盖范围的估算采用了国家法律中特定社会政策领域的法定计划覆盖的国家组别信息和量化受国家级保障的人数的现有统计资料。

图 7. A2　各收入组别为落实国家承诺所投入的资源（最近一年）

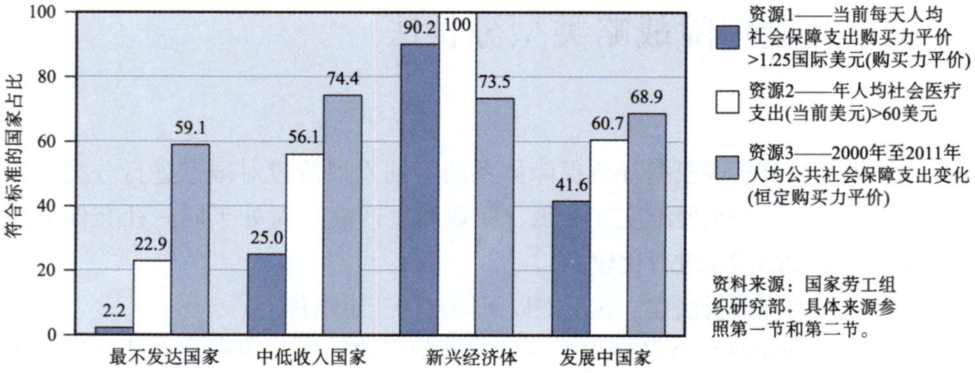

资料来源：国家劳工组织研究部。具体来源参照第一节和第二节。

图 7. A3　成果（有效落实）：各收入组别达到的标准

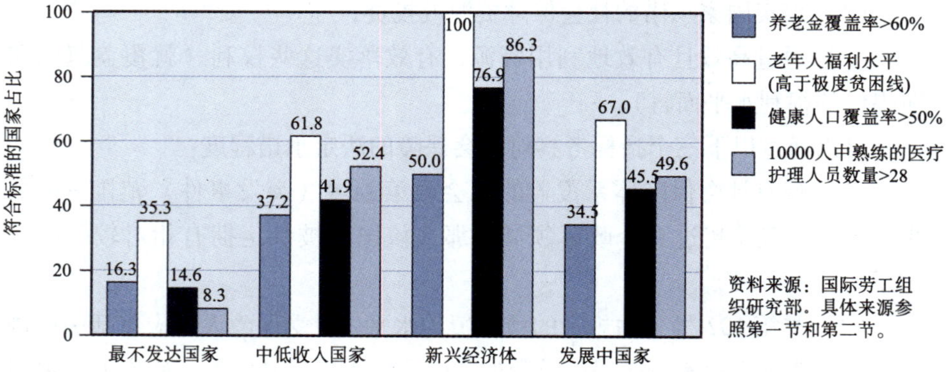

资料来源：国际劳工组织研究部。具体来源参照第一节和第二节。

另一个重要的方面是为落实各国法定承诺而在社会保障方面投入的资源规模。为进行分析，可将以下三个衡量标准纳入考量：

（1）公共社会保障支出（包括医疗保险），用人均每天当前国际美元（购买力平价）表示，与国家贫困线，即每天 1.25 国际美元（购买力平价），进行比较。现有 137 个国家的数据采用了多个跨国数据库，如国际货币基金组织的《政府财政统计》（国际货币基金组织，2013b）、国际劳工组织的《社会保障调查》（国际劳工组织，2014b）、联合国拉丁美洲和加勒比经济委员会的公共开支数据库和亚洲开发银行区域统计表；

（2）与世界卫生组织提议的医疗支出最低水平相比，人均年度医疗非自费[1]支出；[2]

（3）2000 年至 2011 年间人均公共社会保障支出增长用 2005 年恒定价格表示，阈值为 50%（即如果增长率超过既定阈值，则被认定是“表现良好”）。结果显示在图 7. A2 中，其模式与法定承诺案例相似。

实施的有效性通过两个维度来衡量：医疗保险和养老金。对社会保障投入的资源而言，这两个维度是最大的社会保障政策领域。对两者而言，有效覆盖程度指标由关于覆盖质量（水平）的指标提供补充。

1　相当于来自一般政府收入或雇主及非政府组织预先缴纳的个人保险的支出。

2　医疗体系创新国际融资高级小组 2009 年提出，为了确保覆盖相对有限的关键医疗服务，到 2015 年低收入国家的年人均医疗支出平均为 60 美元。

就老年人而言，部分指标包括：

(1) 老年人有效覆盖范围，根据超过接受养老金（缴费型或非缴费型）法定退休年龄的人口占比进行衡量。覆盖率等于或大于60%被视为符合该标准；[1]

(2) 结合两个指标评估覆盖质量：针对老年人福利的人均每天社会保障支出额与每天1.25国际美元（购买力平价）进行比较，以及65岁及以上退休人口占比。每天人均支出高于1.25国际美元（购买力平价），或65岁及以上人口劳动力参与率低于30%被视为符合标准。

社会医疗保障覆盖范围和质量通过以下两个指标进行衡量：

(1) 有效覆盖范围的总人口占比与第102号公约第9条规定的最低覆盖水平（"受保障人口应包括……（c）规定的经济活动人口不少于居民总数的50%"）相比较；

(2) 医疗专业人员密度的代表性指标，根据具体国家工作人员密度水平与世界卫生组织提议的每10000人中有23名医生、护士和助产士的基准之间的相对差距进行衡量。[2] 结果（图7.A1、7.A2和7.A3）表明随着收入的增长，社会保障取得了实质性进展。

---

1 考虑到老年人覆盖比例显著增加，符合基于本次扩张（领退休金的老年人占比在过去10年内增长了5倍）的第二准则的国家数量有限。

2 世界卫生组织估计，每10000人中医生、护士和助产士总数小于23的国家未实现相应的覆盖率以实施千年发展目标框架中重点规定的部分初级医疗保健干预（世界卫生组织，2006年；世界卫生组织，2012年）。密度低于这一标准的国家被认定为严重缺乏医疗工作人员。

参考文献

Administración Nacional de la Seguridad Social (ANSES). 2011. *Asignación Universal por Hijo para protección Social: Una política de inclusión para los más vulnerables* (Buenos Aires, Observatorio de la Seguridad Social).

Aleksynska, M.; Bonnet, F.; Da Silva Gama Nogueira, C.A.; Saget, C. 2013. *Addressing employment, labour market and social protection challenges in G20 countries: Key measures since 2010.* Background report prepared by the ILO and the OECD for the G20 Task Force on Employment (Geneva, ILO).

Asian Development Bank (ADB). 2014. *The Social Protection Index (SPI).* Available at: http://spi.adb.org/spidmz/index.jsp [13 May 2014].

Bastagli, F. 2009. *From social safety net to social policy? The role of conditional cash transfers in welfare state development in Latin America*, Working Paper No. 60 (Brasilia, International Policy Centre for Inclusive Growth).

Bertranou, F.M.; Maurizio, R. 2012a. "Asignaciones familiares como transferencias semicondicionadas a niños y adolescentes en la economía informal en Argentina", in *Revista Internacional de Seguridad Social*, Vol. 65, No. 1, pp. 57–76.

—. 2012b. *Monetary transfers for children and adolescents in Argentina: Characteristics and coverage of a "system" with three components*, Policy Research Brief No. 30 (Brasilia, Centre for Inclusive Growth). Available at: http://www.ipc-undp.org/pub/IPCPolicyResearchBrief30.pdf [13 May 2014].

Bonnet, F.; Cichon, M.; Galian, C.; Mazelkaite, G., Schmitt, V. 2012a. *Analysis of the Viet Nam National Social Protection Strategy (2011–2020) in the context of Social Protection Floor objectives:* A *rapid assessment*, Extension of Social Security (ESS) Paper No. 32 (Geneva, ILO).

—; Saget, C.; Weber, A. 2012b. *Social protection and minimum wages responses to the 2008 financial and economic crisis: Findings from the ILO/World Bank Inventory*, Employment Working Paper No. 113 (Geneva, ILO).

Bordoloi, J. 2011. *Impact of NREGA on wage rates, food security and rural urban migration:* A *study in Assam*, Study No. 138 (Jorhat, Agro-Economic Research Centre for North East India, Assam Agricultural University).

Caristo, A. 2012 *Evolución de las asignaciones familiares 2007–2011,* Comentarios de seguridad social No. 37, Jul.–Sep. (Montevideo, Asesoría General en Seguridad Social (AGSS) – Banco de Previsión Social BPS). Available at: http://www.bps.gub.uy/innovaportal/file/1390/1/evolucion_de_las_asignaciones_familiares_2007_a_2011._caristo._octubre_2012.pdf [13 May 2014].

Centre for Education and Research Development (CERD). 2010. *NREGA processes in Andhra Pradesh and Madhya Pradesh: Appraisal and research study*, Report submitted to the Ministry of Rural Development/UNDP (Lincoln, UK, University of Lincoln).

Consejo Nacional de Evaluación de la Política de Desarrollo Social (CONEVAL). 2009. *Evolución de la pobreza en México* (Mexico). Available at: http://www.coneval.gob.mx/rw/resource/coneval/med_pobreza/pobreza_ingresos/presentacion_evolucion_ingresos.pdf [13 May 2014].

—. 2012. *Evolución de la pobreza en México* (Mexico). Available at: http://www.coneval.gob.mx/coordinacion/entidades/Documents/Mexico/principal/15informe2012.pdf [13 May 2014].

Cunha, N.; Pellerano, L.; Mueller, J.; Lledo, V.; Xiao, Y.; Gitton, P. 2013. *Towards a Mozambican Social Protection Floor: Consolidating a comprehensive social protection system in Mozambique: Analysis of policy alternatives and costs*, Extension of Social Security (ESS) Paper No. 41 (Geneva, ILO).

Department for International Development (DFID), Government of the United Kingdom. 2004. *Output to Purpose Review*, Central Region Infrastructure Maintenance Programme (CRIMP) (Malawi, DFID), unpublished.

Department of Social Development (DSD); South African Social Security Agency (SASSA); United Nations Children's Fund (UNICEF). 2012. *The South African Child Support Grant impact assessment: Evidence from a survey of children, adolescents and their households* (Pretoria, UNICEF South Africa).

Engler, M.; Ravi, S. 2013. *Workfare as an effective way to fight poverty: The case of India's NREGS*. Available at: Social Science Research Network (SSRN): http://ssrn.com/paper=1336837 [13 May 2014].

Esteves, T.; Rao, K.V.; Sinha, B.; Roy, S.S.; Rao, B.; Jha, S; ... Ravindranath, N.H. 2013. "Agricultural and livelihood vulnerability reduction through the MGNREGA", in *Economic and Political Weekly*, Vol. 48, No. 52, pp. 94–103.

Filgueira, F.; Hernández, D. 2012. *Sistemas de protección social en América Latina y el Caribe: Uruguay* (Santiago de Chile, Economic Commission for Latin America (ECLA)).

Galasso, E.; Ravallion, M. 2003. *Social protection in a crisis: Argentina's "Plan Jefes y Jefas"*, Policy Research Working Paper No. 3165 (Washington, D.C., World Bank).

—.; —. 2011. "Alleviating extreme poverty in Chile: The short term effects of *Chile Solidario*", in *Estudios de Economía*, Vol. 38, No. 1, pp. 101–127.

Ghose, A.K. 2011. *Addressing the employment challenge: India's MGNREGA*, Employment Working Paper No. 105 (Geneva, ILO).

Gomby, D.S.; Pei, D.J. 2009. *Newborn family leave: Effects on children, parents, and business* (Los Altos, CA, the David and Lucile Packard Foundation).

Hall, K.; Wright, G. 2011. *In brief: A profile of children living in South Africa using the National Income Dynamics Study*. Children Count Brief. Children's Institute, University of Cape Town and Centre for the Analysis of South African Social Policy (CASASP), Oxford University.

HelpAge International. 2014. *Pension Watch*. Database available at: http://www.pension-watch.net/ [13 May 2014].

Henoch, P.I.; Troncoso, R.O. 2013. *Transferencias condicionadas en Chile: Una positiva evaluación del Programa Ingreso Ético Familiar*, Serie Informe Social No. 139, marzo (Santiago de Chile, Libertad y Desarrollo).

Hirway, I.; Saluja, M.R.; Yadav, B. 2009. *Analysing multiplier impact of NREGA works through village SAM modelling* (New York, Levy Economics Institute of Bard College). Available at: http://www.economistsforfullemployment.org/news/documents/Hirway_nana_kotda_SAM.pdf [13 May 2014].

Hoces de la Guardia, F.; Hojman, A.; Larrañaga, O. 2011. "Evaluating the Chile Solidario program: Results using the Chile Solidario panel and the administrative data-bases", in *Estudios de Economía*, Vol. 38, No. 1, pp. 129–168. Available at: http://www.scielo.cl/pdf/ede/v38n1/art06.pdf [13 May 2014].

Institute for Development of Youth, Women and Child (IDYWC). 2010. *Impact assessment of Mahatma Gandhi National Rural Employment Guarantee Scheme on Sustainable Asset Creation and Livelihood*, Report submitted to the United Nations Development Programme (UNDP), India (Amarwada, Chhindwara).

Instituto de Pesquisa econõmica aplicada (IPEA). 2012. *A década insclusiva (2001–2011): Desigualdade, pobreza e políticos de renda,* Comunicados do IPEA, No. 155, 25 Sep. (Brasilia, IPEA).

International Food Policy Research Institute (IFPRI). 2012. *Pesquisa de avaliação de impacto do Bolsa Família – 2a rodada* (Brasilia, Secretariat for Evaluation and Information Management (SAGI), Ministry of Social Development and the Fight Against Hunger).

International Labour Office (ILO). 2010a. *World Social Security Report 2010/11: Providing coverage in the time of crisis and beyond* (Geneva). Available at: http://www.ilo.org/global/publications/ilo-bookstore/order-online/books/WCMS_146566/lang--en/index.htm [13 May 2014].

—. 2010b. *Extending social security to all: A guide through challenges and options* (Geneva).

—. 2010c. *Effects of non-contributory social transfers in developing countries: A compendium* (Geneva). Available at: http://www.social-protection.org/gimi/gess/RessourceDownload.action?ressource.ressourceId=17116 [13 May 2014].

—. 2011. *Social security for social justice and a fair globalization: Recurrent discussion on social protection (social security) under the ILO Declaration on Social Justice for a Fair Globalization, 2011*, Report VI, International Labour Conference, 100th Session, Geneva, 2011. Available at: http://ilo.org/ilc/ILCSessions/100thSession/on-the-agenda/social-protection/lang--en/index.htm [13 May 2014].

—. 2012a. "Avances en la consolidación de la protección social en Argentina", in *Notas OIT – Trabajo Decente en Argentina* (Buenos Aires).
—. 2012b. *China's latest revolution: Basic health care for all,* 3 Sep. (Geneva). Available at: http://www.ilo.org/global/about-the-ilo/newsroom/features/WCMS_188582/lang--en/index.htm [13 May 2014].
—. 2014a. *World Social Protection Report 2014/15: Building economic recovery, inclusive development and social justice* (Geneva).
—. 2014b. *ILO Social Security Inquiry* (Geneva). Database available at: http://www.ilo.org/dyn/ilossi/ssimain.home [13 May 2014].
—. 2014c. *Working Conditions Laws Database.* Available at: http://www.ilo.org/dyn/travail/travmain.home [13 May 2014].
—. 2014d. *Employment Protection Legislation Database* (EPLex). Available at: http://www.ilo.org/dyn/eplex/termmain.home?p_lang=en [13 May 2014].
—. 2014e. *Information System on International Labour Standards* (NORMLEX). Available at: http://www.ilo.org/dyn/normlex/en/ [13 May 2014].
—. 2014f. LABORSTA Labour Statistics Database (ILOSTAT). Available at: http://www.ilo.org/ilostat/ [13 May 2014].
—. 2014g. *Maternity and paternity at work: Law and practice across the world* (Geneva).
International Monetary Fund (IMF). 2013a. *World Economic Outlook (WEO) Database.* WEO Data, October 2013 edition (Washington, D.C.). Available at: http://www.imf.org/external/pubs/ft/weo/2013/02/weodata/index.aspx [13 May 2014].
—. 2013b. *Government Finance Statistics* (Washington, D.C.).
International Social Security Association (ISSA). 2013. *Social security coverage extension in the BRICS: A comparative study on the extension of coverage in Brazil, the Russian Federation, India, China and South Africa* (Geneva). Available at: http://www.issa.int/content/download/176183/3493137/file/2-BRICS-report.pdf [13 May 2014].
Januzzi, P.M.; Pinto, A.R. 2013. "Bolsa Família e seus impactos nas condições de vida da população brasileira: Uma síntese dos principais achados da pesquisa de avaliação de impacto do Bolsa Família II", in T. Campello and M.C. Neri (eds): *Programa Bolsa Família: Uma década de inclusão e cidadania* (Brasilia, IPEA), pp. 179–192.
Kostzer, D. 2008. *Argentina:* A *case study on the "Plan Jefes y Jefas de Hogar Desocupados", or the Employment Road to Economic Recovery,* Working Paper No. 534 (New York, The Levy Economics Institute of Bard College). Available at: http://www.levyinstitute.org/pubs/wp_534.pdf [13 May 2014].
Leibbrandt, M.; Woolard, I.; Finn, A.; Argent, J. 2010. *Trends in South African income distribution and poverty since the fall of apartheid,* Employment and Migration Working Papers No. 101 (Paris, OECD).
Mazzola, R. 2012. *Nuevo paradigma: La asignación universal por hijo en la Argentina* (Buenos Aires, Prometeo Libros).
McCord, A. 2011. "Skills development as part of social protection programmes", Background paper prepared for the United Nations Educational, Scientific and Cultural Organization (UNESCO): *Education for All Global Monitoring Report. Youth and skills: Putting education to work* (Paris, UNESCO).
Ministry of Health, Republic of Rwanda. 2010. *Rwanda National Health Insurance Policy* (Kigali).
Ministry of Rural Development (MoRD), Government of India. 2012. *MGNREGA Sameeksha: An anthology of research studies on the Mahatma Gandhi National Rural Employment Guarantee Act, 2005, 2006–2012,* M. Shah, N. Mann and V. Pande (eds) (New Delhi, Orient BlackSwan).
National Sample Survey Office (NSSO). 2011. *Survey of MGNREGA, 2010–11* (New Delhi, Ministry of Statistics and Programme Implementation, Government of India).
Neri, M.C. et al. 2013a. *O Bolsa Família e a economia (olhar sobre objetivos finais). Apresentação para a imprensa* (Brasilia, IPEA).
Neri, M.C.; Vas, F.M; Souza, P.H.G.F. 2013b. "Efeitos macroeconômicos do Programa Bolsa Família: uma análise comparativa das transferências sociais" in T. Campello and M.C. Neri (eds): *Programa Bolsa Família: Uma década de inclusão e cidadania* (Brasilia, IPEA), pp. 193–206.

Observatorio de la Deuda Social Argentina (ODSA). 2013. *Estimación del impacto de la AUH y las pensiones para madres con siete hijos sobre los ingresos familiares, la indigencia y la pobreza urbana en la Argentina del Bicentenario* (Buenos Aires, Pontificia Universidad Católica Argentina).

Oliveira, L.F.B.; Soares, S.S.D. 2013a. "Bolsa Família e repetência: resultados a partir do Cadúnico, Projeto Frequência e Censo Escolar", in T. Campello and M.C. Neri (eds): *Programa Bolsa Família: Uma década de inclusão e cidadania* (Brasilia, IPEA), pp. 285–296.

—.; —. 2013b. ""Efeito preguiça" em programas de transferência de renda?", in T. Campello and M.C. Neri (eds): *Programa Bolsa Família: Uma década de inclusão e cidadania* (Brasilia, IPEA), pp. 341–358.

Patel, L.; Hochfeld, T.; Moodley, J. 2013. "Gender and child sensitive social protection in South Africa" in *Development Southern Africa*, Vol. 30, No. 1 (Johannesburg, Centre for Social Development in Africa, Faculty of Humanities), pp. 69–83.

Rasella, D.; Aquino, R.; Santos, C.A.T.; Paes-Sousa, R.; Barreto, M.L. 2013. "Efeitos do Programa Bolsa Família sobre a mortalidade em crianças: Uma análise nos municípios brasileiros", in T. Campello and M.C. Neri (eds): *Programa Bolsa Família: Uma década de inclusão e cidadania* (Brasilia, IPEA), pp. 247–262.

Reuben, W.; Miodosky, M; Watanabe, E. 2008. "Building on experience: Improving social protection in Uruguay and the plan for social equity", in *En Breve*, No. 132, Jul. (Latin America and Caribbean Region, World Bank). Available at: http://siteresources.worldbank.org/INTENBREVE/Newsletters/21948414/Jul08_132_UY_CCT_EN_Rev2.pdf [13 May 2014].

Salvia, A. 2011. *Cobertura, alcances e impacto de la Asignación Universal por Hijo/Pensiones No Contributivas sobre la infancia urbana en Argentina 2007–2010* (Buenos Aires, Observatorio de la Deuda Social Argentina (ODSA), Pontificia Universidad Católica Argentina).

Santos, L.M.P.; Guanais, F.; Porto, D.L.; Neto, O.L.M.; Stevens, A.; Cortez-Escalante, J.J.; Modesto, L. 2013. "Menor ocorrência de baixo peso ao nascer entre crianças de famílias beneficiárias do Programa Bolsa Família", in T. Campello and M.C. Neri (eds): *Programa Bolsa Família: Uma década de inclusão e cidadania* (Brasilia, IPEA), pp. 263–272.

Secretaría de Desarrollo Social (SEDESOL). 2012. *Oportunidades, 15 años de resultados* (Mexico, SEDESOL).

Silveira, F.G.; Campolina, B.; van Horn, R. 2013. "Impactos do Programa Bolsa Família na alocação do tempo entre escola e trabalho de crianças e adolescentes de 10 a 18 anos", in T. Campello and M.C. Neri (eds): *Programa Bolsa Família: Uma década de inclusão e cidadania* (Brasilia, IPEA), pp. 305–326.

Soares, S.; Osório, R.G.; Veras Soares, F.; Medeiros, M.; Zepeda, E. 2007. *Programas de transferência condicionada de renda no Brasil, Chile e México: Impactos sobre a desigualdade*, Discussion Paper No. 1293 (Brasilia, IPEA).

—; Perez Ribas, R.; Veras Soares, F. 2010. *Targeting and coverage of the Bolsa Família programme: Why knowing what you measure is important in choosing the numbers*, IPC Working Paper No. 71 (Brasilia, International Policy Centre for Inclusive Growth (IPC)). Available at: http://www.ipc-undp.org/pub/IPCWorkingPaper71.pdf [13 May 2014].

Social Security Administration of the United States (SSA); International Social Security Association (ISSA). 2012. *Social security programs throughout the world: The Americas, 2011* (Washington, DC and Geneva). Available at: http://www.socialsecurity.gov/policy/docs/progdesc/ssptw/2010-2011/americas/index.html [13 May 2014].

—.; —. 2013a. *Social security programs throughout the world: Europe, 2012* (Washington, DC and Geneva). Available at: http://www.ssa.gov/policy/docs/progdesc/ssptw/2012-2013/europe/ [13 May 2014].

—.; —. 2013b. *Social security programs throughout the world: Asia and Pacific, 2012* (Washington, DC and Geneva). Available at: http://www.ssa.gov/policy/docs/progdesc/ssptw/2012-2013/asia/china.html [13 May 2014].

—.; —. 2013c. *Social security programs throughout the World: Africa, 2013* (Washington, DC and Geneva). Available at: http://www.socialsecurity.gov/policy/docs/progdesc/ssptw/2012-2013/africa/index.html [13 May 2014].

—.; —. 2014a. *Social security programs throughout the world: The Americas, 2013* (Washington, DC and Geneva). Available at: http://www.socialsecurity.gov/policy/docs/progdesc/ssptw/2012-2013/americas/index.html [13 May 2014].

South Africa Social Security Agency (SASSA).2014. Available at: http://www.sassa.gov.za/ [13 May 2014].

Tanaka, S. 2005. *Parental leave and child health across OECD countries* (New York, Columbia University).

United Nations Economic Commission for Latin America and the Caribbean (UN ECLAC). 2014a. *CEPALSTAT: Databases and Statistical Publications* (Santiago de Chile). Available at: http://estadisticas.cepal.org/cepalstat/WEB_CEPALSTAT/Portada.asp?idioma=i [13 May 2014].

—. 2014b. *Programas de Transferencias Condicionadas* database (Santiago de Chile). Available at: http://dds.cepal.org/bdptc/ [13 May 2014].

Winegarden, C.R.; Bracy, P.M. 1995. "Demographic consequences of maternal-leave programs in industrial countries: Evidence from fixed-effect models", in *Southern Economic Journal*, Vol. 61, No. 4, pp. 1020–1035.

World Bank. 2010. *Active labor market programs for youth. A framework to guide youth employment interventions*, World Bank Employment Policy Primer, No. 16, Nov. (Washington, DC).

—. 2013. *World Development Report 2013: Jobs* (Washington, DC).

—. 2014a. *World Development Indicators* (Washington, DC). Available at: http://data.worldbank.org/data-catalog/world-development-indicators [March 2014].

—. 2014b. *World Development Report 2014: Risk and opportunity, managing risk for development* (Washington, DC).

—. 2014c. *Worldwide Governance Indicators* (WGI) project. Available at: http://info.worldbank.org/governance/wgi/index.aspx#home [13 May 2014].

World Health Organization (WHO). 2006. *The World Health Report 2006: Working together for health* (Geneva). Available at: http://www.who.int/whr/2006/en/ [13 May 2014].

—. 2012. *World Health Statistics 2012: Indicator compendium* (Geneva), pp. 82. Available at: http://www.who.int/gho/publications/world_health_statistics/WHS2012_IndicatorCompendium.pdf [13 May 2014].

—. 2014. *Global Health Observatory Data Repository* (Geneva). Available at: http://apps.who.int/gho/data/view.main [13 May 2014].

—.; World Bank. 2011. *World Report on Disability* (Geneva and Washington, DC). Available at: http://www.who.int/disabilities/world_report/2011/en/ [13 May 2014].

第八章
收入分配是否对发展产生重要影响？

劳动收入份额的变动趋势及其对发展中国家的经济影响

引言

收入分配与经济增长的关系经常引发激烈的争论。传统观点认为，收入分配的变化通常不需要政策行为的干预。在某些情况下，为应对收入分配变化而采取的政策干预被视为分配“扭曲”的始作俑者，会导致经济效率的损失。具体来说，人们往往认为常用的所谓“库兹涅茨曲线”[1] 暗示了这样一个事实，即在经济发展的初级阶段，不平等的加剧是无法避免的。在发展阶段后期，这种不平等状况会逐渐缓解。在这种情况下，收入不平等状况的变化由经济增长所引发，这种不平等对于经济增长和发展仅有极小的反馈效应或不具有反馈效应。

然而，越来越多的实证研究（例如奥斯特里等人，2014 年）对这一观点提出了质疑。部分研究显示，不管收入水平如何，不平等并不是经济增长过程中一个不可避免的特征。另有研究进一步提出不平等程度的缓解可能会为经济增长提供支持（拉瓦和斯托克汉默，2013 年）。这些证据表明发展中国家应重视收入分配且应考虑采取兼顾平等与增长的、有效的政策措施。

收入分配包含多个不同的维度，多种因素从中发挥作用。迄今为止，政策方面的争论往往集中在个人收入分配上（即指定国家的总收入在个体间是怎样分配的）。收入分配不平等的另一个重要维度是职能性收入分配。

1　库兹涅茨曲线是指依据实践经验观察到的不平等状况与经济发展之间的关系，在发展初期不平等程度上升，在达到一定的收入水平后，不平等程度开始出现下降。库兹涅茨曲线由诺贝尔经济学奖得主西蒙·库兹涅茨（1955 年）首次提出。

（即总收入在资本和劳动力这两种主要生产要素之间的分配方式）[1]。总收入中分配给劳动力的部分称为劳动收入份额，归于资本的部分被称为资本收入份额。发达经济体已出现劳动收入份额长期下降的趋势（国际劳工组织，2013 年）。但发展中国家劳动收入份额的发展趋势及其经济影响仍不甚明朗。

本章试图通过分析发展中国家的劳动收入份额来填补这个重要的信息空白。这并不是一项简单的任务。实际上，数据匮乏甚至给简单的各国趋势讨论造成了困难。此外，自营就业，尤其是自给型自营就业和非正规自营就业，在发展中国家日益普遍，从而模糊了劳动收入和资本收入之间的界限。本章尝试解决这些统计和分析上的难题，并对这两方面的关键问题进行剖析。

首先，本章对多个中低收入国家在过去二十年中的职能性收入分配的趋势进行了分析。此外，通过使用来自这两类国家的国民经济核算数据，自营就业收入也被纳入考虑范围。

其次，本章还对观察到的收入分配趋势的经济影响进行了评估。就高收入国家而言，通常需要考虑三个宏观经济效应：消费效应、投资效应和竞争力效应（国际劳工组织，2013 年）。本章对发展中国家是否也存在这些影响进行了分析。

本章组织结构如下所述。本章首先概述了当前关于收入分配问题的观点，并说明不平等问题的重要性超出了当前经济学观点的设想（第一节）。本章还重点强调了劳动收入份额在个人收入分配决策中的重要性。随后本章描述了不同经济发展水平和不同地理区域的（未调）劳动收入份额现状（第二节）。鉴于发展中国家的自营就业发生率普遍较高，本章还探讨了如何通过纳入自营工作者的收入来调整劳动收入（第三节）。这些都为对不断变化的收入分配的宏观经济效应的分析铺平了道路，该分析以宏观经济计量预测模型为依据（第四节）。本章结尾对政策的影响进行了探讨（第五节）。

第一节　总收入中劳动份额的发展趋势研究的重要性何在?

自 1955 年库兹涅茨提出库兹涅茨曲线后，收入不平等和收入水平之间的反向 U 形关系受到了广泛认可。依据这一程式化的事实，收入不平等将随着发展中国家实现更高水平收入而逐步扩大，直至达到某一特定的阈值。超出此阈值后，随着收入水平的持续增长，这种不平等会逐渐缩小[2]。这种关系被称为库兹涅茨曲线，用于提出谨慎的政策干预方法。事实上，任何偏离库兹涅茨的直接政策尝试都将会造成经济总量的损失。因此有人认为政策应侧重于缓解机会不平等，而不是直接应对收入不平等。

1　例如，《经济学人》杂志的近期评论“劳动输给了资本”（“劳动者之痛”，2013 年 11 月 2 日）。详情请登录：http：//www. economist. com/news/finance - andeconomics/21588900 - all - around - world - labour - losing - out - capital - labour - pains［2014 年 4 月 30 日］。

2　但是，这种对库兹涅茨曲线的普遍理解与库兹涅茨最初的观点不一致，库兹涅茨最初更加强调降低不平等过程中的政治和制度变化。参见李和格瑞克，2013 年。

另有一种类似的“非干预主义”观点也是职能性收入分配的主导经济学思想。长期以来，标准宏观经济模型认为资本和劳动之间的收入分配是恒定的。因此，这种观点认为工资的增长应与劳动生产率相一致（国际劳工组织，2013 年）。由此看来，倾向于资本或劳动的政策干预不是没有效果就是必然导致经济损失。

这两种观点，尤其是在兼而有之的情况下，会阻碍政策制定者通过采取积极的政策行动来对收入分配进行控制。但最近的实证证据向这两种观点提出了挑战，进而对支持政策中立性的传统观点提出了质疑。首先，个人收入分配与经济增长的关系并非如同库兹涅茨曲线描绘的那么鲜明（如国际劳工组织，2008 年；班纳吉和迪弗洛，2003 年；巴罗，2008 年；伯格，即将出版）。最近有实证证据颠覆了这两者的关系。例如，国际货币基金组织开展的一项研究（奥斯特里等人，2014 年）得出结论：“较低的净不平等似乎会推动经济更快速、更持久的增长”，“一般情况下重新分配对经济增长的影响呈良性”（6—7 页）。这说明这种因果关系实际上可能与传统观点相反：不平等会破坏经济增长。

与此同时，对于稳定劳动收入份额的假设缺乏实证支持，这是长期以来众所周知的事实。实际上，据观测，高收入国家已普遍表现出劳动收入份额的长期持续下降（欧洲共同体，2007 年；国际货币基金组织，2007 年；经济合作与发展组织，2012 年；国际劳工组织，2010 年，2013 年）。当前，各方就这一下降趋势的根本原因展开了激烈的辩论，具体原因包括人口结构和技术的变化、全球化、金融化以及劳动力市场制度的变化。与此同时，最近的研究分析了劳动收入份额的减少对总需求的不同组成部分（消费、投资和净出口）以及进而对经济增长造成的负面影响的程度（国际劳工组织，2013 年；拉瓦和斯托克汉默）。这些分类研究表明资本收入份

图 8.1　近期部分国家劳动收入份额与个人收入分配（基尼系数）的变化

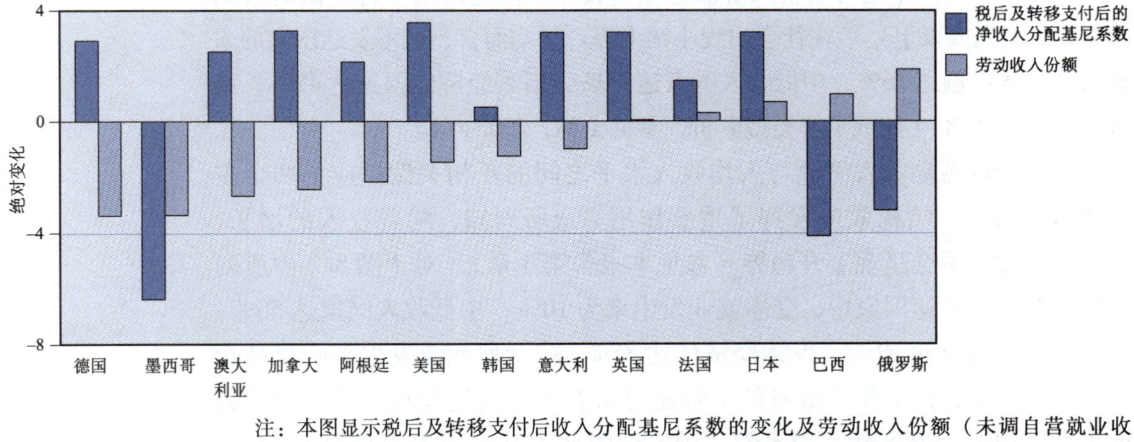

注：本图显示税后及转移支付后收入分配基尼系数的变化及劳动收入份额（未调自营就业收入）的变化。计算变化的时间段取决于数据可用性。下列国家基尼系数的变化的计算采用了五年平均值的形式：

阿根廷：1993 年至 1997 年，2003 年至 2007 年；巴西：1995 年至 1999 年，2005 年至 2009 年；加拿大：1986 年至 1990 年，2006 年至 2010 年；法国：1996 年至 2000 年，2006 年至 2010 年；德国：1996 年至 2000 年，2006 年至 2010 年；美国：1984 年至 1988 年，2004 年至 2008 年。对于某些存在遗漏数据点的国家，使用两个数据点对其变化进行计算：澳大利亚：1995 年，2010 年；意大利：1994 年，2010 年；日本：2005 年，2009 年；韩国：2006 年，2011 年；墨西哥：1992 年，2010 年；俄罗斯：2008 年，2010 年；英国：1995 年，2010 年。

资料来源：作者以联合国统计司数据为依据得出的计算结果。

额与劳动收入份额间不平等的扩大会给经济增长带来危害。

对劳动收入份额变化与家庭间收入分配变化的关联进行分析也具有重要意义。从理论上看，此两者的关系并不明确，原因是多方面的（联合国贸易和发展会议，2012 年）。首先，虽然劳动收入归个体工作者所有，但资本收入（即总收入和劳动收入之间的差额）在个体和家庭之间的分配并不均等。此外，家庭收入包含工资和非工资收入，后者包含资本收入和“混合收入”（比如自营就业收入）。最后要说的是，家庭收入包含通过市场活动实现的收入（有偿就业、自营就业收入、利息收入和红利等）以及社会转移支付和减税带来的收入。

但是，最近的研究发现了劳动收入份额变化与家庭收入分配变化的密切关系（参见雅各布森和克奇诺，2012 年；舒伦克和施密德，2013 年）。举例说明，皮克特（2014 年）指出来自储蓄和金融投资的利润和收入往往归高收入家庭所有。因此，劳动收入份额的下降将与家庭间收入不平等的扩大相关联。图 8. 1 说明了这种情况，劳动收入份额的下降往往与家庭间收入不平等的基尼系数的增长有关。而且，相反地，较高的劳动收入份额往往与家庭间收入不平等程度较低有关。在可提供相关数据的发达国家和发展中国家里，这种情况是普通存在的。

第二节　发展中国家劳动收入份额的趋势

总收入中的雇员薪酬份额往往随经济发展而增长

从雇员薪酬占总收入的百分比开始分析对我们大有帮助，雇员薪酬通常是指“未调”劳动收入份额，因为它未反映自营工作者的收入（参见第三节和专栏 8. 2）[1]。图 8. 2 显示了不同国家的未调劳动收入份额的不同之处。人均收入水平较高时，未调劳动收入份额也相应较高，但超出某一特定阈值（约为 40000 美元或以上）后往往会出现小幅下降。平均而言，最不发达国家的未调劳动收入份额达 26%，中低收入国家达 37%，新兴经济体国家达 42%，高收入国家为 48%（如欲了解类似分析，参见戈林，2002 年）。

各国未调劳动收入份额与人均收入水平之间的正相关性反应了两个主要因素。第一，结构效应发挥了重要作用。众所周知，随着收入的增长，受雇就业发生率会呈现上升趋势（参见本报告第 3 章）。对于图 8. 2 中所列国家，在最不发达国家中，受雇就业发生率为 10%，中低收入国家达 50%，新兴经济体国家达 67%，发达经济体达 85%。[2] 受雇就业发生率的提高及与之相关联的自营工作者数量的下降还与从农业向制造业转型的部门份额的再调整相关。2008 年，最不发达国家中农业占其国内生产总值的 23%，但在中低收入国家其份额为 15%，在新兴经济体国家其份额为 8%。[3]

1　使用国家经济核算数据，劳动收入份额为 [雇员总薪酬) / (国内生产总值 - (税 - 生产和进口补贴)]。

2　这些估算数据依据可得到劳动收入份额数据的有限国家样本得出。如欲了解发展中国家的自营就业形式，参见第 1 章第 2 节。

3　行业附加值占国内生产总值的百分比（名义值为 2005 年定值美元）。资料来源：世界银行。

图 8.2　2008 年未调劳动收入份额和人均国内生产总值

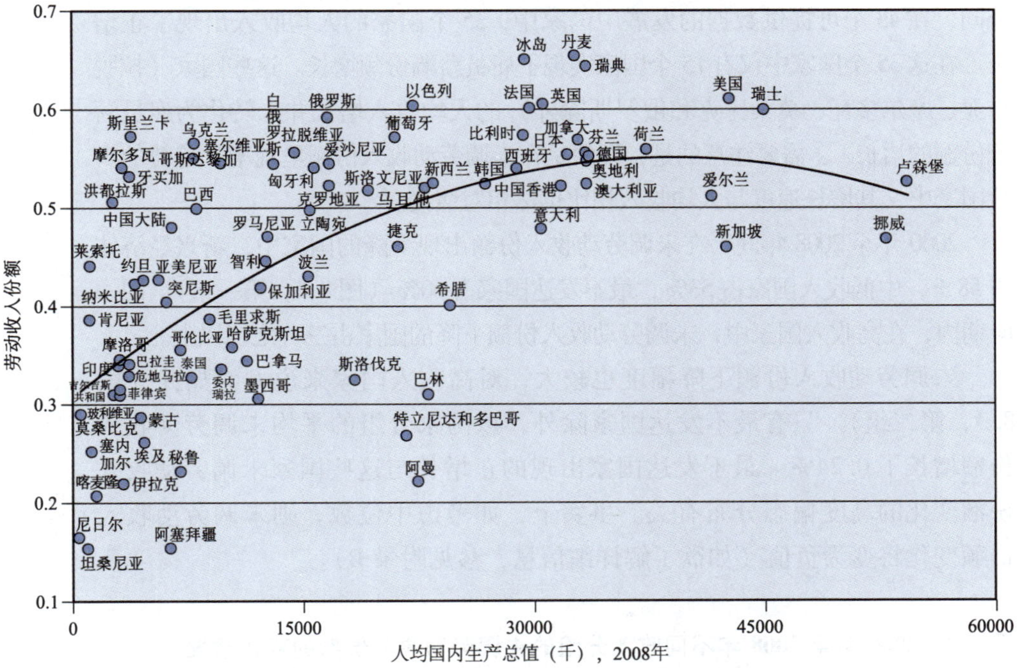

注：2008 年劳动收入份额以雇员薪酬与按生产要素成本计算的国内生产总值的比率进行衡量。按生产要素成本计算的国内生产总值的衡量采用按市场价格计算的国内生产总值减去税与生产和进口补贴之间的差额。

资料来源：作者以联合国统计司、中国国家统计局和佩恩表数据为依据得出的计算结果。

第二个因素涉及工资水平。有关结构转型的理论（如所谓的刘易斯转折点）暗示了不断增长的雇员份额，加之都市化/工业化及其带来的劳动力市场紧缩，往往会给工资带来上行压力（第 5 章）。平均而言，发达经济体的工资水平是中低收入国家的 14 倍，是新兴经济体的 6.6 倍。工薪工作通常与雇佣关系的稳定化、劳动法规的落实和集体谈判范围的扩大息息相关（海特，2011 年）。

过去十年中，新兴经济体和中低收入国家的收入水平已有所上升……

近年来，发展中国家的增长率已超过发达国家，说明这些国家的追赶步伐已经有加速倾向（第二章）。最不发达国家的增长速度最快。中低收入国家和新兴经济体的情况大致相同，但后者发展速度略快于前者。2008 年，10% 最富裕国家的人均收入比 10% 最贫困国家高出 90 倍，而 2000 年时，前者是后者的 100 倍。自全球金融危机爆发以来，这一追赶步伐似乎已出现加速，在很大程度上反映了发达国家经济的疲软状态（参见附录图 8. A1）。

……可是，雇员薪酬占总收入的比率并未随人均收入的增长而增长

发展中国家面临的与其职能性收入分配相关的一个问题是在过去十年中，人均收入的快速增长是否转化成未调劳动收入份额的增长——如图 8.2 所示。对此格局的预期是有合理依据的。随着经济的发展，经济体的生产结构从农业向制造业转型（第 5 章）。当部门间的这种转型推动就业趋势从自营就业向工薪工作转变时，预计雇员薪酬在总收入中所占的份额将会增加。

然而，现有数据表明，多数案例均未出现这一预期格局。2000 年至 2008 年期间，在 43 个可提供数据的发展中国家中，35 个国家的人均收入出现了正增长。在这 35 个国家中仅有 15 个国家实现了雇员薪酬份额增长。这些国家（拉脱维亚、摩尔多瓦、莫桑比克和俄罗斯除外）的人均收入增长并未转化为雇员薪酬份额的增长[1]。需要注意的是，即便是在未调劳动收入份额呈现增长趋势的少数国家中，其增长速度与人均收入相比仍然相对缓慢。

2000 年至 2008 年间，在未调劳动收入份额出现下降的国家中，新兴经济体占 58%，中低收入国家占 53%，最不发达国家占 60%（图 8.3，第一组）。同一时期内，在高收入国家中，未调劳动收入份额下降的国家占三分之二以上。

未调劳动收入份额下降幅度也较大，对高收入国家来说尤为如此（图 8.3，第二组）。只有最不发达国家除外，该国家分组的平均未调劳动收入份额增长了 0.24%。最不发达国家出现的正增长与这些国家未调劳动收入份额变化的高度偏态分布有关。事实上，如考虑中位数，则未调劳动收入份额变化将变为负值（如欲了解详细信息，参见附录 B）。

图 8.3　2000 年至 2008 年不同收入分组的未调劳动收入份额的变化情况

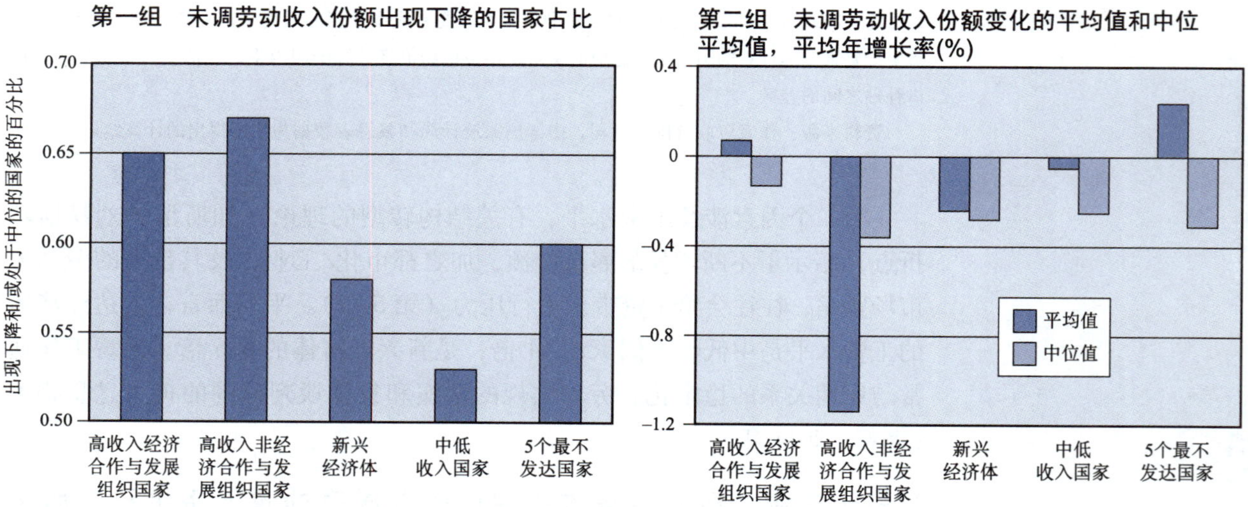

注：如欲了解劳动收入份额的定义，参见图 8.2。HI = 高收入国家。国家及地区分组：新兴经济体：阿塞拜疆、白俄罗斯、巴西、保加利亚、中国大陆、智利、哥伦比亚、哥斯达黎加、古巴、牙买加、约旦、哈萨克斯坦、拉脱维亚、立陶宛、毛里求斯、墨西哥、纳米比亚、巴拿马、秘鲁、罗马尼亚、俄罗斯、塞尔维亚、南非、泰国、突尼斯、委内瑞拉；中低收入国家：亚美尼亚、玻利维亚、喀麦隆、埃及、洪都拉斯、印度、肯尼亚、吉尔吉斯共和国、蒙古、摩洛哥、巴拉圭、菲律宾、摩尔多瓦、斯里兰卡和乌克兰；最不发达国家及地区：莱索托、莫桑比克、尼日尔、塞内加尔、坦桑尼亚（大陆部分）；高收入经济合作与发展组织国家：澳大利亚、奥地利、比利时、加拿大、丹麦、芬兰、法国、德国、希腊、冰岛、爱尔兰、意大利、日本、韩国、卢森堡、荷兰、新西兰、挪威、西班牙、瑞典、瑞士、英国和美国；高收入非经济合作与发展组织国家及地区：巴林、克罗地亚、捷克*、爱沙尼亚*、中国香港、匈牙利*、以色列、科威特、列支敦士登、马耳他、阿曼、波兰*、葡萄牙*、卡塔尔、新加坡、斯洛伐克*、斯洛文尼亚*、特立尼达和多巴哥。部分带“*”号的经济合作与发展组织国家列入非经济合作与发展组织国家类别中，原因是这些国家比大多数经济合作与发展组织国家的时间序列短。

资料来源：作者依据联合国统计司、中国国家统计局、佩恩表和经济合作与发展组织数据得出的计算结果。

1　值得注意的是，许多劳动收入份额和人均国内生产总值之间存在正相关性的国家都是东欧经济体。

除一个地区外，所有其他地区的未调劳动收入份额均已出现下降。

区域发展趋势也呈现了类似的情况。除中欧和东欧及中亚地区外，所有地区的未调劳动收入份额均有所下降。2000 年至 2008 年间，在可获得数据的国家中，所有中东国家、75% 的非洲国家（包括三个北非国家，即埃及、摩洛哥和突尼斯）、77% 的亚洲和太平洋国家以及 75% 的拉美国家的未调劳动收入份额出现了下降。

图 8.4 显示了未调劳动收入份额的区域动态。如前所述，中欧和东欧及中亚地区是唯一一个未调劳动收入份额出现明显增长的地区。后期出现下降，但与 2000 年的最低水平相比仍高出 9 个百分点[1]。相比之下，中东地区的下降幅度最大。20 世纪 90 年代末期，未调劳动收入份额已出现下降，2000 年至 2008 年之间进一步下降了 11 个百分点。由于同时期劳动收入份额下降了 22 个百分点，加权平均值说明下降更加明显。虽然这可能与农民工工资减少相关，农民工人数在这些国家劳动力人数中所占比例很大，但需要对这种异常变化进行更仔细分析。

在拉丁美洲，未调劳动收入份额的走势会因选择简单平均值还是加权平均值而有所不同。简单平均值显示未调劳动收入份额从 1997 年的 101% 下降到 2008 年的 91%，而加权平均值显示未调劳动收入份额从 2004 年的 96% 上升到 2009 年的 105%。巴西的发展历程证实了这一趋势，2003 年至 2009 年间，其未调劳动收入份额从 46% 增长到 51%。

经济大萧条之前，亚太地区未调劳动收入份额的简单平均值下降了几个百分点，但随后恢复至 2000 年的水平。但从加权平均值角度看来，情况就完全改变了。中国和印度将区域国内生产总值占比不断增长考虑在内，2000 年和 2008 年间，这两个国家的未调劳动收入出现了显著下降，其中中国下降了将近 4 个百分点，印度下降了约 7 个百分点。与此同时，未调劳动收入对中国的区域国内生产总值的贡献从 15% 增长到 36%，对印度的贡献从 6% 增长到 9%。将中国和印度排除后，未调劳动收入份额的区域变化平均值逐渐变小，下降了 3 个百分点。

就业结构和工资变化均与未调劳动收入份额的下降趋势相关。

不同国家的未调劳动收入份额的下降与劳动力市场的两个重要变化有关（参见图 8.5）。首先，从自营就业到受薪就业的预期转变一直相对缓慢。如第 3 章所述，虽然在可获得数据的国家中，大部分国家的自营就业发生率有所下降，但对于多数国家来说，这种下降的幅度并不大——实际上，根据历史趋势判断，鉴于 2000 年至 2009 年间大部分发展中国家发展迅速，可能已经可以预测自营就业发生率还将出现更快速的下降。

第二，与基于增长和生产率发展作出的预测相比，工资的增长并未出现预期的强劲势头。图 8.5 分析了 2000 年工资相对较低的国家在未来十年中实际工资快速增长的程度。除实际工资出现下降的部分拉丁美洲国家外（如玻利维亚和秘鲁），大部分国家的实际工资都出现了增长。但是从整

1　加权平均值表示增长更加明显。俄罗斯的劳动份额从 2002 年的 55% 增长到 2009 年的 63%，进而说明了简单平均数和加权平均数之间的差异。

图 8.4　不同地区的未调劳动收入份额（加权平均值，2000 年份额 =100）

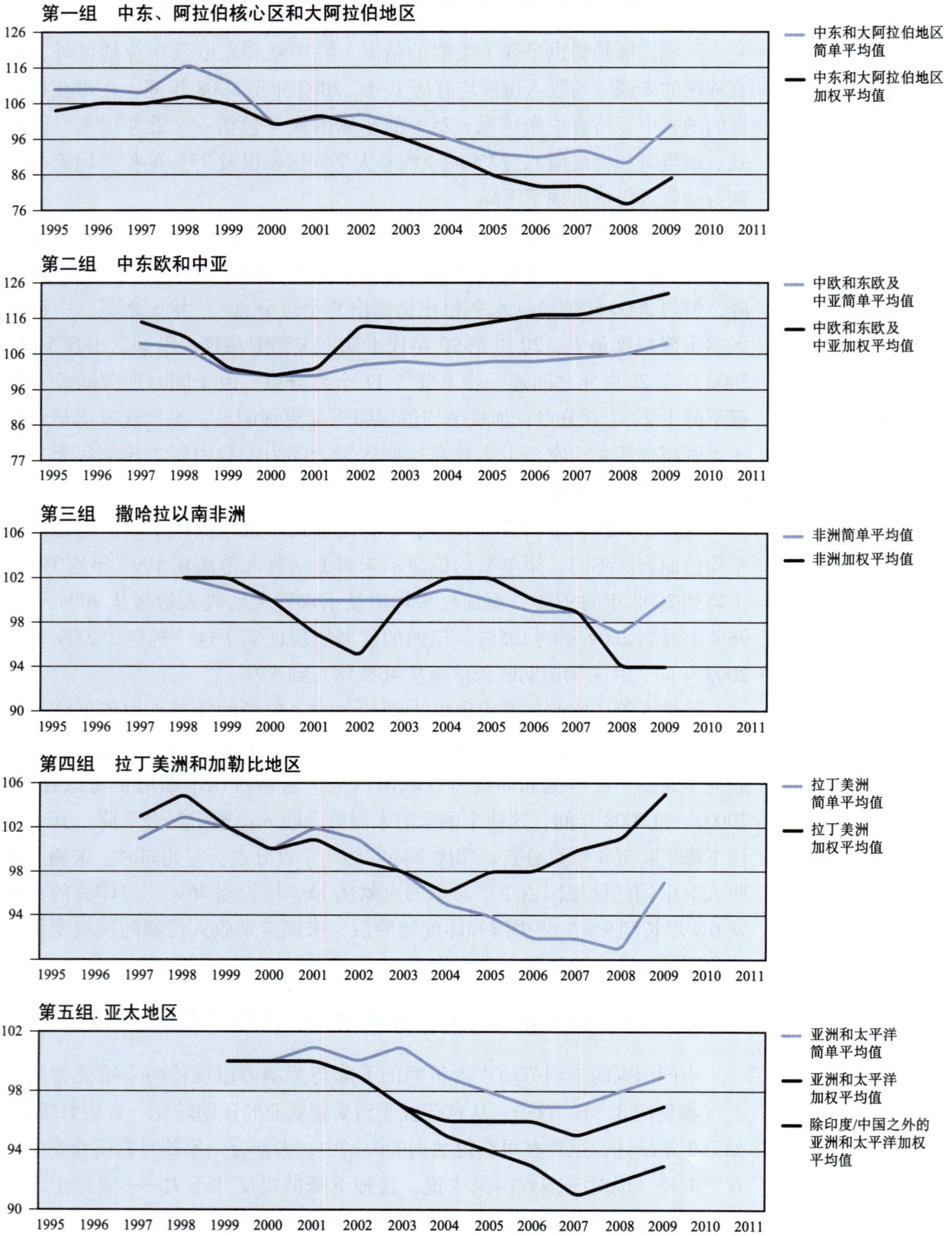

注：图 8.2 提供了雇员薪酬数据，以 2000 年为基准年。国家及地区分组界定如下：撒哈拉以南非洲：1997 年至 2010 年：喀麦隆、肯尼亚、莱索托、毛里求斯、莫桑比克、尼日尔、塞内加尔和南非；亚洲和太平洋地区：1998 年至 2009 年：澳大利亚、中国大陆、中国香港、印度、日本、韩国、新西兰、新加坡、斯里兰卡和泰国；中欧和东欧及中亚地区：1997 年至 2009 年：亚美尼亚、阿塞拜疆、白俄罗斯、捷克、爱沙尼亚、哈萨克斯坦、吉尔吉斯共和国、立陶宛、摩尔多瓦、波兰、俄罗斯、塞尔维亚、斯洛伐克、斯洛文尼亚和乌克兰；拉丁美洲和加勒比海地区：1997 年至 2009 年：玻利维亚、巴西、智利、哥伦比亚、哥斯达黎加、古巴、墨西哥、巴拿马、巴拉圭、秘鲁、特立尼达和多巴哥以及委内瑞拉；中东和大阿拉伯地区：1995 年至 2009 年：巴林、以色列、约旦、科威特、阿曼和卡塔尔；北非：1998 年至 2009 年：埃及和摩洛哥。

资料来源：作者以联合国统计司、中国国家统计局的数据为依据得出的计算结果。

专栏 8.1　欧洲和北美地区的劳动收入份额

欧洲和北美地区的未调劳动收入份额长期处于下降趋势，在大萧条期间出现了短期的“回弹”（参见附录 A 中的图 A. 4 和 A. 5）。1980 年前后，欧洲未调劳动收入份额达到了历史最高点，至此之后开始下降。1995 年至今，欧洲未调劳动收入份额仍低于 1970 年的水平。北美地区未调劳动收入份额呈现稳定下降趋势，并伴有一定的周期性变化。总体上从 1970 年的 64% 下降到 2008 年的 59%。

造成这种下降趋势的原因引发了广泛的讨论（如欧洲共同体，2007 年；国际货币基金组织，2007 年；国际劳工组织，2008 年，2010 年；经济合作与发展组织，2012 年）。许多研究指出了技术变化的作用，但近期多数研究均强调了制度和政策因素的重要性（国际劳工组织，2013 年；斯托克汉默，2013 年；夏比，2011 年）。此类研究包括促进金融化和全球化发展的劳动和社会保障制度及政策要素，这一切促进了市场收入分配谈判能力的变化。

体上看增长率仍然不高，通常低于 5%。工资增长主要受到东欧国家的推动，这些国家在经济转型初期工资急剧削减后出现了持续的工资恢复过程（国际劳工组织，2013 年）[1]。

图 8. 5　2000 年至 2008 年自营就业和实际工资的增长

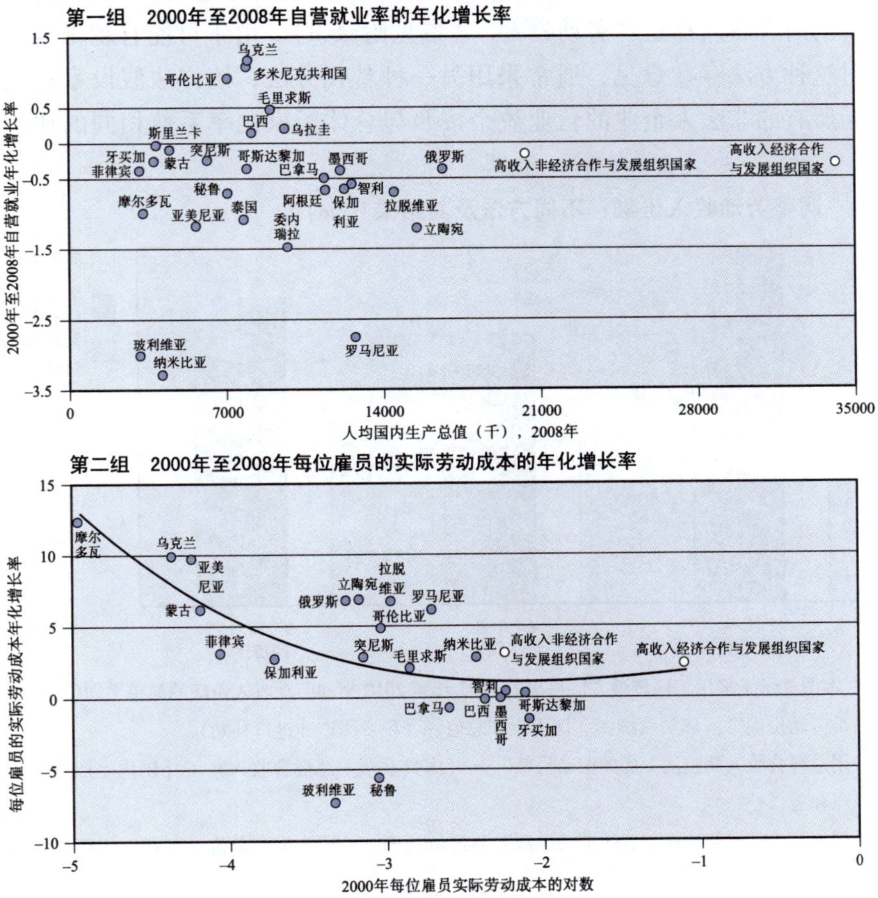

注：HI = 高收入。本图中，x 轴显示了 2000 年的工资水平（以当年每位员工实际劳动成本的对数表示）；y 轴显示了 2000 年至 2008 年期间每位员工的实际劳动成本的平均年增长率。

资料来源：作者依据联合国统计司数据得出的计算结果。

1　图 8. 5 说明劳动份额的增长主要通过实际工资的调整而非就业结构的变化实现。这种结果与双重劳动模型（如刘易斯模型）完全不同。根据双重劳动模型，调整应先调就业，再调工资（如从农业部门到城市部门）。

第三节　调整自营就业收入的劳动份额

自营就业收入的调整提高了劳动份额

为实现更有意义的比较分析，有必要对劳动收入份额进行调整以便反映自营就业人口的收入。这种调整必须通过使用国民经济核算中的总混合收入实现（附录 B）。

图 8.6 显示了三个劳动收入份额的不同估计值，这三个值取决于三种不同的调整方式：不做调整和两种无关联的调整方式。可获得相关数据的国家情况如下：最不发达国家的未调劳动收入份额平均为 32% 左右，中低收入国家平均约为 36%，新兴经济体达 45%，高收入国家约为 60% [1]。但自营就业的调整能够大大缩减这些差距。

采用第一种方法时（即总混合收入被纳入雇员总薪酬），最不发达国家的劳动份额上升至 79%，中低收入国家上升至 60%，新兴经济体国家上升至 68%。如预期结果，这种变化的幅度在很大程度上取决于特定国家的自营就业者份额。这种调整方法往往夸大了劳动收入份额，因为它假设自营就业者的所有收入都是“劳动收入”（参见附录 B）。由于可能有越来越多的人对这种方法存在意见，通常采用另一种替代方法，该方法假设家庭成员共同所有的非法人企业的营业盈余按照与总体国家比率系数相同的比例

图 8.6　调整劳动收入份额：不同方法及其结果（%）

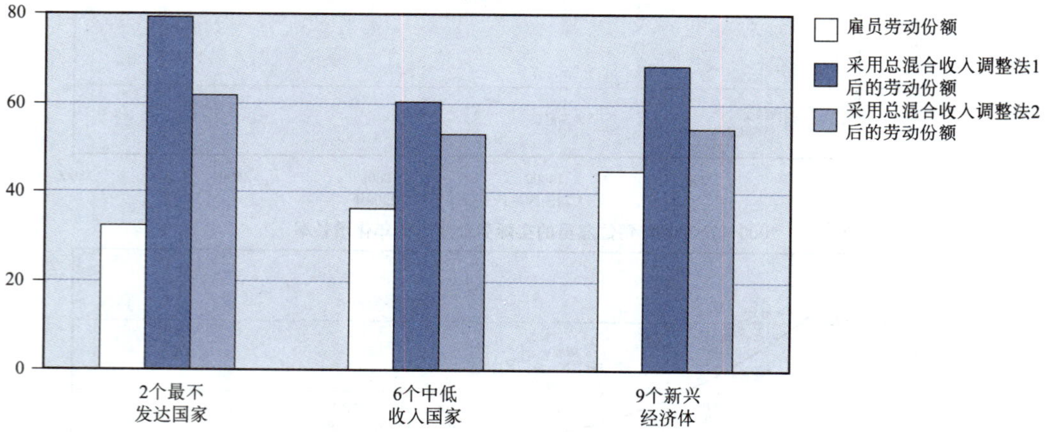

注：本图显示了采用不同调整方法得出的 1997 年至 2010 年间劳动收入份额的简单平均值。

“雇员劳动份额” = 雇员薪酬 ÷ ［国内生产总值 − （税 − 生产和进口补贴）］

“采用总混合收入调整法 1 后的劳动份额” = （雇员薪酬 + 总混合收入） ÷ ［国内生产总值 − （税 − 生产和进口补贴）］

“采用总混合收入调整法 2 后的劳动份额” = 雇员薪酬 ÷ ［国内生产总值 − （税 − 生产和进口补贴） − 总混合收入］。

样本国家必须能够提供一段时期内的总混合收入数据。因此缩小了抽样范围，包括 2 个最不发达国家、6 个中低收入国家和 9 个新兴经济体。新兴经济体：白俄罗斯、巴西、哥伦比亚、哈萨克斯坦、拉脱维亚、立陶宛、巴拿马、塞尔维亚和委内瑞拉；中低收入国家：埃及、洪都拉斯、印度、吉尔吉斯共和国、摩尔多瓦和蒙古；最不发达国家：莱索托和尼日尔。

资料来源：作者依据联合国统计司数据得出的计算结果。

1　与图 8.2 中数字存在差异的原因在于国家覆盖范围不同。

专栏8.2 这些趋势暗示着自营就业者收入份额的下降

那么我们如何才能理解劳动收入份额调整的影响力？从某种意义上说，自营就业者的收入变化至关重要。潜在的原因有以下三个。首先，平均而言，自营就业人数及其收入的确得到了增长，但其速度无法跟上经济增长的步伐。其次，正如前文所述，从自营就业向雇员身份转变缓慢。最后，两个工作者群体之间的收入差距可能会扩大，因此，劳动收入份额很容易受到结构效应的影响。

为了解这三个因素是如何发挥作用的，图8.7显示了三个国家的自营就业者的收入份额：巴西、委内瑞拉和立陶宛。自营就业者的收入份额由总混合收入除以按生产要素成本计算所得的总附加值得出。这三个国家的自营就业者的收入份额均出现下降，其中巴西下降了3.4个百分点，委内瑞拉下降了1.3个百分点，立陶宛下降了5.2个百分点。

图8.7还将自营就业者收入份额的总增长率分解为三个组成部分：自营就业增长率、每个自营就业者的名义收入和按生产要素成本计算的总附加值。如果每位自营工作者的名义收入增长率与自营就业增长率之和超过按生产要素成本计算的总附加值，那么自营工作者的收入份额就会增长。值得注意的是，结果显示，所有三个国家的自营工作者收入份额的下降均与自营工作者数量的下降相关，而与每位自营工作者的平均收入的下降无关。委内瑞拉自营工作者的平均收入增长率随着时间推移而波动，但大部分时间均为正值。相比之下，巴西和立陶宛的自营就业收入增长率在2000年至2009年间初期为正值，末期为负值。

图8.7 自营就业者的收入份额变化及其构成（2000年至2009年）

第一组 巴西

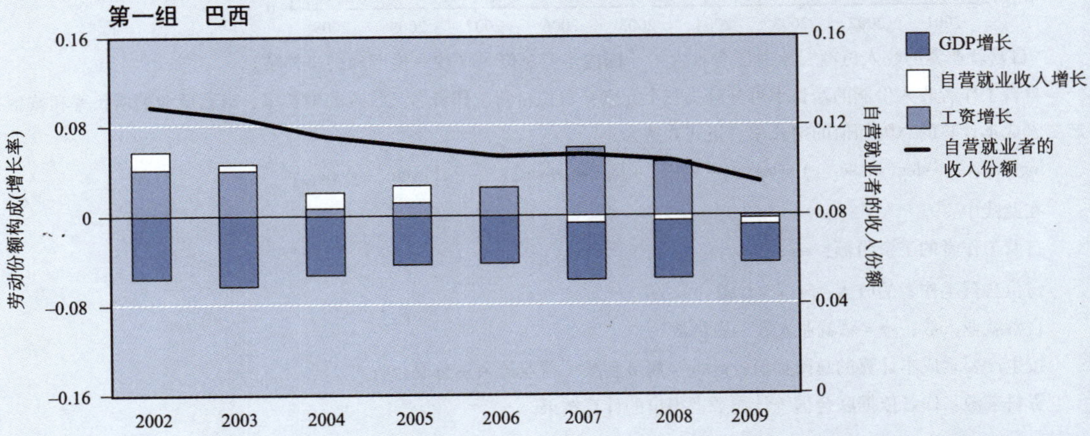

分为劳动收入和资本收入（例如若未调劳动份额为60%，那么混合收入中的劳动收入比例则被设定为60%）。依据第二种方法，最不发达国家的劳动份额平均值达62%，中低收入国家达53%，新兴经济体为54%。总体上讲，这种方法提升了劳动份额，但提升幅度不大。据观测，采用第二种方法得出的高收入国家的劳动收入份额通常更接近60%。

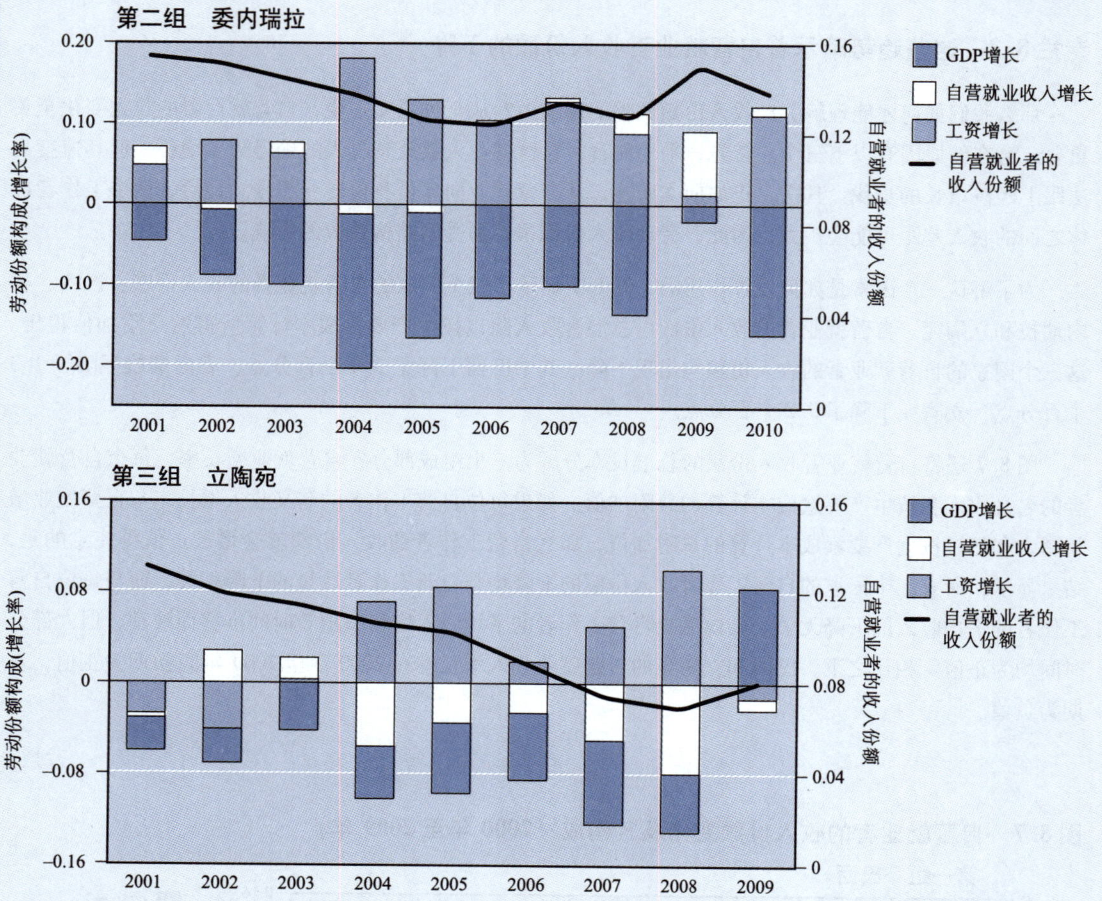

"自营就业者的收入份额" = 总混合收入 ÷ [国内生产总值 - (税 - 生产和进口补贴)]

自营工作者收入份额的增长率可分解为三个元素：每位自营工作者名义收入的增长率、自营就业的增长率和按生产要素成本计算的总附加值的增长率。正式表达为：

$$\log(ws\ se_t) - \log(ws\ se_{t-1}) = \log(w_t \div w_{t-1}) + \log(se_t \div se_{t-1}) - \log(gvafc_t \div gvafc_{t-1})$$

在此式中：

自营工作者的工资份额：$ws\ se_t$

每位自营工作者的收入：w = (GMI ÷ se)

自营就业人数：se = 总就业人数 - 雇员数

按生产要素成本计算的总附加值：gvafc = 雇员薪酬 + 营业盈余 + 总混合收入

资料来源：作者依据联合国统计司数据得出的计算结果。

已调劳动收入份额显示了劳动收入的大范围下降

调整自营就业劳动收入份额可提高劳动收入份额，除反映劳动收入的实际情况外，还对劳动收入的趋势提出了新的见解，尤其是劳动收入变化的方向和幅度方面。图 8.8 显示了这两种总混合收入的调整如何给职能性收入分配的趋势带来影响。在可提供数据的九个新兴经济体中，20 世纪 90 年代末期（未调）劳动收入出现下降，到 2000 年至 2009 年间初期相对稳定，末期又再次出现增长。但是，这两类已调劳动收入份额呈现出鲜明的对比，并且出现逐渐下降的趋势。使用第一种调整方法后，2005 年已调劳动份额达到 94.9% 的低点，2009 年稳定在 96.7%。第二种调整方法（GMI2）证实

图 8.8　已调劳动收入份额的趋势（1997 年至 2009 年，基准年 =2000 年）

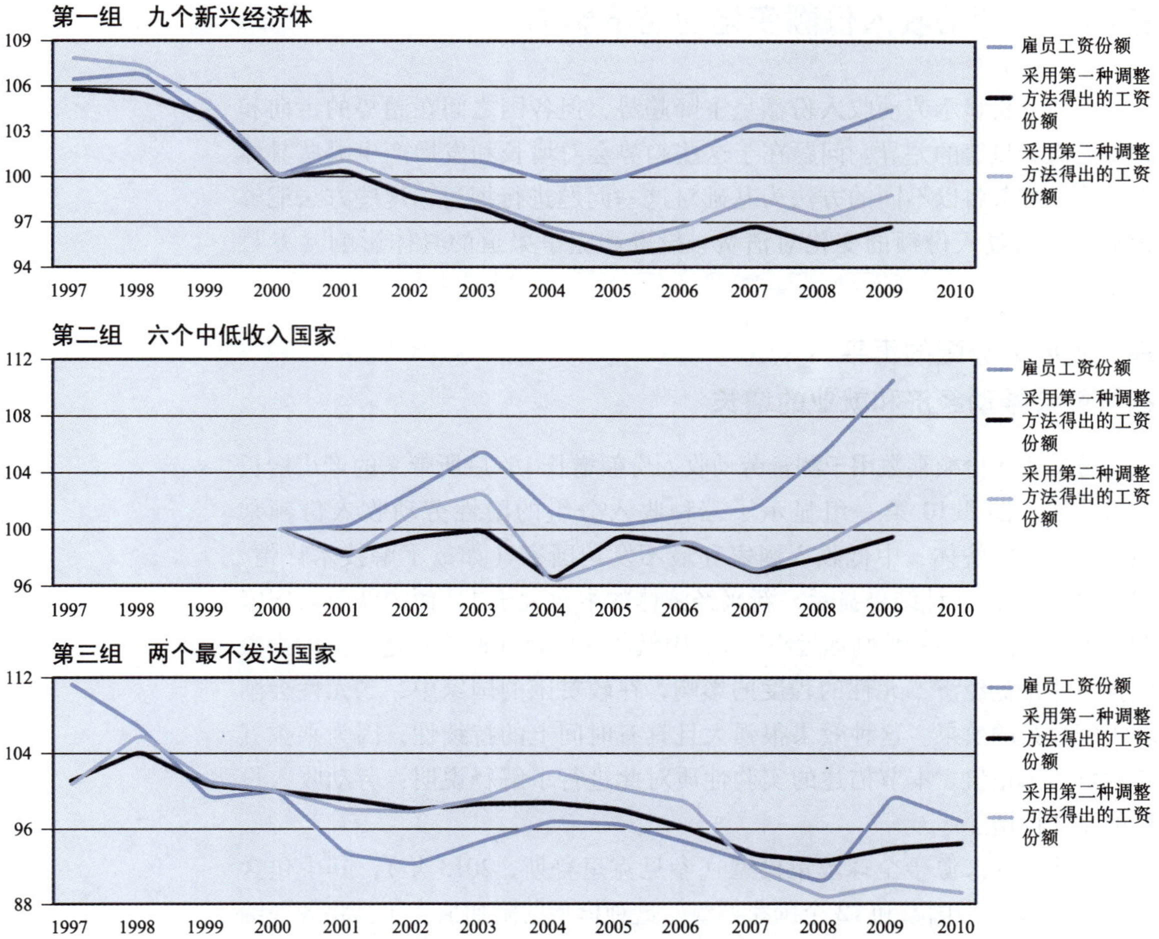

注：本图显示了采用下列方法衡量的劳动收入份额：

—“雇员工资份额” =雇员薪酬÷［国内生产总值－（税－生产和进口补贴）］

—“采用第一种调整方法得出的雇员工资份额” =（雇员薪酬+总混合收入）÷［国内生产总值－（税－生产和进口补贴）］

—“采用第二种调整方法得出的雇员工资份额” =雇员薪酬÷［国内生产总值－（税－生产和进口补贴）－总混合收入］

使用简单平均值方法得出总份额。

国家分组如下：新兴经济体国家：白俄罗斯、巴西、哥伦比亚、哈萨克斯坦、拉脱维亚、立陶宛、巴拿马、塞尔维亚和委内瑞拉；中低收入国家：埃及、洪都拉斯、印度、吉尔吉斯共和国、摩尔多瓦和蒙古；最不发达国家：莱索托和尼日尔。

资料来源：作者依据联合国统计司数据得出的计算结果。

了下降趋势，但下降幅度较小。

中低收入国家和最不发达国家也出现了类似的效应。2000 年至 2009 年间，在可提供数据的六个中低收入国家中，未调劳动收入份额上升了 10 个百分点。劳动收入份额调整后，劳动收入的这种大幅上涨不复存在，开始围绕 2000 年基准年的水平上下波动。在可提供数据的两个最不发达国家中，在不考虑调整的情况下，这种趋势为负值，但下降的幅度随着调整而扩大。2000 年至 2009 年，未调劳动份额下降了 3.2 个百分点，但如果采用这两种方法进行调整，可分别将下降程度扩大到 5.5 个和 10.8 个百分点。

第四节　劳动收入份额变化的经济影响

上述分析显示劳动收入份额呈下降趋势，但各国之间在趋势的走向和幅度上有着显著的差异。问题在于这些趋势会对增长和发展产生哪些具体的影响。本节将以不同的方法为基础对这一问题进行探讨，这些方法能够识别出劳动收入份额的变化对消费、投资和竞争渠道的具体影响（专栏 8..3）。

职能性收入分配的再平衡可能会推动经济和就业的增长

劳动收入份额乘数用于测量劳动收入份额增长 1% 后所带来的产出增长的百分数。图 8. 10 第一组显示了三种收入分组的隐性劳动收入份额乘数——新兴经济体、中低收入国家和最不发达国家（如欲了解技术详情，参见附录 C）。估计结果显示，新兴经济体的乘数大于 1，而中低收入国家和最不发达国家的乘数则远远小于 1。中低收入国家和最不发达国家的乘数较低可能是受经济二元性的程度的影响，在较贫困的国家中，二元性会削弱工资政策的效果。这种效果很强大且具有时间上的持续性，因为乘数五年后仍然为正值。本节描述的实验性质对此进行了解释说明：劳动收入份额的永久性增加。

这些乘数来源于全球政策模型（参见克里普斯，2013 年），其中包含 15 个单个发展中国家和 12 个国家群组。这种模型的附加值在于其将各国纳入一个统一框架内，并跟踪国家间的国际溢出效应[1]。

估算结果以一组年度数据为基础，从 1980 年数据开始，同时对与劳动收入份额增长相关的消费效应、投资效应和净出口效应进行了区分[2]。图 8. 10 的第二组显示了消费、投资和净出口对劳动份额变化的响应。当消费增长并且劳动收入可以支撑消费者的消费决策时，三种效应的方向符合理论文献的记载，同时，由于利润份额较低，投资和净出口额效应均为负值。相反，企业将其盈利能力作为新投资决策的依据，利润幅度较小就会给企业新投资决策带来不利的影响。在全球化世界中，贸易差额的恶化可能与家庭的高消费有关。竞争力的损失取决于利润幅度较小和物价上涨之间的传导。总体来说，消费的积极影响超过了投资和净出口的消极影响并推动了这三个地区的经济增长。

1　图 8. 9 显示的是隐性劳动收入乘数，因为此模拟以企业利润幅度下降为情境进行实验。名义劳动收入的直接增长可能会产生误导，其原因是这可能意味着更加严重的通货膨胀。

2　以企业利润幅度下降为情境（等同于劳动收入份额的增长）进行政策实验。

专栏8.3　高收入国家职能性收入分配变化对总需求和产出的影响

对高收入国家中收入分配和总需求间关系的分析突显了三种效应：消费、投资和贸易（或竞争力）。例如，在劳动收入份额下降的情况下，消费可能会受到负面影响。相比之下，劳动收入的下降意味着利润的升高，在其他因素保持不变的情况下，可能会刺激投资的增长。这两种效应的对比决定了封闭经济框架中的需求机制。如果使用劳动收入进行消费的倾向大于将利润用于投资的倾向，那么这样的需求机制就称为“劳动收入导向型”。这说明劳动份额下降的净效应是总需求的减少。在相反的情况下，需求机制为“利润导向型”：劳动份额的下降能够促进总需求的增长（见图8.9）。

对于开放的经济体，竞争力效应也应考虑在内。提出这一点是因为劳动收入份额的降低与单位劳动力成本的下降有关，因此能够提高成本竞争力，且有可能提高净出口额。在竞争力效应超过消费效应的情况下，需求机制属于“出口导向型”。图8.9中的点划线显示了消费效应造成的经济活动的下降。但净出口出现增长的两个季度后产出开始变为正值。

本国劳动力成本的下降带来新的问题——竞争力效应是否会给贸易伙伴带来不利影响。在这种情况下，本国较低的劳动力成本会给贸易伙伴带来“以邻为壑”效应。本国劳动份额下降引发的外国经济产出反应如图8.9所示。图8.9显示，外国经济会受到本国竞争力损失的负面影响。

图8.9　劳动收入份额下降对产出的影响

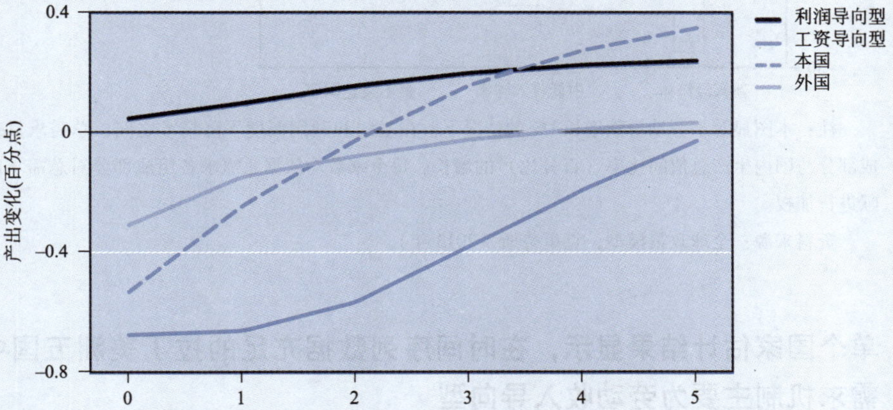

注：本图显示了劳动收入份额下降0.5个百分点后出现的产出偏离稳定状态的情况（百分点）。数值模拟以两个国家的DSGE模型为依据。

资料来源：夏比和库恩（2012年，2013年）。

图 8.10 模拟 2015 年劳动收入份额升高后的影响

第一组 产出乘数，2015年至2020年(%)

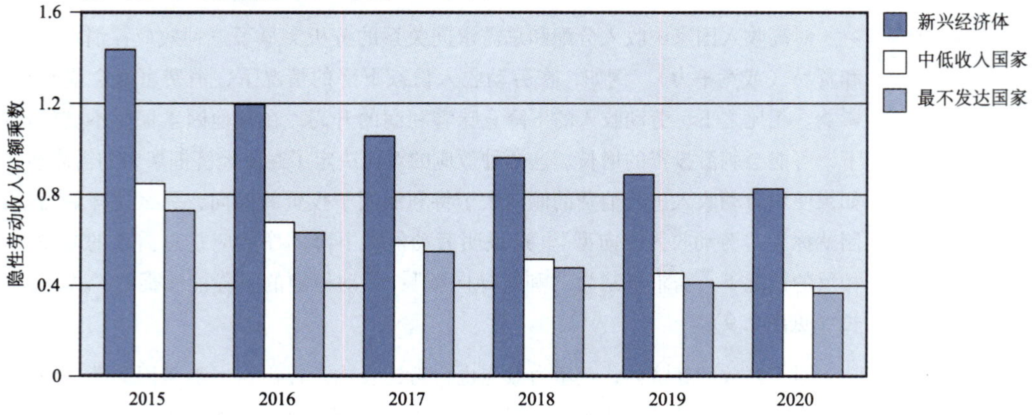

注：本图显示了在劳动收入份额增长1%情况下国内生产总值的增长(百分比)。

资料来源：全球政策模型，克里普斯(2013年)。

第二组 2015年消费、投资和贸易差额(%)

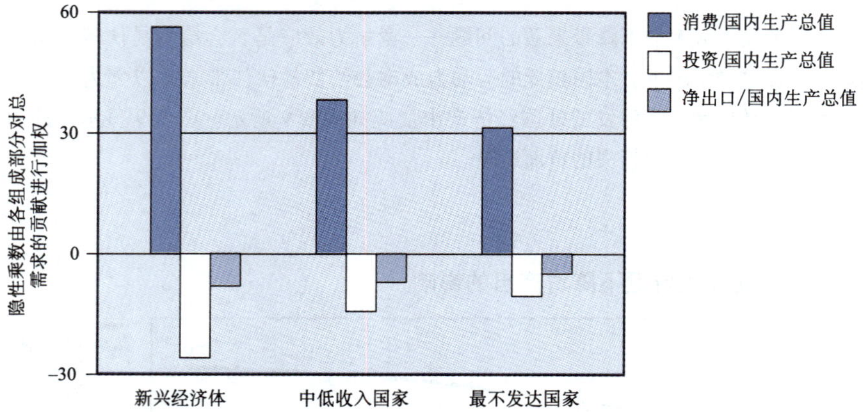

注：本图显示了劳动份额增长 1% 的情况下，在基线和利润幅度下降情境之间，总需求具体组成部分与国内生产总值间比率（百分比）的增长。每个乘数均依据总需求各组成部分对总需求的贡献进行加权。

资料来源：全球政策模型，克里普斯（2013 年）。

单个国家估计结果显示，在时间序列数据充足的拉丁美洲五国中，需求机制主要为劳动收入导向型

表 8.1 显示了对拉丁美洲五个国家（哥伦比亚、洪都拉斯、墨西哥、巴拿马和委内瑞拉）需求机制的估计结果。选择这五个国家的原因是拉丁美洲经济委员会（CEPAL）能够生成评估单个国家劳动收入份额的长时间序列。上述面板数据评估的缺陷在于仅评估了国家群组的需求机制，却掩盖了对单个国家的影响。哥伦比亚、墨西哥和委内瑞拉最早可提供 1970 年的数据，巴拿马的可用数据从 1960 年开始，洪都拉斯从 1950 年开始。劳动份额以雇员薪酬为依据进行界定，因此忽略了自营就业收入。

这种估算方法依赖于经济活动水平的简化型方程式。一部分文献依赖于对总需求中不同元素的估计——消费函数、投资函数和净出口函数——以确定需求机制。这种方法虽有优势，但也的确存在一些缺陷，其中之一就是难以将不同方程式的参数作比较。第二个缺陷就是总需求的每个组成部分的评估都是孤立的。

表 8.1　需求机制估计：单个国家估计

	因变量：d log (y_t)				
	哥伦比亚	洪都拉斯	墨西哥	巴拿马	委内瑞拉
d log (y_{t-1})	0.96 ***	0.37 ***	0.45 ***	0.58 ***	0.58 ***
d log (ws_{t-1})	0.29 ***	0.09 ***	-0.30 ***	0.05 ***	-0.11 ***
d log (rer_{t-1})	0.20 ***	0.02 ***	-0.07 ***	-0.59 ***	0.06 ***
Nber Obs	39 ***	49 ***	40 ***	49 ***	39 ***
需求机制	劳动收入导向型	待定	利润导向型	劳动收入导向型	利润导向型

注：此表格显示了简化型方程式得出的人均国内生产总值结果：y = 人均国内生产总值，ws = 劳动收入份额，rer = 实际汇率，Nber Obs = 观测数量。变量以对数差的形式表示（d log），用以检验单位根。对误差项中的自相关和异方差性的测试以最小二乘估计量为基础。依据测试结果，我们选择了加权最小二乘法。星号表示的意义：*** 表示 10%，** 表示 5%，* 表示 1%。

依据我们的标准，用增广迪基—富勒检验法对因变量和解释变量的单位根进行检验，此测试显示出非平稳性，因此采用一阶差分进行估计（如欲了解方法说明，参见附录 D）。

因变量是人均国内生产总值的对数差分。共有三个解释变量，均以对数差分表示。滞后的人均国内生产总值反映人均国内生产总值数据中的自相关性。滞后劳动收入份额反映每个国家的需求机制。这种简化型方法的优势在于劳动收入份额系数的符号直接表明了需求机制的类型。当参数为正值时，需求机制为劳动收入导向型。相反的符号则表示需求机制为利润导向型。最后，实际汇率反映所考虑的不同经济体的开放程度。因缺乏信息，无法将额外的解释变量包括在内。其中缺失的一个重要变量就是实际利率，因为它能够反映金融环境对资本积累率的影响。另一个关键变量是区域人均国内生产总值，因为它能够反映贸易伙伴的动态。

表 8.1 显示了五个国家中每个国家的人均国内生产总值方程式的结果。四个国家中，有两个国家的劳动收入份额变量前的符号表示有效正值。洪都拉斯的需求机制无法通过这种测试进行说明，因为它的符号不是非零有效数字。这说明哥伦比亚和巴拿马的需求机制为劳动收入导向型。此外，这项估计显示了人均国内生产总值的重要自相关性，与预期结果相符。最后，实际利率的符号为正值，实际汇率贬值提高了国家的竞争力，并且给经济活动带来了积极的影响。所用估计量为加权最小二乘估计量。由于普通最小二乘估计量状态下的误差项具有异方差性，因此我们选择了估计量。加权最小二乘法的优点在于能提高 t 统计数据的值，在普通最小二乘估计量情况下此数值不可靠。

第五节　总结和政策影响

越来越多的证据表明不平等与经济增长和发展的减缓相关，因此本章对发展中国家劳动收入份额的主要趋势及其经济影响进行了探讨。本章突出强调了两个主要分析结果，但仍需进一步阐述。

第一，劳动收入份额呈现下降趋势，发展中经济体的情况亦然，但各国的下降程度明显不同。在未调劳动收入份额方面（其中不包括自营就业收入），随着整体收入的增长，未调劳动收入份额也有所增长，但近年来两者之间的联系逐渐减弱。换句话说，在某些情况下，与人均国内生产总值的增长相比，劳动收入份额的增长更加缓慢，在其他情况下甚至还出现了下降。从整体上看，即便为了反映自营就业者的收入而对劳动收入份额进行调整后，这种下降趋势仍未发生改变。

第二，就经济发展而言，劳动收入份额的这种下降趋势并非毫无影响。相反，已有证据表明这些趋势可能给经济增长带来负面影响，并且对新兴经济体的影响大于其他收入分组，但也有明显的例外情况出现。这主要是由于劳动收入份额的消费效应超过了较低劳动份额作用于投资和出口的综合效应。

这些结果证实了这样一种观点：收入分配是可持续发展的必要元素，发展中国家也不例外。这种观点日益成为共识。具体而言，我们对职能性收入分配的分析结果表明劳动力市场内部的“分配失败”非常严重，应对这一问题的政策行动将提高劳动力市场和整体经济的发展效率。

那么，我们能做些什么？答案无疑在很大程度上取决于正确判定造成劳动收入份额下降的因素。虽然本章未直接对此问题进行分析，但近期一项关于二十国集团发展中国家的综合研究提出了三个主要因素：劳动和社会保障制度、全球化和金融化，这三者均能够促进谈判能力向有利于非劳动收入的方向转移（国际劳工组织，2013 年）。因此，需要政策干预对这些促进因素进行控制。

鉴于本报告的适用范围，我们重点分析了劳动和社会保障制度。关键原则是加强这些制度，以确保工资增长与劳动生产率提升相一致（至少实现劳动收入份额的稳定化）。应对工资决定问题的制度（如最低工资）、工会和集体谈判都是重新平衡谈判能力的重要政策要素。但是，近来劳动力市场的结构变化使得工作者的组织和工作者权利的保障更加难以实现，而技术的快速发展又使这种情况雪上加霜。虽然工会是存在的，但其成员通常局限于一小批正规工作者，将大量低收入非正规工作者排除在外。因此，必须创建更具支持性、更有利的环境，来鼓励工资谈判并扩大谈判的范围，应特别考虑低收入工作者的情况。有效工资谈判的一个重要条件是提供体面工资下限的最低工资的存在（无论是法定的还是通过集体谈判争取到的）。例如，支付最低工资的就业保障计划，不仅为弱势工作者群体提供机会，还在确立实际工资下限从而制定私营企业激励机制以促使其遵守最低工资要求方面发挥作用。在第六章中我们已经明确，如果设计和实施妥善，最低工资不会对就业产生明显的负面影响。在发展中国家，应更加重视加强与正规劳动力市场之外的大多数工作者的联系，包括自营工作者。社会保障制度（参见第七章）是重要的政策工具，能够提供收入保障并（通过提高经济学家口中的“保留工资”）进一步改善工作者的谈判地位。

劳动收入份额再平衡与本报告最重要的主题相呼应：要实现公平、可持续的发展，必须为劳动和社会保障制度提供明确的配套政策。这不是一件容易的事，但却是可以实现的，正如现已成功战胜这一挑战的国家那样。巴西就是一个成功范例（参见附录 A）。2000 年至 2009 年间中期以前，巴西的劳动收入份额不断下滑，2005 年前后，巴西将强大的工资（如最低工资）和社会保障政策（如通过社会保障注册和家庭补助金计划实现的“正规划”）结合起来。这些政策措施的结合使得劳动收入份额迎来了拐点并开始增长，同时个人收入分配也得到了改善（伯格，即将出版；李和贾瑞克，2013 年）。

附录 A

劳动收入份额的趋势（补充分析）

图 8. A1 显示了每个收入分组的人均国内生产总值（作为指数，基准年 2000 年 = 100）。此图说明 2000 年至 2012 年间，发展中国家的经济增长率高于高收入国家。尽管按收入分组分类的国家集合体掩盖了单个国家发展轨迹的演变，但此图突出了发达和发展中国家之间出现的相对追赶现象。

图 8. A2 显示了 2000 年至 2008 年间，人均国内生产总值的年化增长率和劳动收入份额的年化增长率。此图指出了目前在经济发展指标和收入分配方面表现良好的发展中国家。

图 8. A1　每个收入分组的人均国内生产总值（定值美元，2000 年 =100）

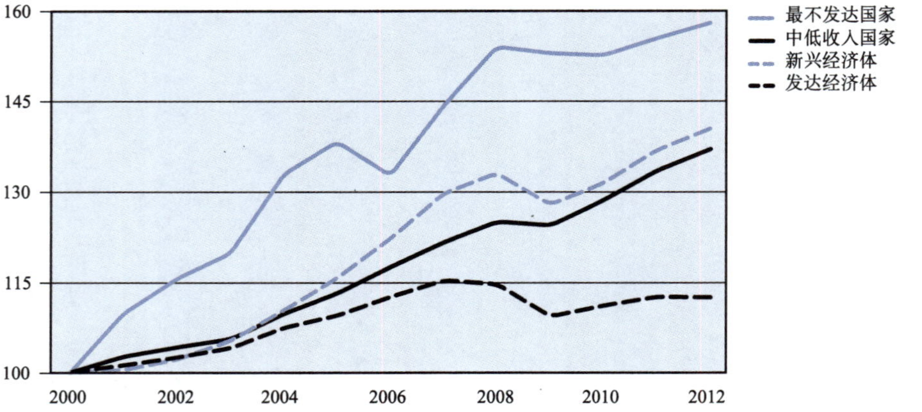

注：本图显示了 2000 年至 2012 年间每个收入分组的人均国内生产总值（2000 年指数为 100）。

资料来源：世界银行。

图 8. A2　劳动收入份额的年化增长率和人均国内生产总值的年化增长率（2000 年至 2008 年：年化增长率）

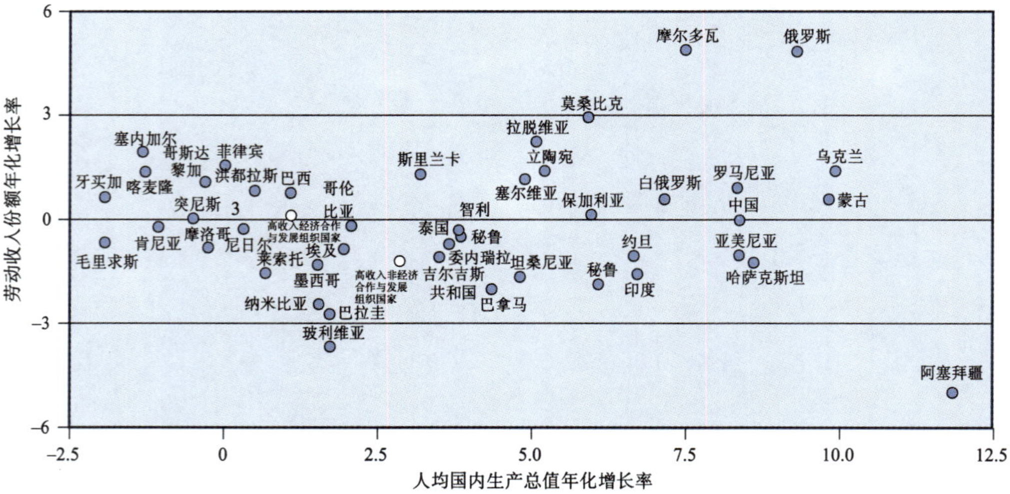

注：此图显示了 2000 年至 2008 年间，人均国内生产总值的年化增长率与相关的劳动收入份额的年化增长率，测量方法：雇员薪酬 ÷［国内生产总值 -（税 - 生产和进口补贴）］。

资料来源：联合国统计司、经济合作与发展组织；各国国家统计局；佩恩表。

另一种描述劳动收入份额演变的方法是分析每个收入分组的简单和加权平均劳动收入份额（参见图 8. A3）。每个分组的国家数量受到限制，仅接受可提供测量时间段内的连续数据的国家：新兴国家的时间段为 1997 年至 2009 年，中低收入国家为 1998 年至 2009 年，最不发达国家为 1998 年至 2010 年。因此分组的规模可能与图 8. A2 中列出的分组规模有所不同[1]。

在新兴经济体中，2000 年和 2008 年劳动收入份额的简单平均值分别基本保持 38. 8% 和 38. 3% 不变。相对下降出现在 20 世纪 90 年代末期，自 1998 年起该分组的劳动收入份额下降了 4. 5 个百分点。

如将中国包含在内，则 2000 年至 2008 年的加权平均劳动收入份额增长了 7 个百分点。如不考虑中国，加权劳动收入份额的增长幅度则更大，达到 12 个百分点。

出现这两种不同加权值的原因是中国国内生产总值在新兴经济体总国内生产总值中所占的份额不断增长。2007 年，中国国内生产总值占新兴经济体总国内生产总值的 40% 。中国劳动收入份额从 2000 年的 52. 7% 下降至 2008 年的 48% 。

如不考虑中国，则出现这种增长的原因可能是由于另一个经济大国推动了总体劳动收入份额的增长。2007 年，除中国外，巴西国内生产总值达到新兴经济体总国内生产总值的 25% ，超过了达到 24% 的俄罗斯和 19% 的墨西哥。

1995 年至 2003 年期间，巴西劳动收入份额持续下降，随后又显示出持续的上升趋势，从 2003 年 46. 2% 上升到 2009 年的 51. 2% 。俄罗斯劳动收入份额在 20 世纪 90 年代末和 21 世纪初显示出较大的波动，1997 年劳动收入份额达 50% ，2000 年下降至 40% 。劳动收入份额从 2002 年的 55% 持续升至 2012 年的 62% 。相反地，墨西哥的劳动收入份额下降了 3 个百分点。

上述证据表明，新兴经济体和中低收入国家的高增长率未能带来雇员劳动收入份额的增长。其原因可能在于大部分国家雇员劳动收入增长缓慢，或从自营就业到工薪就业转变缓慢。劳动收入份额上升趋势最为显著的国家是俄罗斯和巴西。

1998 年至 2008 年间，中低收入国家出现的劳动收入份额下降在很大程度上是由于 20 世纪 90 年代末期的环境所致。其加权平均值受到此收入分组中两个最大经济体的不同发展趋势的影响。印度劳动收入份额下降了 7 个百分点，而乌克兰的劳动收入份额上升了 8 个百分点。

1998 年至 2008 年间，中低收入国家的劳动收入份额下降了 4. 3 个百分点。但是这种下降出现在此阶段的初期和末期，2000 年至 2009 年间，其劳动收入份额保持稳定不变。

加权平均值显示，1998 年至 2007 年间，劳动收入份额大幅下降，下降幅度达 9 个百分点。这是由与印度相关的结构效应所致。印度劳动收入份额相对较低，约为 35% ，印度占据了中低收入国家国内生产总值的大部分。另外，其劳动收入份额从 1998 年的 38% 下降到 2007 年的 31. 7% 。

1　在图 8. A3 第一组中，纳入考虑范围的新兴经济体总数为 26 个，图 8. A1 中包含 21 个。图 8. A1 排除在外的 5 个国家是：保加利亚、牙买加、纳米比亚、罗马尼亚和突尼斯。图 8. A3 纳入考虑范围的中低收入国家数量为 15 个，而图 8. A1 包含 12 个，排除在外的 3 个国家为洪都拉斯、蒙古和菲律宾。

图 8. A3　不同收入类别的劳动收入份额（2000 年指数 =100）

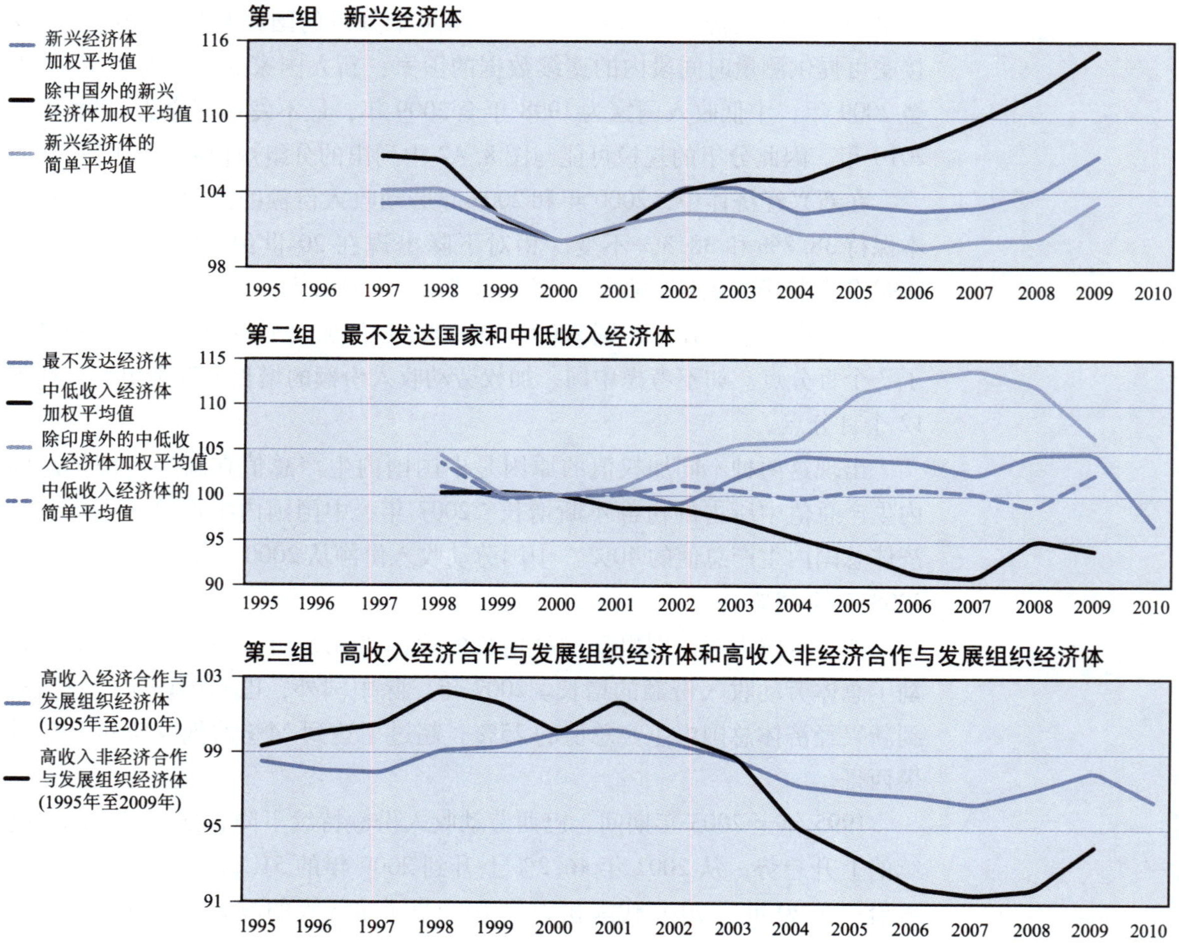

注：本图显示了以下列方法衡量的劳动收入份额：雇员薪酬 ÷［国内生产总值 -（税 - 生产和进口补贴）］。国家和地区分组定义如下：新兴经济体：阿塞拜疆、白俄罗斯，巴西、智利、中国大陆、哥伦比亚、哥斯达黎加、古巴、哈萨克斯坦、约旦、拉脱维亚、立陶宛、毛里求斯、墨西哥、巴拿马、秘鲁、俄罗斯、塞尔维亚、南非、泰国和委内瑞拉；中低收入国家：亚美尼亚、玻利维亚、喀麦隆、埃及、印度、肯尼亚、吉尔吉斯共和国、摩洛哥、摩尔多瓦、巴拉圭、斯里兰卡和乌克兰；最不发达经济体：莱索托、莫桑比克、尼日尔、塞内加尔、坦桑尼亚（大陆）；高收入非经济合作与发展组织经济体：巴林、爱沙尼亚*、中国香港、匈牙利*、科威特、阿曼、波兰*、葡萄牙*、卡塔尔、新加坡、斯洛伐克*、斯洛文尼亚*、特立尼达和多巴哥；高收入经济合作与发展组织经济体：澳大利亚、奥地利、比利时、丹麦、芬兰、法国、德国、希腊、爱尔兰、意大利、日本、韩国、卢森堡、荷兰、挪威、西班牙、瑞典、英国和美国。

HI = 高收入

* 一些经济合作与发展组织经济体包含在非经济合作与发展组织经济体类别中，因为这些经济体比大部分经济合作与发展组织经济体的时间序列更短。

资料来源：联合国统计司；中国国家统计局；经济合作与发展组织统计数据。

在不考虑印度的情况下，加权平均值呈现出相反的趋势——截至 2007 年增长了 14 个百分点。除中国大陆外，埃及和乌克兰是中低收入经济体分组中两个最大的经济体，2008 年这两个国家的国内生产总值分别占中低收入经济体分组的 28% 和 30%。虽然埃及的劳动收入份额相当稳定，保持在 27% 左右，但乌克兰的劳动收入份额则由 2000 年的 48.8% 增长至 2010 年的 56.8%。

图 8. A3，第三组显示了高收入经济合作与发展组织经济体与高收入非经济合作与发展组织经济体的劳动收入份额发展趋势（简单平均值）。2000 年至 2007 年间，高收入经济合作与发展组织经济体的劳动收入份额下降了 4 个百分点。

德国的下降幅度最大，平均每年下降 1%，其次是奥地利和澳大利亚，每年下降 0.73%。日本和美国等经济大国也出现了下降趋势，分别为 0.36% 和 0.33%。年增长率增长幅度最大的国家是爱尔兰（1.8%）、新西兰（1.5%）、韩国（0.9%）和丹麦（0.8%）。

2000 年至 2008 年间，大萧条期间受到冲击最严重的部分欧洲国家的劳动收入份额出现上涨。其中希腊的劳动收入份额年均增长率达 0.46%，葡萄牙为 0.33%，意大利 0.68%，爱尔兰 1.8%。相反地，西班牙的劳动收入份额平均每年下降 0.24%。

高收入非经济合作与发展组织经济体的劳动收入份额下降幅度最大，从 1995 年的 106% 下降到 2008 年的 94%。自金融危机以来，劳动收入份额恢复到初始点。这个国家分组主要由中东国家组成，各国均经历了劳动收入份额的大幅下降。举例说明，2000 年至 2008 年间，巴林劳动收入份额下降了 4%，阿曼下降了 6%，卡塔尔下降了 7%。

图 8. A4　北美和欧洲的劳动收入份额，1970 年至 2000 年（简单平均值，2000 年指数 = 100）

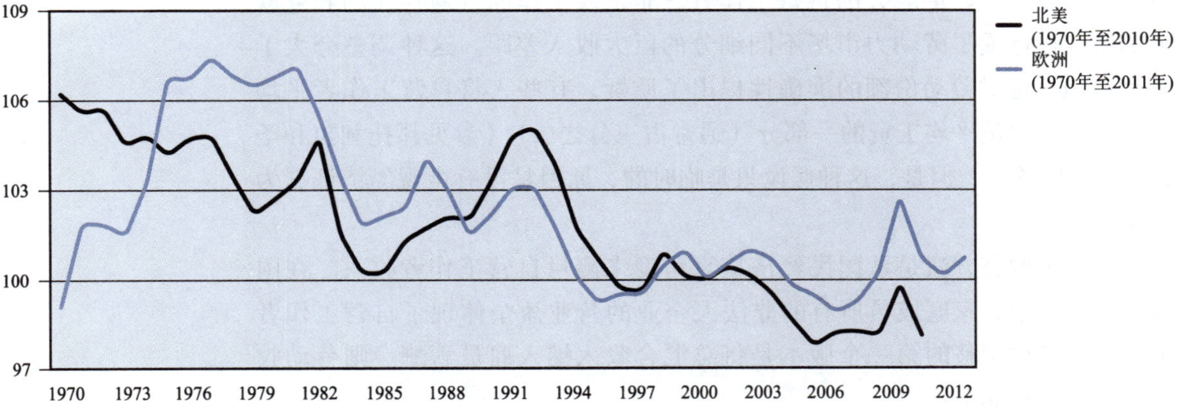

注：本图显示了劳动收入份额的测量方法：雇员薪酬 ÷［国内生产总值 －（税 － 生产和进口补贴）］。国家分组如下：欧洲：奥地利、比利时、丹麦、芬兰、法国、德国、希腊、匈牙利、冰岛、爱尔兰、意大利、卢森堡、荷兰、挪威、葡萄牙、西班牙、瑞典和英国；北美洲：加拿大和美国。

资料来源：经济合作与发展组织。

图 8. A5　按收入水平划分的自营就业比率（2008 年）

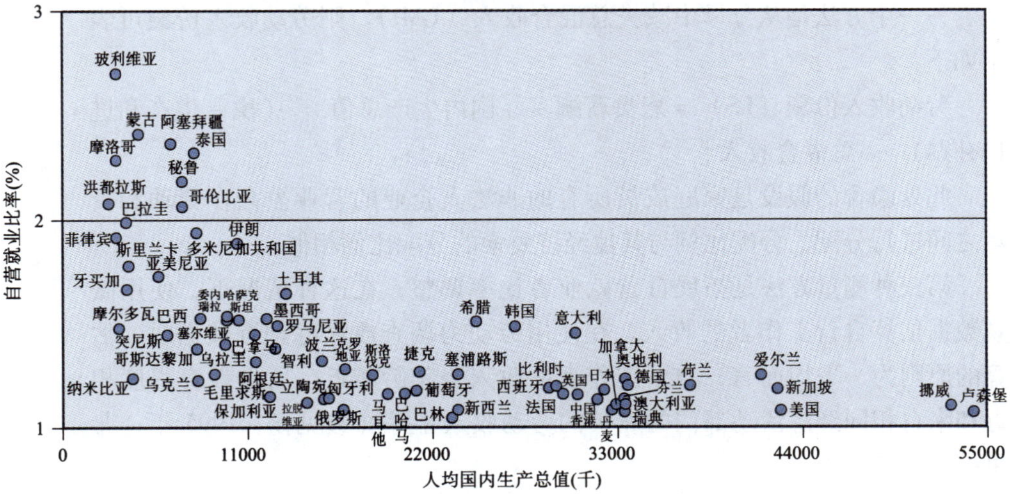

注：本图显示 2008 年的人均国内生产总值与自营就业比率。

自营就业比率被界定为“总就业人数除以总雇员人数”。

资料来源：国际劳工组织，劳动力市场关键指标；佩恩表。

附录 B

调整自营就业收入的劳动就业收入份额的方法

自营就业者收入份额的主要估算方法共有三种。

第一种方法是依据自营就业比率按比例增加雇员薪酬。自营就业率的定义是“总就业人数除以总雇员人数”。这一调整假定自营工作者平均收入与雇员平均收入水平相近。这种调整方法在高收入国家中得到了广泛采用，通常以工作小时数而非雇佣数为依据。

劳动份额 =（雇员薪酬 × 自营就业比率）÷［国内生产总值 －（税 － 生产和进口补贴）］

其中自营就业比率 = 总就业人数 ÷ 总雇员人数

这种方法的主要缺陷在于能够显著拉大中低收入国家雇员和自营工作者的工资差距。数量庞大的自营工作者、非正规工作的普遍存在和农业就业的重要性造成了劳动力市场不同细分的巨大收入差距。这种调整夸大了劳动份额，也对劳动份额的准确性提出了质疑。有些人将自营工作者平均工资假设为雇员平均工资的一部分（通常占三分之二）（参见邦托利拉和圣保罗，2003 年）。但是，这种假设只是临时的，原因是没有微观经济证据为依据。

第二种调整方法是从国民经济核算角度来测量自营工作者收入。在国民经济核算中，家庭成员所有的非法人企业的营业盈余体现了自营工作者的收入。这种调整的第一个版本是将总混合收入纳入雇员薪酬。则劳动收入份额可表示如下：

劳动收入份额（LS）＝（雇员薪酬 + 总混合收入）÷［国内生产总值 －（税 － 生产和进口补贴）］

这种方法假设自营工作者的所有收入均为劳动收入。在中低收入国家中，认为大部分自营工作者在农业部门工作及农业部门属于劳动密集型的观点似乎是合理的，但这一假设实际上导致了劳动收入份额的过高估计。

另一个方法是从分母中减去总混合收入（GMI）。则劳动收入份额可表示如下：

劳动收入份额（LS）＝雇员薪酬 ÷［国内生产总值 －（税 － 生产和进口补贴）－ 总混合收入］

此处隐含的假设是家庭成员所有的非法人企业的营业盈余在劳动和资本之间进行分配，分配比例与其他经济要素的分配比例相似。

第三种测量方法是拓展自营就业者比率调整，在这种情况下，使用微观数据估算自营工作者的收入。在使用劳动力调查或家庭调查数据时，估算的原则为，平均而言，自营工作者的收入与年龄相近、所受教育程度相近和来自相同经济活动部门的雇员的劳动收入相等（参见杨，1995 年；弗里曼，2011 年）。

附录 C
全球政策模型

全球政策模型（GPM）的主要特征

全球政策模型是一个多国家/全球性模型，包括123个国家，包括二十国集团国家。全球政策模型是一个实证/估算模型：涵盖1970年至2011年间年度数据，包含以下主要特性（克里普斯，2013年）：

- 国民经济核算；
- 财政政策和公共债务；
- 贸易和资本流动；
- 劳动力市场模块。

GPM国家板块界定：

- 高收入国家：美国、亚太地区高收入国家、欧洲高收入国家和西亚高收入国家；
- 新兴经济体：非洲其他新兴经济体、美洲其他新兴经济体、阿根廷、巴西、俄罗斯、中国大陆、欧洲新兴经济体、墨西哥、马来西亚、泰国、土耳其、西亚其他新兴经济体和南非：
    - 非洲其他新兴经济体：阿尔及利亚、加蓬、利比亚和突尼斯；
    - 美洲其他新兴经济体：智利、哥伦比亚、哥斯达黎加、古巴、多米尼克、多米尼加共和国、厄瓜多尔、格林纳达、牙买加、巴拿马、秘鲁、圣卢西亚、圣文森特和格林纳丁斯、苏里南、乌拉圭和委内瑞拉；
    - 欧洲新兴经济体：波黑、保加利亚、前南斯拉夫马其顿共和国、黑山、罗马尼亚和塞尔维亚；
    - 西亚其他新兴经济体：伊朗、约旦、黎巴嫩；
- 中低收入国家：非洲其他中低收入国家、美洲中低收入国家、亚太地区中低收入国家、埃及、印度尼西亚、印度、巴基斯坦、西南亚其他中低收入国家和越南：
    - 非洲其他中低收入国家：喀麦隆、佛得角、刚果共和国、科特迪瓦、加纳、肯尼亚、摩洛哥、尼日利亚、尼加拉瓜和津巴布韦；
    - 美洲中低收入国家：伯利兹、玻利维亚、萨尔瓦多、危地马拉、洪都拉斯、圭亚那和巴拉圭；
    - 亚太地区中低收入国家：斐济、韩国、密克罗尼西亚联邦、马绍尔群岛、蒙古、巴布亚新几内亚、菲律宾和汤加；
    - 西南亚其他中低收入国家：巴勒斯坦、伊拉克、斯里兰卡和叙利亚；
- 最不发达国家：非洲其他最不发达国家、孟加拉国、亚太地区最不发达国家、埃塞俄比亚、西南亚其他最不发达国家：
    - 非洲其他最不发达国家：安哥拉、贝宁、布基纳法索、布隆迪、乍得、中非共和国、科摩罗、刚果、吉布提、赤道几内亚、厄立特里亚、冈比亚、几内亚、几内亚比绍、利比里亚、马达加斯加、马拉维、马里、毛里塔尼亚、莫桑比克、尼日尔、卢旺达、圣多美和普林西比、塞内加尔、塞拉利昂、南苏丹、索马里、苏丹、坦桑尼亚、多哥、乌干达和赞比亚；

- ○ 亚太地区最不发达国家：不丹、柬埔寨、基里巴斯、老挝、萨摩亚、缅甸、所罗门群岛、东帝汶、图瓦卢和瓦努阿图；
- ○ 西南亚其他最不发达国家：阿富汗、尼泊尔和也门。

基线情景

- 估算基于 1980 年至 2014 年间的数据：
  - 国际货币基金组织：按固定价格计算的国内生产总值，以当前美元和名义汇率计算的国内生产总值和经常账户。
  - 国际劳工组织：劳动力和失业率。
  - 联合国贸易和发展会议：世界石油价格。
- 根据一直采用的估算模型方程式的预测结果，得出 2014 年至 2030 年间的模拟结果。

中低收入国家劳动收入份额的增长

- 劳动收入份额政策：目标是将劳动收入份额提高到接近国内生产总值的 60%，校正混合收入。这一点通过降低从 2014 年开始的利润加价来实现。

附录 D
拉丁美洲五国的经济影响分析

数据定义

表 8D. 1 公布了哥伦比亚、洪都拉斯、墨西哥、巴拿马和委内瑞拉的原始数据及其来源。

首先有必要对这些来自拉丁美洲的原始数据做个简单的介绍。第一，雇员薪酬用于测量雇员收入（工薪工作者）所得占经济体总收入的份额。营业盈余衡量企业所得占经济体总收入的份额。请注意，我们没有关于家庭所有的非法人企业收入（即自营工作者的收入）的详细信息。我们只知道自 1997 年来，委内瑞拉将这类收入纳入营业盈余当中。第二，除哥伦比亚外，所有营业盈余数据均以净值计算。更准确地说，我们将必须在这些数据中加入固定资本消耗（CFC），以得出营业盈余的总量。请注意，部分宏观经济变量的时间序列各不相同，如雇员薪酬、营业盈余、固定资本消耗、国内生产总值（GDP）和消费者物价指数（CPI）。以哥伦比亚为例，该国雇员薪酬有三种不同的时间序列。每个时间序列都包含了不同的国家样本。虽然这三种时间序列存在重叠，我们仍然不能简单地将三者连接起来获得一个雇员薪酬的长期时间序列，因为每个时间序列的界定都采用了不同的基准。相反，我们必须将它们拼接在一起，以获得一个更长的时间序列。最后，名义汇率界定了 1 美元相当于本币单元的多少钱。

目标变量

为进行分析，我们必须为每个拉丁美洲国家构建下列宏观经济变量：国内生产总值、劳动份额和实际汇率。

国家 i 的劳动份额 $w_{i,t}$ 的计算方法如下：

$$w_{i,t} = \frac{ce_{i,t}}{ce_{i,t} + gos_{i,t}}$$

其中：$ce_{i,t}$ 表示国家 i 的雇员薪酬，$gos_{i,t}$ 表示国家 i 的总营业盈余。总营业盈余定义如下：

$$gos_{i,t} = os_{i,t} + cfc_{i,t}$$

其中 $os_{i,t}$ 是国家 i 的净营业盈余，$cfc_{i,t}$ 代表国家 i 的固定资本消耗。

国家 i 对美国的实际汇率（rer）计算如下：

$$rer_{i,t} = e_{i,t}\frac{p_{i,t}^*}{p_{i,t}}$$

其中，$e_{i,t}$ 表示国家 i 的名义汇率，$p_{i,t}^*$ 表示外国消费价格指数（本例中为美国消费价格指数）[1]，$p_{i,t}$ 表示国家 i 的消费价格指数。请注意，我们为两个消费价格指数采用了相同的基准年（即 2005 年）。

1　美国消费价格指数原始数据取自美国劳动统计局。

表 8D. 1　数据来源

	变量	员工薪酬	营业盈余	固定资本消耗	按市场价格计算的国内生产总值	人口	汇率	消费价格指数
哥伦比亚	样本	1970 年至 2010 年	1970 年至 2010 年		1970 年至 2010 年	1970 年至 2010 年	1970 年至 2010 年	1970 年至 2010 年
	单位	本币单位	本币单位	本币单位	本币单位	居民	本币单位/美元	指数
	来源	拉丁美洲和加勒比经济委员会	拉丁美洲和加勒比经济委员会	拉丁美洲和加勒比经济委员会	拉丁美洲和加勒比经济委员会	世界银行	世界银行	拉丁美洲和加勒比经济委员会
洪都拉斯	样本	1950 年至 2011 年	1950 年至 2011 年	1950 年至 2011 年	1950 年至 2011 年	1961 年至 2011 年	1961 年至 2011 年	1961 年至 2011 年
	单位	本币单位	本币单位	本币单位	本币单位	居民	本币单位/美元	指数
	来源	拉丁美洲和加勒比经济委员会	拉丁美洲和加勒比经济委员会	拉丁美洲和加勒比经济委员会	拉丁美洲和加勒比经济委员会	世界银行	世界银行	世界银行
墨西哥	样本	1970 年至 2011 年	1970 年至 2011 年	1970 年至 2011 年	1970 年至 2011 年	1970 年至 2011 年	1970 年至 2011 年	1970 年至 2011 年
	单位	本币单位	本币单位	本币单位	本币单位	居民	本币单位/美元	指数
	来源	拉丁美洲和加勒比经济委员会	拉丁美洲和加勒比经济委员会	拉丁美洲和加勒比经济委员会	拉丁美洲和加勒比经济委员会	世界银行	世界银行	世界银行
巴拿马	样本	1960 年至 2011 年	1960 年至 2011 年	1960 年至 2011 年	1960 年至 2011 年	1961 年至 2011 年	1961 年至 2011 年	1961 年至 2011 年
	单位	本币单位	本币单位	本币单位	本币单位	居民	本币单位/美元	指数
	来源	拉丁美洲和加勒比经济委员会	拉丁美洲和加勒比经济委员会	拉丁美洲和加勒比经济委员会	拉丁美洲和加勒比经济委员会	世界银行	世界银行	世界银行
委内瑞拉	样本	1970 年至 2010 年	1970 年至 2010 年	1970 年至 2010 年	1970 年至 2010 年	1970 年至 2010 年	1970 年至 2011 年	1970 年至 2010 年
	单位	本币单位	本币单位	本币单位	本币单位	居民	本币单位/美元	指数
	来源	拉丁美洲和加勒比经济委员会	拉丁美洲和加勒比经济委员会	拉丁美洲和加勒比经济委员会	拉丁美洲和加勒比经济委员会	世界银行	世界银行	拉丁美洲和加勒比经济委员会

单位根检验

方法

为检测数据中是否存在单位根，我们选择实施增广迪基—富勒检验法。在实施增广迪基—富勒检验之前，必须选择回归模型的滞后长度。为此，我们遵循恩基和培龙（1955 年）提出的选择程序。为确定滞后值是否令人满意，我们检验了最后滞后差的有效性。迪基—富勒检验可以三种不同的形式实施，取决于是否包含确定性趋势和/或截距。因此，实施增广迪基—富勒检验法过程中的一个难点在于选择正确的规范。实际上，如在数据实

表 8D.2 单位根增广迪基—福勒检验（均等变量）

	变量	模型	滞后	T-统计数据	5%临界值	平稳性
哥伦比亚	实际人均国内生产总值	趋势和截距	2	0.19	-3.53	有单位根
	劳动份额	趋势和截距	5	-5.56	-3.54	趋势平稳
	实际汇率	截距	4	-1.88	-2.94	有单位根
洪都拉斯	实际人均国内生产总值	趋势和截距	7	-2.09	-3.50	有单位根
	劳动份额	截距	0	-1.43	-2.91	有单位根
	实际汇率	截距	3	-2.01	-2.92	有单位根
墨西哥	实际人均国内生产总值	趋势和截距	3	-1.42	-3.53	有单位根
	劳动份额	截距	1	-1.27	-2.93	有单位根
	实际汇率	截距	1	-3.28	-2.93	无单位根
巴拿马	实际人均国内生产总值	趋势和截距	1	-1.98	-3.50	有单位根
	劳动份额	趋势和截距	8	0.07	-2.93	有单位根
	实际汇率	截距	10	-2.05	-3.52	有单位根
委内瑞拉	实际人均国内生产总值	趋势和截距	1	-1.78	-3.52	有单位根
	劳动份额	趋势和截距	0	-4.33	-3.52	趋势平稳
	实际汇率	截距	3	-2.13	-2.94	有单位根

际包含确定性趋势的情况下将其遗漏，则会给增广迪基—富勒检验对单位根的检验造成偏差。但如果在数据并不包含确定性趋势的情况下将一个确定性趋势纳入其中，则会降低增广迪基—富勒检验的效果。在本次分析中，我们采用了埃尔德和肯尼迪（2001 年）研究出的方法。

回归方法

由于增广迪基—富勒检验能够显示单位根是否存在，我们采用了本章所做回归分析的一阶差分的对数。这种方法用于估算与产出缺口方程相似的国内生产总值增长方程，并添加一个变量用于衡量收入分配。此估算方程式如下所示：

$$y_t = \beta_y y_{t-1} + \beta_x rer_{t-1} + \beta_{ws} ws_{t-1} + \varepsilon_t$$

其中，y = 国内生产总值，rer = 实际汇率，ws = 工资份额，ε = 误差项。第一组估计量是第一阶段中简单的普通最小二乘法估计值。普通最小二乘法诊断检验包括自相关检验和异方差检验。诊断显示误差项存在异方差。此时我们应使用加权最小二乘法估计量。

参考文献

Bentolila, S.; Saint-Paul, G. 2003. "Explaining movements in the labor share", in *The B.E. Journal of Macroeconomics*, Vol. 3, No. 1, Oct., pp. 1–33.

Banerjee, A.; Duflo, E. 2003. "Inequality and growth: What can the data say?" in *Journal of Economic Growth*, Vol. 8, No. 3, pp. 267–299.

Barro, R.J. 2008. *Inequality and growth revisited*, Working Paper Series on Regional Economic Integration No. 11 (Asian Development Bank (ADB)).

Berg, J. (ed.). Forthcoming. *Labour markets, institutions and inequality: Building just societies in the 21st century* (Cheltenham and Geneva, Edward Elgar and ILO).

Charpe, M. 2011. "The labour share of income: Determinants and potential contribution to exiting the financial crisis", in *World of Work Report 2011: Making markets work for jobs* (Geneva, ILO).

—; Kühn, S. 2012. *Bargaining, aggregate demand and employment*, Dynare Working Papers No. 13, (Paris, Center for economic research and its applications (CEPREMAP)).

—. 2013. *The international spillovers of wage moderation: Is there a beggar-thy-neighbour effect?* (ILO, mimeo).

Cripps, F. 2013. *Global policy model: Databank update and model extension* (ILO, mimeo).

Elder, J.; Kennedy, P. 2001. "Testing for unit roots: What should students be taught?" *in Journal of Economic Education*, Vol. 32, No. 2, pp. 137–146.

European Commission (EC). 2007. "The labour share of income in the European Union", in *Employment in Europe 2007*, Directorate-General for Employment, Social Affairs and Equal Opportunities (Brussels), pp. 237–72.

Freeman, R.A. 2011. *Accounting for the self-employed in labour share estimates: The case of the United States*, OECD Science, Technology and Industry Working Papers, No. 04 (Paris, OECD) Publishing. Available at: http://dx.doi.org/10.1787/5kg0w877vlwg-en [1 May 2014].

Gollin, D. 2002. "Getting income shares right", in *Journal of Political Economy*, Vol. 110, No. 2, pp. 458–74.

Hayter, S. (ed.). *The role of collective bargaining in the global economy* (Geneva and Cheltenham, ILO and Edward Elgar).

International Labour Office (ILO). 2008. *Global Wage Report 2008/09: Minimum wages and collective bargaining – Towards policy coherence* (Geneva).

—. 2011. *Global Wage Report 2010/11: Wage policies in times of crisis* (Geneva).

—. 2013. *Global Wage Report 2012/13: Wages and equitable growth* (Geneva).

International Monetary Fund (IMF). 2007. "The globalization of labor", in *World Economic Outlook: Spillovers and cycles in the global economy*, Apr. (Washington, D.C.), pp. 161–92.

Jacobson, M.; Occhino, F. 2012. *Labor's declining share of income and rising inequality*, Economic Commentary (Federal Reserve Bank of Cleveland).

Kuznets, S. 1955, "Economic growth and income inequality", in *American Economic Review*, Vol. 45, No. 1, pp. 1–28.

Lavoie, M.; Stockhammer, E. (eds). 2013. *Wage-led growth: An equitable strategy for economic recovery* (Basingstoke and Geneva, Palgrave Macmillan and ILO).

Lee, S.; Gerecke, M. 2013. "Inequality and economic growth: Revisiting Kuznetsian political economy of inequality", in *Indian Journal of Labour Economics*, Vol. 56, No. 1.

Ng, S.; Perron, P. 1995. "Unit root test in ARMA models with data-dependent methods for the selection of the truncation lag", in *Journal of the American Statistical Association*, Vol. 90, No. 429, pp. 268–281

Organisation for Economic Co-operation and Development (OECD). 2012. *Inequality in labour income: What are its drivers and how can it be reduced?*, Economic Department Policy Notes No. 8 (Paris).

Ostry, J.D.; Berg. A.; Tsangarides, C.G. 2014. *Redistribution, inequality and growth*, IMF Staff Discussion Note (SDN) No. 2 (Washington, D.C.).

Picketty, T. 2014. *Capital in the twenty-first century* (Harvard University Press).

Schlenker, E.; Schmid, K.D. 2013. *Capital income shares and income inequality in the European Union*, FZID Discussion Papers No. 80, Centre for Research on Innovation and Services (FZID) (University of Hohenheim).

Stockhammer, E. 2013. *Why have wage shares fallen? A panel analysis of the determinants of functional income distribution*, Conditions of Work and Employment Series No. 35, Conditions of Work and Employment Branch (Geneva, ILO).

United Nations Conference on Trade and Development (UNCTAD). 2012. "Evolution of income inequality: Different time perspectives and dimensions", in *Trade and Development Report 2012* (Geneva).

Young, A. 1995. "The tyranny of numbers: Confronting the statistical realities of the East Asian growth experience", in *Quarterly Journal of Economics*, Vol. 110, No. 3, pp. 641–80.

第九章
国际移民与发展*

引言

本报告的一个重要信息是体面工作可以通过多种渠道推动经济发展，其中的主要渠道包括提高个人和集体能力（第二、五章）、通过扩大中产阶级增强生产与需求基础（第三、四章）、取消不平等和增强促增长政策的社会可持续性（第六、七、八章）。但是如果不深入探讨国际移民问题，任何关于岗位质量及其对发展的影响的研究都是不彻底的。国际移民在很大程度上反映了许多发展中和新兴经济体缺乏体面工作的机会。事实上，国际移民的一个主要推动因素是寻求海外更好的经济机会（普瑞彻特，2006 年；联合国开发计划署，2009 年；戈尔丁等人，2011 年）。本章旨在根据联合国在国际移民与发展高级别对话会[1]上所提出的建议进一步加深读者对移民动机的理解，及其对迁出国和迁入国的经济增长与发展所产生的影响。此外，本章还强调了将国际移民纳入 2015 年后发展战略的必要性，该战略将替代千年发展目标。[2]

本章第一节详细介绍了全球移民现状，包括移民存量和流量及其特征。同时，该节还着重介绍了移民趋势的相关变化，这些变化会影响移民造成的冲击。第二节研究了移民对迁入国的影响，同时还审视了因移民产生的汇款和迁出国微观经济指标之间的关系。该节旨在发现国际移民背后的相关机制，以及移民对劳动力市场和经济与社会结果产生影响的渠道。第三节主要介绍政策考量，以更好地利用移民和汇款来促进经济增长、发展和脱贫。

---

* 米歇尔・傅和伊・曲（Yi Qu）为此次研究提供了重大帮助。

1 该对话于 2013 年 10 月举行，是在纽约举行的第 68 届联合国大会的一部分。

2 2000 年，千年发展目标并未将移民视为脱贫的一个工具，但是鉴于联合国可持续发展目标开放工作组（负责协调 2015 年后战略的审议）对该问题的争论，移民有可能被纳入新发展议程。

第一节　国际移民趋势

移民愿望与国内劳动力市场有关

盖洛普收集的150个国家和地区的调研数据表明，在世界上多数国家，愿意永久移居海外的青年（15岁至24岁）比例高于25%。比如，在全球最贫困的两个地区——南亚和撒哈拉以南非洲地区，约有30%的青年愿意永久移居海外。此外，在这些地区的国家内（和拉丁美洲不同），移民意愿并不随年龄的增长而大幅下降。

有关移民决定因素的经济类文献多如牛毛，而且都清晰地指出这是因为迁出国和目的国之间的收入差距所致（哈里斯和托达罗，1970年；鲍哈斯，1999年；梅西，1993年；梅西等人，2002年）。[1] 在这些研究中，希克斯（1932年）率先指出，迁出国和目的国之间的工资差距是导致移民的首要因素。总体而言，迁入国和迁出国之间的工资差距可以高达10：1（普瑞彻特，2006年）。实际上，在就业贫困比例高而社会保障覆盖率低的地区，移民比率较高（图9.1）。

其他因素也发挥了重要作用，这些因素包括家庭与网络、人口统计学、政治条件、政府政策等（戈尔丁等人，2011年）。事实上，因工资和收入差距萌发的移民愿望并不是促使一个潜在移民变成事实移民的充分条件。“每个人在移民时都要承担不同的成本和风险，这取决于他们的教育水平、财务资源、社会资本、获得信息的渠道、社交网络和其他本事”（戈尔丁等人，2011年，第120页）。尽管纯粹基于收入的分析更为普遍，但文献中有些研究突出了这些因素在推动移民方面所发挥的作用。

图9.1　2005年至2010年国际移出率概览

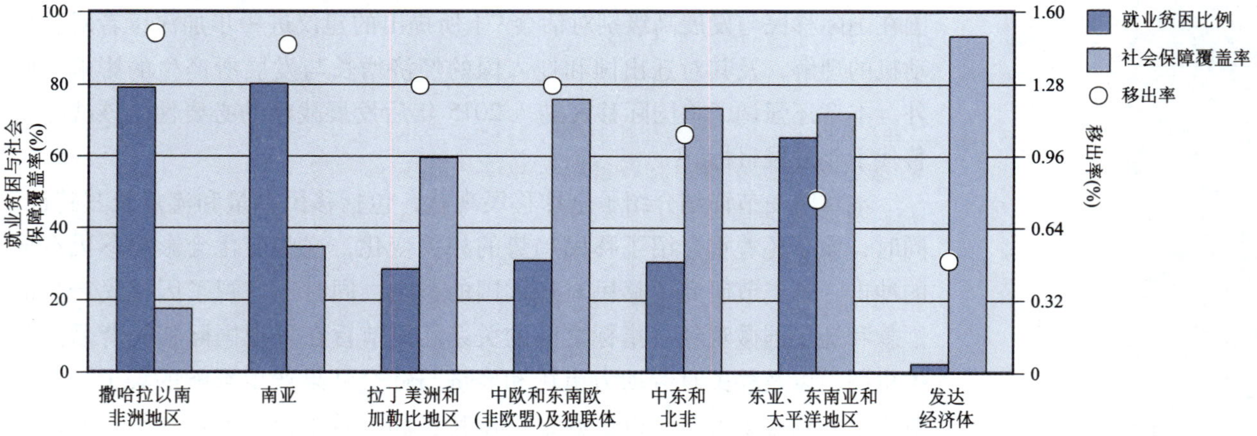

注：移出率（2005年至2010年）基于阿贝尔和桑德（2014年）的研究得出。就业贫困与社会保障覆盖率则是国际劳工组织的估算。

资料来源：国际劳工组织研究部。

1　更多信息，请查阅有关移民决定因素的文献。比如，戈尔丁等人（2011年）和普瑞彻特（2006年）就在其刊物中精彩地回顾了有关该课题的经济文献。

全球多数移民都选择继续居住在发达经济体和欧盟各国[1]

2013年，2.315亿人居住在非出生国。2000年以来，移民总人数已增加5700万，在这些人中，19%在过去3年内移民。发达经济体和欧盟成员国继续成为全球移民的主要目的国，接收了51%的全球移民。然而，尽管选择居住在发达经济体和欧盟的移民比例依然在增加，但是与之前几十年相比，其增速已经放缓（与2010年增速持平），这可能是由近十年的经济危机所致。与此同时，2000年至2010年间，向中东移民的人数比例增长了3个百分点，其中一部分原因是该地区对移民劳动力的需求上升，但2013年该比例与2010年持平。

尽管发达经济体、欧盟与中东地区这些移民目的国的比例在上升，但是这些增长背后的趋势却各有不同。以发达经济体和欧盟为例，2000年至2010年间年移民人数的增速与1990年至2000年的增速持平，但在2010年后则出现放缓。相比较而言，中东1990年2000年间年移民人数的增速平均为0.8%，而在2000年至2010年，该比例升至6.9%。

此外，2010年至2013年，发达经济体和欧盟移民人数的增加主要集中于移民比例本就很高的国家。而在中东，尽管2000年只有沙特阿拉伯跻身全球十大移民目的国之列（第八位），但到2013年，沙特阿拉伯和阿联酋各接收了910万和780万移民，成为全球第四和第五大移民国家。

男性移民是移民主角，但在发展水平不同的国家，移民的性别模式已发生改变[2]……

在2013年的570万新移民中（相较于2000年而言），56%的年龄介于25岁至50岁之间。在这个年龄段中，很大一部分是男性移民，在其他年龄段中，移民的性别分布也十分相似。而在1990年至2000年，女性占移民流量的51%，但在2000年至2013年，女性在移民流量中的比例降至44%，这导致女性在整体移民存量中的比例下降1个百分点。事实上，在2013年，全球女性移民的比例从1990年至2000年间的49%降至48%。尽管与2000年相比，2013年女性移民在发达地区接收的总移民人数中的比例出现上升，但是这一增长却不及欠发达地区女性移民比例的减少。

与此同时，需要指出的是，欠发达地区女性移民比例的降低并不是因为这些地区女性移民人数的增速放缓所致。事实上，2000年至2013年，全球女性移民比例每年平均增长0.9个百分点，并于2013年达到2.3%。相反，在欠发达地区，女性移民人数与男性移民人数之比的降低是由于男性移民流量更多所致，男性移民流量的增加超过了女性移民流量的增加。尽管在1990年至2000年间，发展水平不同的国家在移民性别分布方面十分相似，但在2000年至2013年间，欠发达地区的男性移民流量是女性移民流量的2倍，从而导致性别差距的增大。

---

1 该结论基于国际劳工组织在《全球就业趋势》中使用的地区分类得出。

2 发展水平根据联合国对经济发展的定义而确定。

……移民年龄的分布也表明，较年轻的移民往往选择欠发达地区，而年长的移民则更倾向较发达地区

1990年至2013年，全球移民的年龄分布已发生改变：30岁以下移民的比例从39%降至32%，而30岁至59岁移民的比例却从44%升至52%。尽管造成这一趋势的一部分原因是现有移民老龄化，但是一份数据分析表明，移民流入方式的改变也造成了上述移民年龄分布的变化。比如，1990年至2000年，多数迁入的移民年龄介于35岁至54岁之间（占当时移民总流量的61%）。在2000年至2013年间，各年龄段的移民数量均大幅上升；然而，与之前一个十年不同的是，多数移民的年龄更小，并主要集中于25岁至44岁之间（占当时移民总流量的46%）。

不同年龄段移民方式的差异可追溯至经济发展水平不同的地区所接收的不同的移民。尽管年轻移民涌入较不发达地区的倾向在1990年至2000年间已经比较明显，但是这一趋势在2000年至2013年间才进一步增强（图9.2）。尽管在1990年至2000年间，多数移民都介于35岁至55岁之间且倾向于涌入发达国家，但是在2000年至2013年间，移民的年龄段和目的地都发生了重要变化。涌入经济发展水平低的地区的较年轻移民人数从50万增至128万。尽管涌入发达地区的相同年龄段的移民人数也出现了增长，但是其增速低于涌入前一地区的移民人数的增速。与此同时，较发达地区接收的移民人数也出现了增长，这部分移民主要是年长人士。

此外，2000年至2013年移民总数的增加是因为南南移民人数增加所致……

为加深对近期全球移民趋势的了解，本章采用了一个新颖的方法，并利用联合国开发计划署的人类发展指数将各国划分为“南”“北”两类，人类发展指数是排除不平等因素之后的指数（详情请参见专栏9.1）。这进一步揭示了移民流量，并指出了近期海湾国家移民流量的增长所在，这些国家大部分都被归为南方国家。事实上，在2013年，逾1.16亿的移民出生于南方地区但居住在另一个南方国家。这一南南移民趋势正愈演愈烈，但这一现象是在2000年后才开始变得明显的。尽管在1990年至2000年的十年间，南北移民是全球移民总数增加的主要推动因素，但在2000年至2013年间，南方各国之间的移民流量占该期间总移民流量的57%。

2000年至2013年间，南亚对南南移民作出了最大贡献。在该期间，共有3000万新移民从出生国迁出。此外，在同一时间内，从南亚迁出，迁入其他南方国家的移民人数占南南移民总流量的26%。2013年，中东总移民人数的52%来自印度、孟加拉、巴基斯坦和阿富汗；同一时间内，从印度、孟加拉、巴基斯坦迁入中东的移民人数平均每年各增加9%、13.3%和8.5%。

……这在一些国家引发了有关移民工作条件的问题

南南移民人数的增加恰好与对低技能工作者的不公正待遇与剥削加剧同时发生，后者在海湾国家尤其严重。尽管有关不公正待遇和剥削发生情况的统计数字依然不完整，但是最近的媒体报道却显示，海湾国家的亚洲

专栏 9.1 “南”“北”定义

了解“南—北”和“南—南”移民之间的区别与了解移民现状之间有很强的相关性。然而，将各国分为南北两类并非易事。定义不同会造成对不同类型移民的估算差异。直到现在，即使在专注于移民与经济发展问题的国际组织之间，比如联合国和世界银行，仍未找到一致的最佳南北分类方式。

尽管如此，联合国经济和社会事务部、世界银行和联合国开发计划署制定的三个定义已被业内广泛使用（贝克韦尔，2009 年）。联合国经济和社会事务部定义的“北方国家”排除了一些经济合作与发展组织成员国，比如智利、以色列、墨西哥、韩国，以及一些高收入的非经济合作与发展组织成员，比如巴林、中国香港和阿联酋。此外，东欧的一些国家（比如白俄罗斯、摩尔多瓦、俄罗斯和乌克兰）也被认为属于“北方国家”。这个定义旨在不单纯以收入来区分北方国家和南方国家。世界银行每年都会根据各国的人均国民总收入来对其进行划分。东欧一般都被认为是南方国家，而高收入国家则被划分为北方国家。

世界银行在划分各国时采用了统一而直接的标准。然而，这个单边划分方法将海湾各国和中国的特别行政区（比如中国澳门和中国香港）划分为北方。将这一划分作为定义南南变化的基础，整体情况就会一目了然，因为数百万的移民都居住在高收入的海湾国家。因此，世行的方法会不恰当地将第一节所述的海湾各国移民人数的增加归因于南—北移民的继续，而非归因于因这些国家对低技能劳动力的需求上升而导致的移民趋势的变化。

为解决这一问题，联合国开发计划署利用人类发展指数来划分世界各国。直到 2008 年，联合国开发计划署才将各国划分为三大类——人类发展指数低的国家（<0.5），人类发展指数中等的国家（0.5—0.8 之间）和人类发展指数高的国家（≥0.8）——并将北方国家定义为人类发展指数高的国家，而其他国家则为南方国家。在其发布的《2009 年人类发展报告》中，联合国开发计划署以之前的方法将阿根廷、巴西、智利和墨西哥都归为北方国家为由重新定义了南北方国家，增加了一条新的标准——“发展水平非常高”（人类发展指数等于或高于 0.9），并规定只有那些符合新分类的国家是北方国家。然而，联合国开发计划署新规定的人类发展指数为 0.9 的分界点将奥地利、比利时和芬兰等国划分为南方国家。本报告采用了与联合国开发计划署相似的做法，但标准是以根据不平等情况调整的人类发展指数，并根据人类发展指数为 0.8 的分界点来划分南方国家和北方国家。该方法将奥地利、比利时、芬兰和卢森堡划分为北方国家。

图 9.2 按照目的国发展水平划分的移民年龄分布（1990 年至 2000 年、2000 年至 2013 年）（百万）

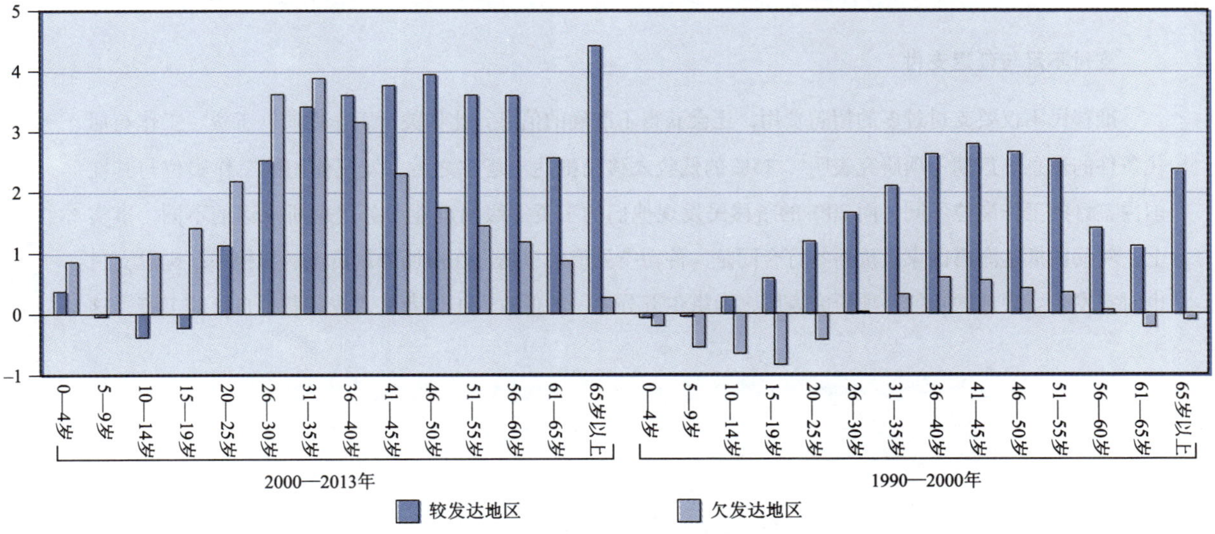

资料来源：国际劳工组织研究部基于联合国经济和社会事务部（2013）发布的《国际移民存量趋势：2013 年修订版》（联合国数据库，POP/DB/MIG/Stock/Rev. 2013）作出的估算。

专栏 9.2　移民工作者在国内和国外遭受的不公正待遇情况

国内招聘人员对移民工作者的不公正待遇

招聘机构在亚洲—中东移民走廊中发挥了至关重要的作用。国际劳工组织估算，这条走廊上 80% 的劳动力移民均通过私营就业服务机构来到中东。[1]除了帮助移民在海湾国家找到工作之外，私营就业服务机构还应该提供一项重要服务——有关移民权利和工作条件的信息。然而研究表明，移民在国内可能面临不公正待遇，特别是对招聘和后勤服务支付过多费用。比如，孟加拉和越南的招聘费是人均收入的 3.5 倍左右（图 9.3）。一些国家已经出台法律治理招聘费用过高的问题，但由于执法不严，这些法律大多被忽视。另一些国家在这方面的表现要优于其他国家——比如，尼泊尔在监管招聘机构方面的表现就比孟加拉出色，来自尼泊尔的工作者无须支付任何安置费，而孟加拉则规定了私营就业服务机构能收取的最高费用，这笔费用相对较高。高额的招聘费用给移民带来了沉重的债务负担，有些估算表明，移民 10% 以上的收入用来偿还其在国内的债务。

图 9.3　2013 年几大迁出国的移民成本（在人均 GDP 中的占比）

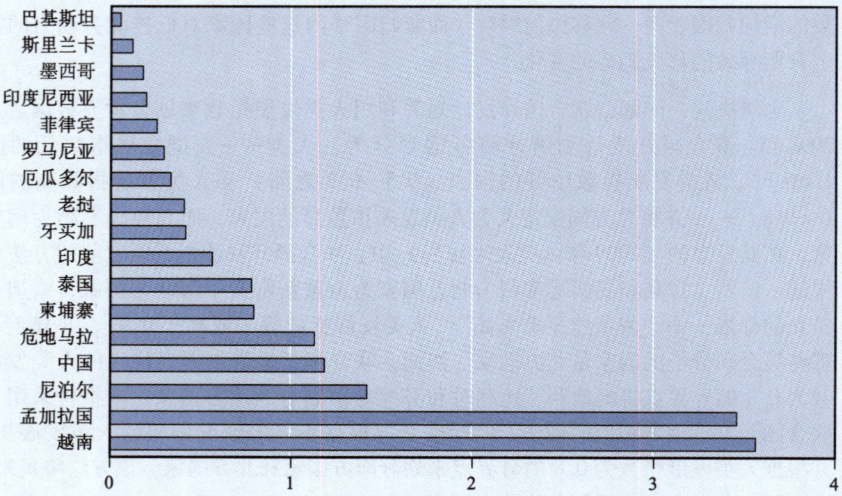

资料来源：国际劳工组织研究部基于国际移民组织、移民政策研究所、美国大学华盛顿法学院、移民劳工权利中心、大赦国际、全国外籍劳工联盟、朱拉隆功大学、人权观察组织、国际建筑和木材工人联合会、东南亚研究院、亚洲移民论坛、南方贫困法律中心、世界银行和维泰的研究作出的估算。

支付不足与延迟支付

准移民不仅要支付过多的招聘费用，还会获得不准确的信息，比如关于工作性质、工资、工作与居住条件的信息。近期一项研究表明[2]，15% 的低收入移民抵达卡塔尔之后，发现他们的工作岗位与其在国内签订的工作岗位不同，而 20% 的新移民发现他们的工资等级与就业服务代理所承诺的不同。事实上，新移民抵达海湾国家后重新签订合同是一件司空见惯的事情。在雇佣外籍员工的机构中，延迟支付也时有发生。大赦国际的一项研究表明，卡塔尔五分之一的低收入工作者从未按时获得自己的工资，这种情况在建筑业最为普遍。与此同时，家政工作者也最容易被支付不足与延迟支付所困扰。这些工作者大部分不属于当地司法覆盖范围，不受最低工资法保护。人权观察组织的一份报告（2007）[3]显示，在沙特阿拉伯，斯里兰卡的家政工作者工资仅有标准最低工资的五分之一；在黎巴嫩，他们的工资一般是当地私有行业员工最低工资的一半。

强迫劳动与劳工贩卖

国际劳工组织估计，中东有约60万工作者被强迫劳动，换言之，该地区每1000个居民中就有3.4个人在违背自己的意愿工作。他们不得离开自己的工作地点，否则就要受到各种名目的惩罚和威胁，其中包括没收护照，克扣工资，遭受心理、生理和性暴力。其他研究表明，在卡塔尔，90%的受访者表示，雇主没收了他们的护照。大赦国际2013年[4]的一份报告显示，数十名建筑工作者被禁止离开卡塔尔。除了雇主威胁之外，卡法拉[5]赞助制度也刺激了剥削和强迫劳动。卡法拉制度运用于海湾合作委员会所有六个成员国，将工作者的签证和法律地位与雇主捆绑在一起，严重限制工作者的流动。

健康与安全问题

中东已经出现了几例工作场所事故，这让健康与安全问题（长时间工作、水供应不足、健康设备缺乏等）受到各方关注。比如，2012年，276名尼泊尔工作者死在卡塔尔，其中20%死在工作场所。大赦国际的研究显示，建筑业工作者最易发生工作场所事故，这在很大程度上是因为他们必须冒着酷暑长时间工作。此外，这份研究还显示，有些雇主因为员工请病假而惩罚他们，降低他们的薪水。除了工作条件有风险之外，移民工作者也很难获得本地医疗服务。[6]一份研究显示，在卡塔尔，56%的工作者没有“健康卡”，卡塔尔政府强制规定，要在国家公共医疗体系中获得医疗服务，必须持有“健康卡”。

日益恶化的居住条件

中东的移民工作者经常由其赞助者安排，居住在宿舍似的街区，这些街区名为“劳动营”。许多实地研究证实，这些人的居住条件多数让人无法接受，且日益恶化：脏水四溢、化粪池没有加盖、经常停电、缺乏洁净的水、缺乏空调或空调无法正常运转等等。[7]卡塔尔移民工作者的工作和居住条件被形容为“现代奴隶制”。[8]在多哈，10—15个工作者同睡一间狭小的屋子是司空见惯的事情。迪拜的情况与此非常相似。拥有逾15万名移民工作者的小镇看上去既像垃圾堆，又像公墓。移民工作者居住的单元就像监狱，6名以上的移民工作者共同居住在9平方米的小房间里，只能睡在地板上。但是应该注意到，受到全球媒体的严厉指责之后，卡塔尔和阿联酋等一些国家已经开始采取行动，改善移民工作者的工作条件。[9]

[1]哈罗夫—塔韦尔和纳斯里（2013年）。[2]卡塔尔国家研究基金赞助的一项研究对1189名低收入移民工作者进行的调研，刊于2013年6月的《阿拉伯研究杂志》第1—17页。[3]人权观察组织于2006年进行了一项研究，对100名来自斯里兰卡、从事家政工作的女性移民进行了深度访谈，并将研究结果汇集成报告——《出口与暴露》。[4]大赦国际于2012年10月至2013年3月开展了一项研究，对210位男性建筑工作者、47名女性家政工作者和其他行业的32名工作者进行了访谈。[5]国际工会联盟，2011年。[6]国际移民组织移民政策研究所第二期简介，《亚洲劳动力移民与健康：政策路径探索》，2012年。[7]大赦国际卡塔尔研究。[8]国际工会联盟秘书长在2012年日内瓦国际劳工大会期间发布的一份声明。[9]国际工会联盟，2011年。

移民工作者容易受到剥削，而且其作为工作者的权利被严重侵犯，其中包括强迫加班、工资迟付、恶劣的工作与居住条件、有限的就医机会等。此外，这种侵犯始于这些工作者的祖国，那些就业服务机构无视政府推出的遏制过度收费的各项规定，依然过度收费。移民抵达目的国时，还面临支付不足的问题，而延迟支付则已见怪不怪了。一些研究还曝光了劳工贩卖和强迫劳动的问题（详情请参见专栏9.2）。

第二节　国际移民对经济的影响

正如第一节所示，尽管发达国家和欧盟的移民人数仍在全球移民人数中占据很大一部分，但是近年来中东对低技能劳动力的需求使得该地区移民人数的比例大幅上升。最重要的是，2000年至2013年新增移民总人数的56%是因为南南移民人数的增加。从个人层面而言，移民的好处包括：更好的就业机会、更高的工资、普遍更高的生活水平（参见表9.1，可以简单了解移民的好处/成本）[1]。从宏观层面而言，迁入国也能从移民中受益，因为这可以抵消老龄化和人口减少的效应，并促进经济增长。与此同时，汇款的流入又去除了经济增长的一个限制因素，即国际资本市场准入。鉴于当前南南移民的流行程度，这一点特别具有针对性——特别是，海湾国家的亚洲移民往往将大部分收入寄回国内，而且从中长期而言，这些移民也往往倾向返回国内。本节审视了两个有关发展的突出问题：首先，移民对迁入国经济增长的影响；其次，汇款对迁出国的影响。

表9.1　国际移民的好处与成本

个人		迁出国		迁入国	
正面	负面	正面	负面	正面	负面
就业；工资更高	在迁入国失业	汇款：对教育、减贫、当地发展的溢出效应	人才流失限制增长	经济增长与发展	竞争低技能工作
福利改善（教育、健康）；脱贫	遭受不公正待遇	劳动力供应减少	劳动力短缺（高技能工作者）	解决老龄化和劳动适龄人口减少问题	工资下行压力
技能与教育回报更高	移民成本高昂/受移民法规监管	人才循环（海外人才网络）		满足技能需求/解决技能短缺	

资料来源：基于戈尔丁等人2011年和普瑞彻特在2006年的研究得出。

1　请参考有关国际移民的好处与成本的文献，以全面回顾这一问题；戈尔丁等人（2010年）和普瑞彻特（2006年）对此问题进行了详实的回顾。

实证分析显示，移民对迁入国的经济增长会产生有限的正面影响

在发达经济体，年龄达到或超过60岁的人口已达到五分之一，而且据预计，到2050年，这一比例将超过30%。相反，在许多发展中国家，年龄达到或超过60岁的人口不足10%。移民可以提供一个利用这一人口结构差异解决各种问题的方法，从而潜在地惠及发展中和发达国家。继鲍勃坦和杜蒙特（2013年）之后，人们对索罗模型进行了改善，并用其来估算移民对人均GDP增长的效应。通过利用该模型对1986年至2007年68个国家的数据进行分析，人们发现移民对增长只有有限的正面影响。[1] 这种影响在那些目前正受人口低速增长所困扰的迁入国中特别明显。此外，研究结果还着重指出，至关重要的一点是要考虑人力资本对移民的贡献作用，而不仅仅是其对人口增长的整体效应。[2] 平均而言，移民人力资本加权流入每增长一个百分点，人均GDP就会增长一个百分点的五分之一（0.20%）——这与鲍勃坦和杜蒙特（2013年）的研究结果一致。这个效应一方面包括因资本稀释以及总GDP中个人贡献的增加而造成的0.32%的降低，另一方面也包括因人力资本加权劳动力输入及其对总生产的效应而造成的0.53%的增加。相较于那些人口正增长的国家，人口数目降低且面临老龄化问题的国家从移民中获益更多。此外，迁入国有动力对移民人口进行人力资本投资。就此而言，如果迁入国为移民培育合适的劳动力市场机会，以便利用移民的相对人力资本，那么迁入国就会受益更多，也就有动力对移民进行投资，以获得更多人力资本。

……尽管有证据表明，移民的失业率和职业错配率更高

经济合作与发展组织数据显示，移民在劳动力市场上受到的限制更多。移民的失业率高于本地居民的失业率，即便他们的教育与学校培养差异已被排除。平均而言，经济合作与发展组织成员国的移民失业率比本地居民的失业率高4.4个百分点（2010年时，移民失业率为12.3%，而本地居民失业率为7.9%）。此外，在劳动力市场上，就业的移民也面临其他挑战。就工作稳定性而言，经济合作与发展组织数据表明，15%的移民从事临时工作，而从事此类工作的本地工作者不到10%，如西班牙（39%：20%）、葡萄牙（32%：21%）和希腊（21%：10%）。

在所有经济合作与发展组织成员国内，移民占据了低技能工作者的大部分；以一份工作为例，移民获得低技能工作的概率比本地工作者高三倍。虽然低技能劳动力市场上的移民比例过高，但就其本身而言，这并不是职业错配或岗位质量差的表征。然而，如果将这一点与移民的平均受教育程度结合起来，那么在经济合作与发展组织成员国内可以发现在职移民大材小用的现象。平均而言，2010年，34.5%受过教育的在职移民正在从事低于其教育资质的工作。相比较而言，这一数字在受过教育的本地工作者中只有17.9%。

---

1 参见附录A《利用移民和人力资本模型分解人均GDP增长》以了解本章分析时使用的理论与实证模型，该模型基于鲍勃坦和杜蒙特（2013年）及多拉多和伊契诺（1994年）的研究。

2 详细的结果参见附录A。

在许多发展中国家，汇款的流入是其国民收入的一个重要组成部分……

现代移民的一个突出影响是汇款稳定地汇回至迁出国。南亚和北非的汇入汇款在 GDP 中的占比最高（图 9.4，第一组）。以南亚为例，仅 2010 年至 2013 年间，这个比例就上升了 1 个百分点。其他对汇款依赖性更强的地区包括东南亚、太平洋和撒哈拉以南非洲地区（分别占 GDP 的 2.4% 和 2.5%）。在迁出国中，有 25 个国家的汇款在 GDP 中的占比每年超过 10%（图 9.4，第二组）。汇款在 GDP 中的占比超过 20% 的国家包括：亚美尼亚（21.4%）、海地（20.3%）、吉尔吉斯共和国（31.4%）、莱索托（24.6%）、利比里亚（20.4）、摩尔多瓦（24.5%）、尼泊尔（24.7%）、萨摩亚（20.6%）和塔吉克斯坦（48.1%）。这些发展中国家很多都无法进入国际资本市场，只有最基础的金融系统。最后，从绝对意义上来讲，2013 年

图 9.4　汇款全球概览

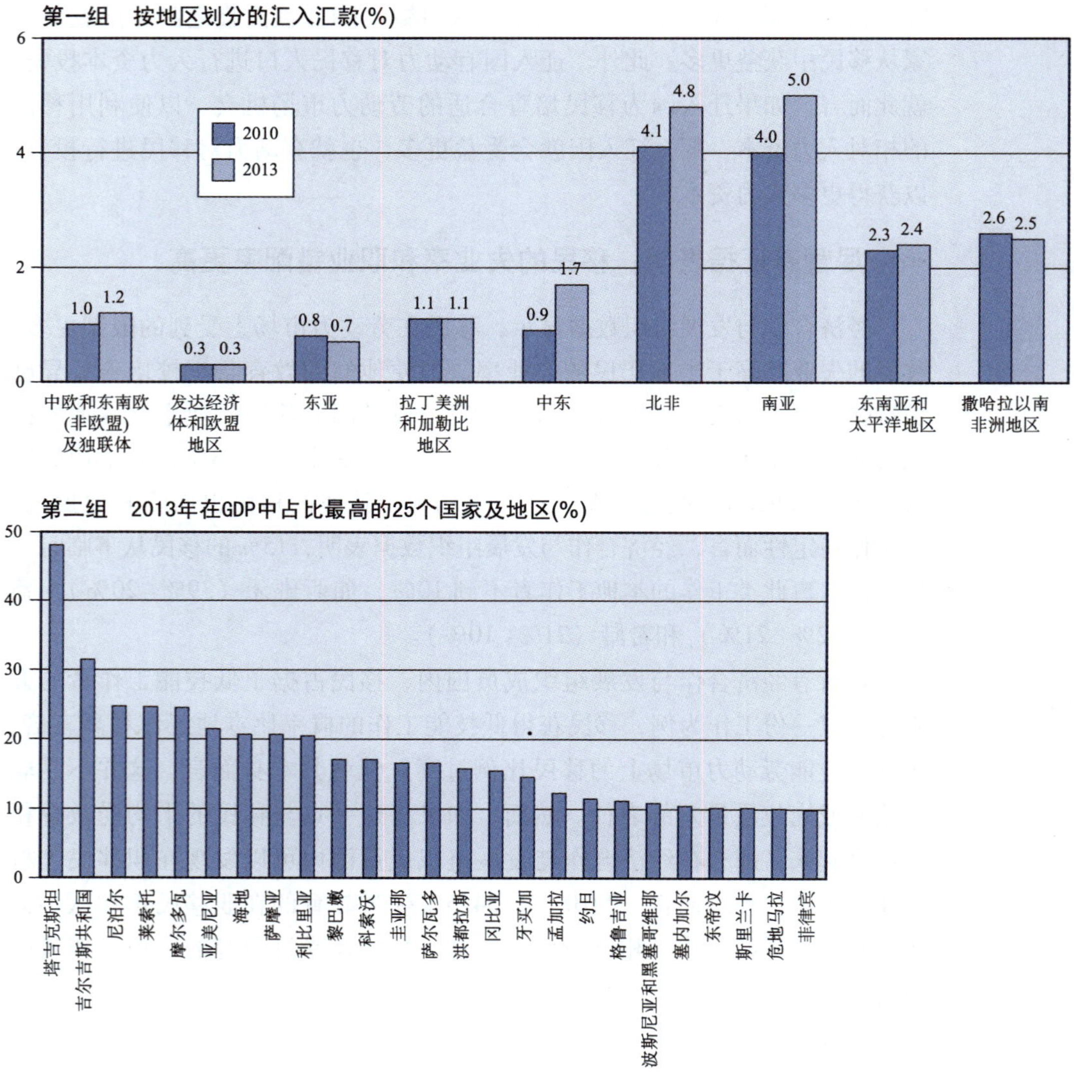

* 参考 1999 年联合国安理会第 1244 号决议中对其的定义

资料来源：国际劳工组织研究部根据世界银行和国际货币基金组织的数据得出。

图 9.5　各地区汇出汇款情况（2013 年）

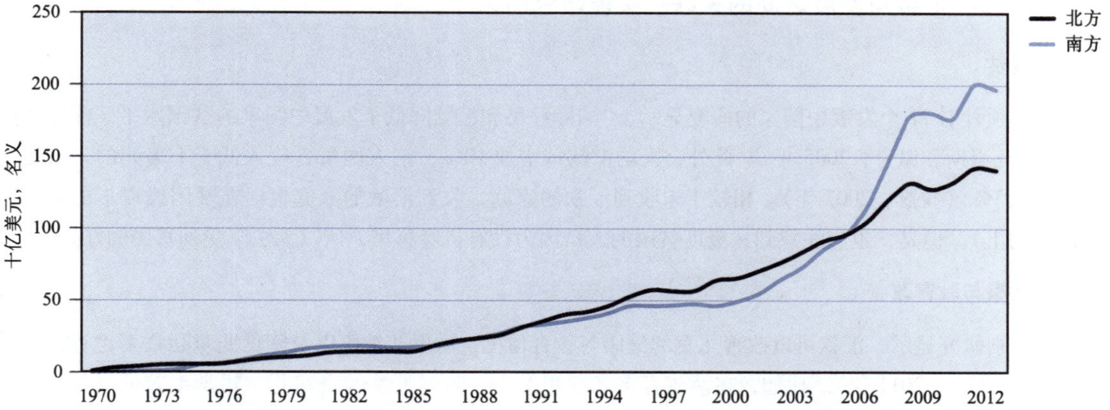

资料来源：国际劳工组织研究部基于世界银行与国际货币基金组织的数据得出。

最大的汇款汇入国包括：印度（710 亿美元）、中国（600 亿美元）、菲律宾（261 亿美元）、墨西哥（220 亿美元）、尼日利亚（210 亿美元）、埃及（200 亿美元）和孟加拉（150 亿美元）。

……尽管从南方国家汇出的汇款近年已经出现增长

此外，近期的汇款流量趋势反映了上文所述的南南移民人数的增加。事实上，2005 年南方国家汇出汇款第一次超过北方国家，此后这一趋势有增无减，南方国家汇出汇款也从 1999 年的 42% 增至 2012 年的 58%（图 9.5）。另外，这些汇出汇款主要流入了发展中国家。在金融危机爆发之前，撒哈拉以南非洲地区、南亚、东亚和太平洋地区的汇入汇款每年都稳定增长且居高不下，分别达到 71%、40% 和 35%。特别是在 2000 年至 2013 年间，缅甸、利比亚、老挝、白俄罗斯和亚美尼亚成为年度汇入汇款增速最快的 5 个国家。

实证分析显示汇款是引发储蓄和投资的一个重要决定因素

多项研究表明，汇款可以通过多个渠道促进经济和社会发展，其中包括脱贫、健康与教育改善、本地发展与集体转账（详情请参见专栏 9.3）。汇入汇款解决了发展中国家和新兴经济体所面临的外汇限制，并通过增加国家储蓄整体改善国际收支情况。对孟加拉和尼泊尔等发展中国家而言，汇款帮助其克服了因金融系统不发达和外部融资不足所导致的信贷约束（朱利亚诺和鲁伊斯—阿兰兹，2009 年）。转换成储蓄的汇款可以成为发展中国家增加生产和投资的一个重要财政来源，特别是在有限的发展援助之下。基于涵盖 1994 年至 2000 年 165 个国家的数据库进行的计量经济演示揭示，汇款对储蓄和投资有重要的正面影响。尤其值得一提的是，汇款每增加 10%，国家存款就增加 2.1%，投资也增加 1.9%（图 9.6）。此外，在外国直接投资和官方发展援助等各种资本流入来源中，汇款是最重要的投资驱动因素，也是第二大重要的储蓄驱动因素。

专栏 9.3 汇款与发展之间的关联：实证研究回顾

脱贫

一项针对 71 个发展中国家的研究显示，“国际移民和汇款降低了发展中国家的贫困水平、深度和严重性”（亚当斯和佩奇，2005 年）。此外，人均汇款每增加 10%，汇入国每日收入低于 1 美元的人口比例就下降 3.5%（拉瑟，2007 年）。相较于未收到汇款的家庭，收到汇款的家庭生活在贫困线以下的可能性较低（同上）。但是，也应注意到，极度贫困的人口因为没有机会移民，所以无法享受到移民的好处。

健康与教育改善

国别研究显示，汇款可以改善儿童的健康与教育情况，对婴儿健康以及降低儿童死亡率也有正面影响（戈尔丁等人，2011 年）。比如，在萨尔瓦多和斯里兰卡，收到汇款的家庭儿童辍学率较低（拉瑟，2007 年）。同样在斯里兰卡，在收到汇款的家庭中，孩子出生时体重较重，这表示他们获得了更好的医疗服务和营养。与此同时，联合国委托的一项研究表明，在墨西哥，在有一位或多位家庭成员移民的家庭中，孩子受教育年限比没有移民的家庭的孩子长 0.7—1.6 年（泰勒，2006 年）。相似地，在约旦、菲律宾和泰国开展的研究显示，汇款提高了孩子的受教育水平（戈尔丁等人，2011 年）。

本地发展

汇款还可以刺激本地发展（戈尔丁等人，2011 年）。比如，据报告，在巴基斯坦和泰国，收到汇款的家庭将其用于雇佣农场劳动力和购买农业设备，这不仅可以引入农业现代化，同时从长期来看，还能提高农业生产力和增长率。此外，对中国和南非的研究显示，收到汇款的家庭通过将汇款中剩下的资本进行投资还能逐步提高作物产量（戈什，2006 年）。另外，汇款还能为小企业提供持续的资助，从而促进自主创业（拉波波特和多克尔，2005 年）。比如，以墨西哥为例，小企业五分之一的资金来源于汇款（泰勒，2006 年）。一些估算还显示，在墨西哥，汇款每增加 20 亿美元，经济就能新增 58 亿美元（杜兰德等人，1996 年）。

集体转账

事实证明，国家层面的一些集体转账做法对低收入和中等收入国家的经济发展发挥了重要作用（戈尔丁等人，2011 年）。比如，居住海外的墨西哥人通过同乡会集体作出了相当于 2000 万美元的贡献，同乡会是为了支持国内发展而建立的委员会（卡斯尔斯和米勒，2009 年）。此外，同乡会已成为支持墨西哥发展的一股重要力量——比如，政府为每一美元的集体汇款进行额外投入，将其用于慈善事业和基础设施开发（波特斯，2008 年）。同乡会对地方层级的发展发挥了非常有效的作用，从资助诊所、修建路桥，到支持学校和大学，不一而足（戈尔丁等人，2011 年）。

图 9.6 汇款对储蓄和投资的影响：全球概览

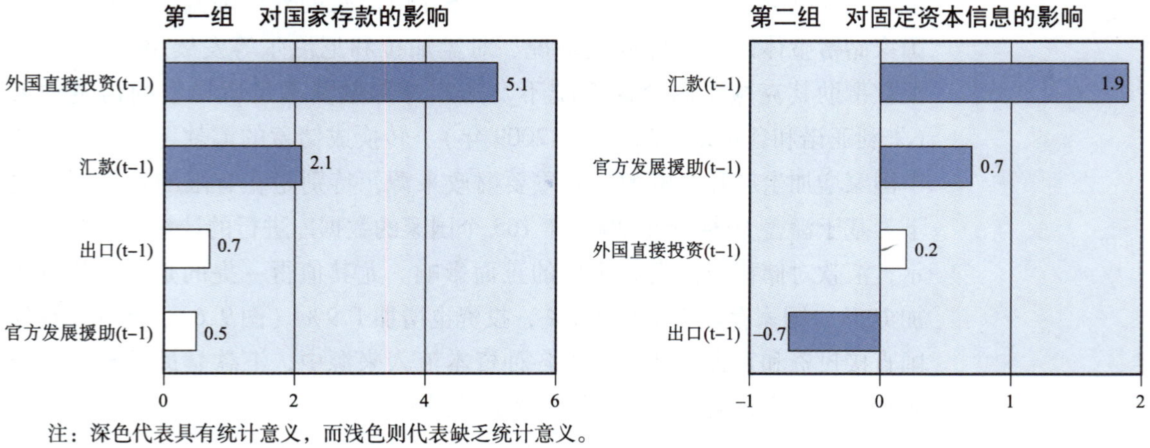

注：深色代表具有统计意义，而浅色则代表缺乏统计意义。

资料来源：国际劳工组织研究部；详情请参见附录 B。

第三节　政策考量：利用劳动力移民支持增长与国际发展

正如本章所示，移民已成为一个重要的脱贫与促进发展的工具，这也显示了将其纳入联合国2015年后发展战略（将替代千年发展目标的一套指南）的必要性。但是，为了最大化移民对发展的影响，有必要采取一个全面方法来处理移民问题（联合国开发计划署，2009年）。尤其是随着发达经济体和欧盟国家人口的日益老龄化，就需要更多的移民来维持从业人员的稳定。所以就有必要出台政策吸引移民并发挥他们的潜力。对迁出国而言，也需要明确推出全面的移民政策，以确保不发生潜在移民遭受不公正待遇、移民在国外享受应有的权利、汇款带来的好处在国内得到更高效的利用。最重要的是，迁出国应在其整体发展战略中将移民视为补充举措，而非发展的替代。应根据联合国可持续发展目标开放工作组和负责2015年后发展议程的机构的提议，制定一些政策举措，其中包括：

发达经济体对移民的需求：人口减少与老龄化

正如本章所示，移民人数在21世纪出现了史无前例的增长，而且鉴于国际间一直存在的不平等和工资差距，以及发展中国家劳动适龄人口的不断增加（加上不断上升的教育标准），这一趋势未来只会继续。由于发达经济体的生育率持续保持低位，劳动力短缺可能会加剧，这将迫使这些经济体不得不允许移民流入，以维持当前的经济增长水平。

- *促进移民的经济融合*：正如本章所述，移民的失业率高于本地人口，而且移民往往会遭遇大材小用的对待。为了利用移民的好处，就需要解决这些劳动力市场的扭曲状况。此外，为了经济和劳动力市场能够实现可持续的、长久的复苏，必须利用移民的全部生产力。
- *允许增加合法移民人数*：由于发达经济体普遍面临从业人员缩水的问题，允许合法移民的流入来满足劳动力市场需求至关重要。许多发达经济体不仅需要技术移民，还需要较低技能的移民，但目前的法律机构却使后一类移民变得十分困难，由此导致了从事这类工作的人员冒险非法移民，这种情况目前不在少数。
- *采取举措遏制仇外情绪、歧视和不公正待遇*：正如本章所指出，南南移民已成为劳动力移民的一个重要组成。随着南方国家进一步发展，这种趋势将愈加明显。换言之，北方的发达经济体将与南方经济体争夺劳动力，尤其是服务业紧缺的较低技能的工作者。为了吸引并留住外国工作者，北方国家需要采取政策干预来遏制仇外情绪、歧视和不公正待遇。

全面移民方法：离境前、海外和再融合政策

- *采取举措提供更多的离境前信息*：首先，在潜在移民离境前接触这些移民至关重要。准备移民的人士应该知晓国内的工作机会，同时也应获得离境前顾问服务，内容包括海外的工作条件、移民的目的和目标、可能的汇款转账和储蓄选择以及其他财务/投资服务。准移民可从指南课程

和移民资源中心获得这些服务。比如，菲律宾的指南课程提供：（1）针对尚未决定是否移民的人士举行就业前指南研讨会；（2）为准备离境的人士举行离境前指导研讨会。后者是强制课程，主要提供有关移民合同及其在海外的各项权利的信息。由于目的国不同，移民可能还需要参加语言课程或获取其他证书。

- 向海外移民提供持续援助：移民抵达目的国之后，其政府可以通过大使馆和领事馆向其提供基础的服务，比如如何适应新环境、提供语言和法律支持。外交部人员离境执行外交任务前，十分重要的一点就是接受充分的有关移民问题的培训——比如，派出国的劳动法及有关工作场所安全的各项规定。还有一点也很重要，那就是，各国应该签订双边协定，确保所有工作者均能在安全的工作环境工作。就此而言，各国必须首先认可国际劳工组织的《国内工人体面劳动公约》。
- 回国后的再融合支持：让低技能移民从海外归国后重新融入国内生活是一个重大挑战。这对从海湾国家归国的低技能移民尤其如此。第一步将是为归国人员建立一个有关其技能情况的数据库，让人吃惊的是，很多国家都缺乏这个数据库。此外，对这些归国人员提供业务与创业培训对促进最大程度地利用移民的财务资源非常重要。

更好地利用汇款来促进投资与发展

- 对等资金：一个鼓励利用汇款促进发展的做法是提供对等资金，政府对海外移民团体或同乡会汇出的每笔资金进行对等额外投入。比如，居住海外的墨西哥移民通过同乡会来支持国内的发展，现在，这个计划已成为墨西哥发展与脱贫工作的一个重要部分。对等资金主要用来为基于当地需求的基础设施项目提供资金，比如用来修建道路、桥梁、学校和医疗中心。
- 投资激励计划：相似地，各国还可以向移民提供投资计划，让购买土地、建造工厂、投资机械设备的移民享受优惠待遇。此外，基于自身的具体需求，政府可以创造性地设计财政与投资产品。菲律宾政府通过名为 LINKAPIL（菲律宾发展链接）的计划鼓励和促进海外菲律宾人向国内的具体项目提供援助和捐赠。比如，在教育领域，海外的菲律宾移民可以向来自贫困社区的孩子提供支持，让其能够接受教育。其他形式的支持包括为微型企业、小型基础设施项目和医疗与福利计划提供财务帮助。

附录 A
利用移民和人力资本模型分解人均 GDP 增长

估算移民对 GDP 增长的影响所用的理论模型是索洛—斯旺新古典增长模型（曼昆等人，1992 年）以及鲍勃坦和杜蒙特（2013 年）的实际实施。产出（Y）来自物质资本（K）、人力资本（H）和劳动力（L）。假定所有国家都符合科布—道格拉斯生产函数，并不断取得规模报酬和劳动扩张型技术进步（A）。函数的参数可以随着时间和国家变化。

$$Y = K^{\alpha} H^{\beta} \ (AL)^{1-\alpha-\beta} \text{where } \alpha + \beta < 1$$

在上述这个标准的新古典增长模型内，本章的分析假定技术进步的速度保持不变，为 g_A。

移民通过改变从业人员的规模直接影响增长，并通过调整人均物质资本和人力资本的水平间接影响增长。先将重点放在对从业人员规模的影响，那么增速就是这样得出的：

$$\dot{L} = nL + M + E$$

n 代表人口的自然增长率，M 代表移民流入总量，E 代表移民流出总量。

如上所述，移民还通过改变单位劳动力的其他输入量而间接影响生产。这一效应能否增强或削弱一个较强的劳动力禀赋对人均产出的正面影响取决于移民相对于当地人口的技能水平。根据标准的索洛—斯旺扩张型增长模型，由于资本稀释效应，人均 GDP 增长与净移民率负相关。然而，这一效应又被人力资本积累的正面效应所平衡。移民对经济增长的总体效应取决于海外移民相对于当地人口以及生产函数各项参数对人力资本所作出的贡献，而生产函数的各项参数又决定了人力资本的回报。只有新移民普遍比当地居民的人力资本更高时，更多外国工作者的涌入才会对生产力的增长产生正面影响。此外，这种相对生产力或技能的差异必须很大，大到足以超过因人均物质资本减少所引起的资本稀释效应。

鉴于根据索洛—斯旺模型衍生而来的增长方程，人均 GDP 增长可以分解为劳动扩张型技术增长作出的贡献、人力和物质资本投资以及人口增长效应。最后一个效应可以进一步分解为对从业人员规模的效应以及对人均人力和物质资本的间接效应。根据理论模型的暗示以及鲍勃坦和杜蒙特（2013 年）对模型的实际实施，决定移民对发展的影响的实证模型估计是：

$$ln(y_{i,t}) = \beta_1 + \beta_2 ln(y(0)_{i,t}) + \beta_3 ln(s_{ki,t}) + \beta_4 ln(S_{Hi,t}) + \beta_5 ln(\delta + g_A + n_{i,t}) + \beta_6 \frac{\frac{h_{i,t}}{\hat{h}_{i,t}} m_{i,t}}{(\delta + g_A + n_{i,t})} + \beta_7 \frac{\frac{h_{i,t}}{\hat{h}_{i,t}} e_{i,t}}{(\delta + g_A + n_{i,t})} + u_{i,t} + \gamma_i + v_t$$

γ_i 和 v_t 分别代表国家和时点固定效应。

估算移民对增长的效应会遇到几个方法和实际层面的问题：首先，尽管相比过去，近几年已经可以获得大量有关移民的数据，但是有关移民流入和流出的数据依然有限，而且一些国家的有些数值已经不全；这为估算工作带来了一个问题，因为移民流量是与时间序列相关的，如果无法获得很长一段时间内的数据流，要想控制这种关联性就变得比较难。其次，移民相对于发展的方向和范围取决于移民相对于当地人口的技能水平。但是，人力资本数据（以受教育水平为代表）直到最近才可获得，而且只有经济合作与发展组织成员国才有这种权利，所以就连这些国家也无法获得长时间数据。为了解决这一问题，我们对移民相对于迁出国一般人口的人力资本做了假定。为了便于估算，我们假定移民仅占迁出国平均人力资本的一小部分。这是保守假定，因为我们完全有理由预计，每个职业类别下的移民都希望在除却移民成本之后，能在目的国获得更高的技能回报。此外，理论和实证文献都支持这样一个假定，即在各个职业类别下，移民的能力普遍高于他们的当地同行。

估算增长决定因素的最后一个难题与经济发展过程有关。如果所用的计量经济学方法无法解释增长理论模型的特征，就会引起估算偏差。就经济增长与移民而言，估算时要考虑以下问题：

- 要计算任意分布的固定国家效应，就必须建立一个面板数据库。还需要每个国家全时段的变化以便孤立固定国家效应。因此，必须避免横截面回归，并且样本中需要所有国家的时间序列。
- 经济增长本身是一个动态过程，因此，本模型的自变量——当前的人均GDP——受过去的人均GDP所影响。将自变量的滞后值视为回归因子未必能解决这个问题，而且在其他回归因子也不是外因促成的条件下，还可能会加剧这个问题，就像移民问题一样。

表 9A.1　在估算国际移民对增长的影响时所用的数据

参数	定义	数据来源
S_K	物质资本投资在 GDP 中的占比	佩恩表——国内投资在 GDP 中的占比
S_H	人力资本投资在 GDP 中的占比	世界银行——教育公共支出在 GDP 中的占比
n	人口增长率	世界银行——劳动适龄人口增长率
δ	资本贬值率	佩恩表
α，β	技术函数参数	芬斯特拉、因克拉尔和蒂莫尔（2013 年）
$\dot{h}$	移民的平均人力资本	世界银行——拥有高等教育学时的人口（迁出国）占比（经稳健性测试）
$e_{i,t}$，$m_{i,t}$	移民流入与流出	世界银行——各国移民流入与流出情况

表 9A.2　结果：移民对增长的影响

人均 GDP 增长对数	系数	稳健标准误差	z	$P>z$	【95% 置信区间】	
人均 GDP 增长 $t-1$ 对数	-0.25*	0.11	-2.26	0.024	-0.460	-0.03
资本投资对数	5.77*	2.95	1.96	0.05	-0.010	11.55
人力资本投资对数	3.39	2.27	1.49	0.14	-1.070	7.85
人口增长对数	-0.23*	0.10	-2.24	0.03	-0.420	-0.03
趋同（初始人均 GDP）	-0.95*	0.37	-2.59	0.01	-1.700	-0.02
人力资本加权流入	0.52*	0.24	2.19	0.03	0.055	0.98
流入	-0.32*	0.77	-4.2	0	-0.480	-0.17
流出	0	0	-1.47	0.14	0	0

* 表示具有统计意义。

- 移民的流入与流出并不是外因促成的。各国的相对人均 GDP 是促使人们作出移民决定的一大主要动因。

- 由于现有数据的时间段数目很少，很难用滞后值和差估计来解决上述问题。

这些有关发展与移民互动的因素以及现有数据的特征促使我们使用系统的一般矩量法来估算移民对增长的影响。表 9A. 1 列明了估算方程 1 中各项参数所涉及的资料来源和各种定义。表 9A. 2 列明了估算结果。

附录 B
汇款对宏观经济的影响

基于之前有关金融发展与汇款关联的研究，本部分的分析旨在探究汇款对国家储蓄和投资的影响。[1] 为此，我们采用了一个面板数据库，该数据库提供了1994年至2010年间165个国家的汇入汇款的信息。尤其是，该分析研究了汇款与储蓄之间的关联，以银行和金融机构的存款进行衡量。其次，我们还进行了一个相似的分析，以调查汇款与投资之间的关联，并用固定资本形成额表示。这一实证分析与阿加沃尔等人（2011年）的分析方法一致，但采用了更多国家的信息。表9B.1列出了该分析中的变量来源。

如下述方程所示，我们用汇款来表示国家存款（*Remit*），同时控制会影响一个经济体储蓄与投资决定的各种变量。特别是，所有的方程回归都以各国的人均GDP（*GDP_ cap*）、GDP对数（*GDP*）、通货膨胀（π）以及出口、外国直接投资（*FDI*），还有官方发展援助（*ODA*）等不同的资本与收入流入为控制手段。然后，用同一变量集来解释各国的固定资本形成额。必须注意的是，除了GDP、人均GDP和通货膨胀，所有的变量都以GDP的百分比表示。此外，为了避免与反向因果关系有关的内生性担忧，所有解释变量都采用滞后值表示。

$$Deposits_t = \beta_0 + \beta_1 Remit_{t-1} + \beta_2 GDP\_cap_{t-1} + \beta_3 GDP_{t-1} + \beta_4 \pi_{t-1} + \beta_5 Exports_{t-1} + \beta_6 FDI_{t-1} + \beta_7 ODA_{t-1} + \mu_t$$

除了通货膨胀，所有变量都应对储蓄和投资产生积极影响。尤其是，人均GDP越高，则显示富裕人士的数目就越大，这些人士能够将其收入的较大一部分进行储蓄和投资。其次，以各国GDP表示的各国经济规模可能暗示存在一个临界点，该临界点以上的国家能够负担允许金融系统覆盖市场的固定运营成本并提高金融资源分配效率。最后，出口、外国直接投资和官方发展援助流入是注入一个经济体的资金，这些资金可能会转变为一国的储蓄和投资。

表9B.1 数据来源：汇款对储蓄和投资的影响

存款在GDP中的占比（*Deposits*）	财务系统中的存款在GDP中的占比（%）	世界银行全球金融发展数据库
固定资本形成在GDP中的占比	固定资本形成总额（在GDP中的占比%）	《世界发展指标》（WDI）
汇款在GDP中的占比（*Remit*）	工作者汇款以及员工获得的薪酬（在GDP中的占比%）	《世界发展指标》（WDI）
人均GDP（*GDP_ cap*）	人均GDP（2000年定值美元）	《世界发展指标》（WDI）
GDP	GDP对数（2000年定值美元）	《世界发展指标》（WDI）
通货膨胀（π）	通货膨胀，GDP平减指数（年度%）	《世界发展指标》（WDI）
出口在GDP中的占比（*Exports*）	物品与服务出口（在GDP中的占比%）	《世界发展指标》（WDI）
外国直接投资在GDP中的占比（*FDI*）	外国直接投资净流入（在GDP中的占比%）	《世界发展指标》（WDI）
官方发展援助在GDP中的占比	所获得的官方发展援助（在GDP中的占比%）	《世界发展指标》（WDI）

1 参见阿加沃尔等人（2011年）、乔德—哈里（2011年）和拉瑟及肖（2006年）。

表 9B.2　汇款对储蓄和投资的影响

	存款				固定资本形成额			
	1	2	3	4	5	6	7	8
汇款（$t-1$）	0.671***	0.664***	0.221**	0.205**	0.273***	0.272***	0.193***	0.192***
	[0.122]	[0.121]	[0.102]	[0.103]	[0.0465]	[0.0465]	[0.0516]	[0.0519]
人均 GDP（$t-1$）	0.00243***	0.00244***	0.00301***	0.00304***	-0.0000306	-0.00003	0.000054	0.000055
	[0.000147]	[0.000147]	[0.00103]	[0.00103]	[1.92e-05]	[1.93e-05]	[0.000141]	[0.000142]
GDP 对数	0.864*	0.811*	-2.228	-2.591	0.0241	0.0219	8.823***	8.809***
（$t-1$）	[0.451]	[5.931]	[5.929]	[0.114]	[0.115]	[2.983]	[2.992]	
通货膨胀（$t-1$）	-0.0102***	-0.0101***	-0.003	-0.003	-0.000461	-0.00046	0.000527	0.000524
	[0.00317]	[0.00313]	[0.00193]	[0.00193]	[0.000728]	[0.000727]	[0.00134]	[0.00134]
出口（$t-1$）	0.471***	0.476***	0.068	0.067	0.0454***	0.0456***	-0.0700*	-0.0701*
	[0.0491]	[0.0491]	[0.0783]	[0.0782]	[0.00735]	[0.00738]	[0.0407]	[0.0407]
外国直接投资	0.980***	0.977***	0.509***	0.509***	0.0116	0.0115	0.0209	0.0209
（$t-1$）	[0.0729]	[0.0728]	[0.0433]	[0.0431]	[0.0101]	[0.0101]	[0.0178]	[0.0178]
官方发展援助	-0.127	-0.121	0.052	0.050	-0.04	-0.0398	0.0719**	0.0719**
（$t-1$）	[0.0782]	[0.0786]	[0.0571]	[0.0566]	[0.0247]	[0.0247]	[0.0360]	[0.0360]
恒定值	-14.680	-13.860	85.960	94.290	19.99***	20.03***	-186.5***	-186.2**
	[11.74]	[11.74]	[142.9]	[142.8]	[2.970]	[2.976]	[71.25]	[71.46]
观测值	2'101	2'101	2'101	2'101	2'167	2'167	2'167	2'167
R^2	0.73	0.73	0.55	0.55	0.11	0.11	0.11	0.11
第一年	1994	1994	1994	1994	1994	1994	1994	1994
最后一年	2009	2009	2009	2009	2009	2009	2009	2009
国家固定效应	无	无	是	是	无	无	是	是
时点固定效应	是	是	是	是	是	是	是	是
国家总数			165	165			165	165

稳健标准误显示在括号之中。在 3 号、4 号、7 号和 8 号的方程模型中，标准误已根据 165 个国家集群作出调整。

*** $p<0.01$，** $p<0.05$，* $p<0.1$

估算结果见表 9B.2；所有回归方程包括了时点固定效应，以控制各国受到的冲击以及时间趋势。值得注意的是，在分析所涉及的所有因素中，只有汇款似乎对各种规模的储蓄和投资产生重要的正面影响。特别是，汇款在 GDP 中的占比每增加 10 个点，存款在 GDP 中的占比就增加 2.05 个点，固定资本形成额在 GDP 中的占比就增加 1.92 个点。

参考文献

Abel, G.J.; Sander N. 2014. "Quantifying global international migration flows", in *Science*, Vol. 343, No. 6178, pp. 1520–1522.

Adams, R.H.; Page, J. 2005. "Do international migration and remittances reduce poverty in developing countries?" in *World Development*, Vol. 33, No. 10, 1645–1669.

Aggarwal, R.; Demirgüç-Kunt, A.; Martínez Peria, M.S. 2011. "Do remittances promote financial development?", in *Journal of Development Economics*, Vol. 96, No. 2, pp. 255–264.

Amnesty International. 2013. *The dark side of migration: Spotlight on Qatar's construction sector ahead of the World Cup* (London).

Arif, G.M. 2009. *Recruitment of Pakistani workers for overseas employment: Mechanisms, exploitation and vulnerabilities*, Working Paper No. 64 (Geneva, ILO).

Bakewell, O. 2009. *South-south migration and human development: Reflections on African experiences*, Human Development Research Papers (HDRP) No. 7 (New York, UNDP).

Borjas, G.J. 1999. *Heaven's door: Immigration policy and the American economy* (Princeton University Press).

Boubtane, E.; Dumont, J.C. 2013. "Immigration and economic growth in the OECD countries 1986–2006: A panel data analysis", in *Documents de Travail du Centre d'Economie de la Sorbonne – 2013*.

Castles, S.; Miller, M.J. 2009. *The Age of migration: International population movements in the modern world*, (4th edition) (Basingstoke, Palgrave MacMillan).

Chowdhury, M.B. 2011. "Remittances flow and financial development in Bangladesh", in *Economic Modelling*, Vol. 28, No. 6, pp. 2600–2608.

Dolado, J.; Goria, A.; Ichino, A. 1994. "Immigration, human capital and growth in the host country. Evidence from pooled country data", in *Journal of Population Economics*, Vol. 7, No. 2, pp. 193–215.

Durand, J.; Kandel, W.; Parrado, E.A.; Massey, D. S. 1996. "International migration and development in Mexican communities," in *Demography*, Vol. 33, No. 2, pp. 249–264.

Feenstra, C.F.; Inklaar, R.; Timmer, M. 2013. "The Next Generation of the Penn World Tables," NBER Working Paper No. 19255 (Cambridge, MA, National Bureau of Economic Research (NBER)).

Gardner, A. et al. 2013. "A portrait of low-income migrants in contemporary Qatar", in *Journal of Arabian Studies*, Vol. 3.1, pp. 1–17.

Ghosh, B. 2006. *Migrants' remittances and development: Myths, rhetoric and realities* (Geneva, International Organization for Migration (IOM)).

Giuliano, P.; Ruiz-Arranz, M. 2009. "Remittances, financial development, and growth", in *Journal of Development Economics*, Vol. 90, No. 1, pp. 144–152.

Goldin, I.; Cameron, G. ; Balarajan, M. 2011. *Exceptional people: How migration shaped our world and will define our future* (Princeton, NJ, Princeton University Press).

Harris, J.R.; Todaro, M.P. 1970. "Migration, unemployment and development: A two-sector analysis," in *American Economic Review*, Vol. 60, No. 1, pp. 126–142.

Harroff-Tavel, H.; Nasri, A. 2013. *Tricked and trapped: Human trafficking in the Middle East* (Beirut, ILO Regional Office for the Arab States).

Hicks, J. 1932. *The theory of wages* (New York, Macmillan).

Human Rights Watch. 2007. "Exported and exposed: Abuses against Sri Lankan domestic workers in Saudi Arabia, Kuwait, Lebanon and the United Arab Emirates" in *Human Rights Watch*, Vol. 19. No. 16C, Nov.

International Labour Office (ILO). 1930. *Forced Labour Convention, 1930 (No. 29)* (Geneva).

—. 2010. *Making migration a development factor: The case of North and West Africa*, International Institute for Labour Studies (Geneva).

International Trade Union Confederation (ITUC). 2011. "Hidden faces of the Gulf miracle", in *Union View*, No. 21.

Manacorda, M.; Petrongolo, B. 1999. "Skill Mismatch and Unemployment in OECD Countries", in *Economica*, New Series, Vol. 66, No. 262, pp. 181–207.

Mankiw, N.G.; Romer, D.; Weil, D.N. 1992. "A contribution to the Empirics of Economic Growth," in *Quarterly Journal of Economics*, Vol. 107, No. 2, pp. 407–437.

Massey, D.S. 1993. "Theories of international migration: A review and appraisal", in *Population and Development Review*, Vol. 19, No. 3, pp. 431–466.

—; Durand, J.; Malone, N.J. 2002. *Beyond smoke and mirrors: Mexican immigration in an era of economic integration* (New York, Russell Sage Foundation).

Organisation for Economic Co-operation and Development (OECD). 2013. *International Migration Outlook 2013*.

Ortega, F.; Peri, G. 2009. "The causes and effects of international labour mobility: Evidence from OECD countries 1980–2005", Human Development Research Paper No. 06 (New York, UNDP).

Ottaviano, G.I.P.; Peri, G. 2007. *Rethinking the effects of immigration on wages*, HWWI Research Papers 3–8 (Hamburg, Hamburg Institute of Invternational Economics (HWWI)).

Portes, A. 2008. *Migration and social change: Some conceptual reflections*, Keynote address to the conference on Theorizing Key Migration Debates, Oxford University, Jul.

Pritchett, L. 2006. *Let their people come. Breaking the gridlock on international labour mobility* (Washington D.C., Center for Global Development).

Rapoport, H.; Docquier, F. 2005. *The economics of migrants' remittances*, Discussion Paper No. 1531, (Bonn, The Institute for the Study of Labor (IZA)).

Ratha, D. 2007. "Leveraging remittances for development," in *Policy Brief*, Jun. (Washington, D.C., Migration Policy Institute).

—; Shaw, W. 2006. "Trends, determinants, and macroeconomic effects of remittances", in *Global Economic Prospects 2006: Economic implications of remittances and migration* (Washington, DC, World Bank), pp. 85–115.

Taylor, J.E. 2006. *International Migration and Economic Development*, paper presented at the International Symposium on International Migration and Development, Department of Economic and Social Affairs (DESA) United Nations Secretariat, Turin, 28–30 Jun.

United Nations Development Programme (UNDP). 2009. *Human Development Report 2009. Overcoming barriers: Human mobility and development* (New York).

United Nations (UN). 2013. *Trends in international migrant stock: The 2013 revision – Migrants by destination and origin*, Department of Economic and Social Affairs (DESA), (New York, United Nations).

Venturini, A. 2012. "Methodological Aspects of Research on Flows Human Capital Flows: A Survey", European University Institute. Robert Schuman Centre for Advanced Studies.